本书感谢对外经济贸易大学中央高校教育教学改革专项项目（项目号：74200301）支持。

财务管理案例（第四版）

Cases In Financial Management

韩慧博　汤谷良　祝继高　主编

北京大学出版社
PEKING UNIVERSITY PRESS

图书在版编目(CIP)数据

财务管理案例 / 韩慧博,汤谷良,祝继高主编. —4 版. —北京:北京大学出版社,2021.8
21 世纪经济与管理规划教材. 财务管理系列
ISBN 978-7-301-32383-0

Ⅰ. ①财… Ⅱ. ①韩… ②汤… ③祝… Ⅲ. ①财务管理—案例—高等学校—教材 Ⅳ. ①F275

中国版本图书馆 CIP 数据核字(2021)第 156147 号

书　　　名	财务管理案例(第四版)
	CAIWU GUANLI ANLI (DI-SI BAN)
著作责任者	韩慧博　汤谷良　祝继高　主编
责 任 编 辑	任京雪　张　燕
标 准 书 号	ISBN 978-7-301-32383-0
出 版 发 行	北京大学出版社
地　　　址	北京市海淀区成府路 205 号　100871
网　　　址	http://www.pup.cn
微信公众号	北京大学经管书苑(pupembook)
电 子 信 箱	编辑部:em@pup.cn　总编室:zpup@pup.cn
电　　　话	邮购部 010-62752015　发行部 010-62750672　编辑部 010-62752926
印 刷 者	河北文福旺印刷有限公司
经 销 者	新华书店
	787 毫米×1092 毫米　16 开本　14.5 印张　282 千字
	2007 年 4 月第 1 版　2012 年 7 月第 2 版
	2017 年 4 月第 3 版
	2021 年 8 月第 4 版　2024 年 8 月第 5 次印刷
印　　　数	15001—18000 册
定　　　价	39.00 元

未经许可,不得以任何方式复制或抄袭本书之部分或全部内容。
版权所有,侵权必究
举报电话:010-62752024　电子信箱:fd@pup.cn
图书如有印装质量问题,请与出版部联系,电话:010-62756370

丛书出版说明

教材作为人才培养重要的一环,一直都是高等院校与大学出版社工作的重中之重。"21世纪经济与管理规划教材"是我社组织在经济与管理各领域颇具影响力的专家学者编写而成的,面向在校学生或有自学需求的社会读者;不仅涵盖经济与管理领域传统课程,还涵盖学科发展衍生的新兴课程;在吸收国内外同类最新教材优点的基础上,注重思想性、科学性、系统性,以及学生综合素质的培养,以帮助学生打下扎实的专业基础和掌握最新的学科前沿知识,满足高等院校培养高质量人才的需要。自出版以来,本系列教材被众多高等院校选用,得到了授课教师的广泛好评。

随着信息技术的飞速进步,在线学习、翻转课堂等新的教学/学习模式不断涌现并日渐流行,终身学习的理念深入人心;而在教材以外,学生们还能从各种渠道获取纷繁复杂的信息。如何引导他们树立正确的世界观、人生观、价值观,是新时代给高等教育带来的一个重大挑战。为了适应这些变化,我们特对"21世纪经济与管理规划教材"进行了改版升级。

首先,为深入贯彻落实习近平总书记关于教育的重要论述、全国教育大会精神以及中共中央办公厅、国务院办公厅《关于深化新时代学校思想政治理论课改革创新的若干意见》,我们按照国家教材委员会《全国大中小学教材建设规划(2019—2022年)》《习近平新时代中国特色社会主义思想进课程教材指南》《关于做好党的二十大精神进教材工作的通知》和教育部《普通高等学校教材管理办法》《高等学校课程思政建设指导纲要》等文件精神,将课程思政内容尤其是党的二十大精神融入教材,以坚持正确导向,强化价值引领,落实立德树人根本任务,立足中国实践,形成具有中国特色的教材体系。

其次,响应国家积极组织构建信息技术与教育教学深度融合、多种介质综合运用、表现力丰富的高质量数字化教材体系的要求,本系列教材在形式上将不再局限于传统纸质教材,而是会根据学科特点,添加讲解重点难点的视频音频、检测学习效果的在线测评、扩展学习内容的延伸阅读、展示运算过程及结果的软件应用等数字资源,以增强教材的表现力和吸引力,有效服务线上教学、混合式教学等新型教学模式。

为了使本系列教材具有持续的生命力,我们将积极与作者沟通,争取按学制周期对教材进行修订。您在使用本系列教材的过程中,如果发现任何问题或者有任何意见或建议,欢迎随时与我们联系(请发邮件至 em@pup.cn)。我们会将您的宝贵意见或建议及时反馈给作者,以便修订再版时进一步完善教材内容,更好地满足教师教学和学生学习的需要。

最后,感谢所有参与编写和为我们出谋划策提供帮助的专家学者,以及广大使用本系列教材的师生。希望本系列教材能够为我国高等院校经管专业教育贡献绵薄之力!

北京大学出版社

经济与管理图书事业部

第四版前言

案例教学旨在引导学生对企业实践进行独立审视和科学复盘，帮助学生认识现实、理解理论并启发思维。实践出真知，不断创新的企业实践为案例教学提供了丰富的素材。党的二十大报告中提出了建设中国式现代化的理念。本书的案例写作均以中国企业的现实环境为背景，旨在培养学生的专业素质和实践能力。在系统讲授专业理论框架的基础上，通过案例教学激发学生的学习兴趣，提升系统分析和批判性思维的能力。本书在体例、案例选取和内容体系上的设计思路如下：

（1）每篇案例的背景知识部分介绍案例的理论背景和政策背景，使学生了解财务管理的基本原理和核心理论，明确案例所处的政策环境。结合案例内容和分析，夯实学生的专业判断和分析能力。

（2）本书选择的案例均为中国企业的真实财务管理案例，数据资料也均来源于公开披露信息，本书作者围绕案例主题进行了必要的删减和整理，体现了中国企业近年来的最新财务管理实务进展。

（3）案例的选取和内容安排上能够涵盖财务管理课程的基本问题和知识点。涵盖公司治理与财务战略、公司估值、投资决策、融资决策、营运资金管理、股利政策、以及并购与重组、私有化退市、集团管控等内容。

（4）保持案例的新颖性，本书中的大部分案例是最近三年发生的新"故事"。

本书每个案例内容包括五部分：教学目的与要求、背景知识、案例资料、案例分析、本案例讨论题和小案例。其中，本案例"讨论题"旨在引导读者沿着"分析思路"的要点继续思考的方向;"小案例"旨在加深读者对"教学目的与要求"中要点的实践认识;"案例分析"中的观点显示了作者的主张,仅供学生分析借鉴。请同学们切记:案例教学不应该只有唯一的正确答案,开放性思考是案例教学的核心理念。案例教学强调以实践的视角审视和思考现有理论的适用性和不足之处,学生多维度思考和批判性思维才能获得更好的启发和收获。

本书中各案例编写分工如下:案例二、五、六、七、九、十一由韩慧博副教授执笔;案例一、三、八、十三由汤谷良教授执笔;案例四、十、十二由祝继高教授执笔。全书终稿由韩慧博、汤谷良和祝继高老师审阅定稿。

感谢北京大学出版社对本书出版的大力协助,同时也要感谢张守文、曲馨怡、毋千、徐婧月、陈晓恬、吕文心、刁成伟、张金楠、陆之杰、董一淇、秦雪敏等在写作过程中帮助我们收集、整理大量素材。

学习贵在探索,科学重在实用。希望本书能够帮助学习财务管理的同学开拓视野、领略财务实践中的精彩!

编 者

21世纪经济与管理规划教材
财务管理系列

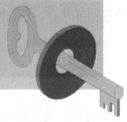

目　录

案例一　中国联通的混合所有制改革 …………………………… 1

　　　　混合所有制改革允许国内民间资本和外资参与国有企业改组,实现国有经济与其他所有制经济的共同发展。它涉及战略引资、定向增发新股、老股转让以及公司治理结构和组织架构改革等多个方面。作为首家在集团层面整体进行混合所有制改革试点的中央企业,如何处理好资本层面和公司运行机制的改革,是中国联通混合所有制改革中面临的重要课题。

案例二　乐鑫科技股权激励 …………………………………… 19

　　　　作为重要的公司治理工具,股权激励对公司管理层和核心员工具有重要的激励与约束作用。乐鑫科技是科创板上市公司中首家推出股权激励计划的公司,其股权激励计划体现了科创板上市公司的最新导向。本案例通过分析乐鑫科技2019年推出的股权激励方案,介绍股权激励计划的关键要素与设计要点。

案例三　万科企业财务战略 …………………………………… 33

　　　　财务战略涉及在企业愿景和总体战略的引领下,以促进企业财务资源长期、均衡、有效地配置和流转为重点,以资本筹措与风险筹划为质托,以维持和提升企业核心竞争优势与盈利水平为目的的战略议题。本案例有助于学生理解万科在财务上如何掌控投资节奏、盈利模式构建和融资战略等要素推进企业转型升级与绩效提升,如何秉承量入为出的投资策略和以把控现金流为核心的财务战略。

案例四　阿里巴巴价值评估 …… 47

2019年11月,阿里巴巴在纽约证券交易所上市后的第五年,再次回归港股,在香港联合交易所鸣锣上市。本案例通过分析阿里巴巴的盈利模式,对其发展前景进行预测,并采用不同的估值方法得出相应的估值结果。本案例对财务上通行的市净率法、市销率法、市盈率法等进行探讨,分析各种价值评估方法的理论模型、适用环境及优缺点。

案例五　青岛海尔资本预算 …… 71

资本预算是企业管理者提升投资决策能力的重要工具,本案例通过对青岛海尔扩产项目的资本预算情况进行介绍,阐明了如何将企业重大项目投资决策程序、投资规划、财务分析工具等运用到企业资本预算中,以提升资本预算决策的有效性。本案例有助于学生加深理解资本预算的编制方法、现金流量的预测方法及资本预算决策方法的实际应用。

案例六　科创板公司IPO——优刻得科技股份有限公司 …… 87

2020年1月20日,优刻得科技股份有限公司正式在上海证券交易所科创板挂牌上市,它是中国A股市场第一家采用差异化表决权制度的上市公司。本案例有助于学生了解中国科创板公司IPO上市融资的政策要求与相关知识,包括在科创板首次公开发行的条件、一般程序、优势与劣势、差异化表决权制度、募集资金的运用、发行价格的确定等内容。

案例七　赛腾股份定向发行可转换公司债券 …… 107

2018年11月,赛腾股份在并购重组业务中首次在A股市场使用了定向可转债金融工具。定向可转债是向指定的投资人定向发行的可转换公司债券,其在并购重组业务中具有独特的优势。本案例介绍了定向可转债的特点及在并购重组业务中的应用方法,有助于学生理解定向可转债的主要优点、常见条款及对并购双方的主要影响。

案例八 美的集团营运资金策略 127

营运资金管理的核心问题是企业在风险与收益之间的权衡,高营运资金持有量意味着低风险与低收益策略,而低营运资金持有量则意味着高风险与高收益策略。本案例结合美的集团的数据,从净现金的需求、营运资金的周转速度(现金周期)、营运资金的结构、营运资金与经营现金流量、营运资金的经营绩效与风险等多个角度分析了美的集团的营运资金策略。

案例九 中国石油股利政策 141

本案例通过分析中国石油历年股利分配的变化趋势,了解中国石油股利政策的类型与特点。本案例结合与中国石化股利政策的对比,帮助学生了解石油行业股利政策的主要特点,并掌握股利政策调整时需要考虑的主要因素,包括行业特点、政策环境、公司治理特点及竞争对手的股利政策等,熟悉股利政策的调整对公司产生的主要影响。

案例十 聚美优品私有化 155

2020年4月,聚美优品正式从纽约证券交易所私有化退市,结束了近6年的美股上市之旅。本案例通过对聚美优品私有化案例的分析,帮助学生理解影响上市公司私有化的主要因素及私有化产生的经济后果,掌握企业战略、制度环境的变化及企业再上市的动机是影响企业私有化的关键决定变量。

案例十一 汇川技术并购贝思特 171

2019年3月,汇川技术以现金+股票的方式收购贝思特。本案例有助于学生了解企业并购的主要类型及相关法律法规,理解企业并购的方式及相应的财务效应,掌握并购目标公司的选择、并购方式的种类及影响并购价格的因素,理解并购交易对公司可能产生的重大影响。

案例十二　微创医疗分拆上市 ……………………………………………… 187

  2019年7月，微创医疗分拆子公司心脉医疗在科创板上市，这是我国注册制改革下第一例分拆上市成功案例。此次分拆上市是微创医疗基于行业特征、公司战略及资本市场环境多方面综合考虑后所做出的资本运作决策。本案例有助于学生掌握分拆上市的基本理论、分拆上市的动机和绩效影响，以及国内分拆上市现行的规章制度等。

案例十三　兵工集团边界管控 ………………………………………………… 207

  兵工集团构建的边界管控体系通过厘清集团与下属单位的管控责任边界，确保企业始终在战略方向上、在财务结构安全边界内释放经营活力。本案例有助于学生了解企业财务资源包括的具体内容，掌握企业财务资源配置能力的分析思路，理解评价企业财务资源配置绩效的方法与集团公司的管控手段。

参考文献 ………………………………………………………………………… 219

案例一

中国联通的混合所有制改革

教学目的与要求

【学习目标】

通过本章的学习,你应该掌握:

1. 国有企业混合所有制改革目的;
2. 国有企业混合所有制改革路径;
3. 混合所有制改革对国有企业产生的主要影响。

【素养目标】

通过本章的学习,认识国有企业混合所有制改革的含义、理论背景、动机、路径以及引入的战略投资者的特点,深刻领会混合所有制改革对深化国有企业改革、推动国有资本和国有企业做强做优做大的积极意义。

一 背景知识

（一）国有企业混合所有制改革的目的与政策要求

混合所有制改革是指允许国内民间资本和外资参与国有企业改组，实现国有经济与其他所有制经济的共同发展。混合所有制是国有企业改革的基本方向，国有企业混合所有制改革坚持以市场为导向，通过引入其他所有制资本参与国有企业产权制度的改革和完善国有企业内部的治理机制，提高国有企业内部活力和市场竞争力。具体来说，国有企业混合所有制改革基于国有资本和国有企业层面，通过国有资本与其他所有制资本的混合来优化企业股权结构，进而促进企业完善治理结构，实现资本在流动中的保值增值和增强企业的核心竞争力。

国有企业混合所有制改革要求在引入战略投资者的过程中完善企业内部治理，强化员工激励，突出经营主业，提高经营和管理效率。2013年11月，党的十八届三中全会通过《中共中央关于全面深化改革若干重大问题的决定》，提出国有资本、集体资本、非公有资本等交叉持股、相互融合的混合所有制经济，是基本经济制度的重要实现形式，有利于国有资本放大功能、保值增值、提高竞争力，有利于各种所有制资本取长补短、相互促进、共同发展；允许更多国有经济和其他所有制经济发展成为混合所有制经济；国有资本投资项目允许非国有资本参股；允许混合所有制经济实行企业员工持股，形成资本所有者和劳动者利益共同体。国有企业混合所有制改革明确地纳入全面深化改革的重要环节，对我国推动经济后续改革具有顶层设计的引领作用，掀起了新一轮国有企业改革的浪潮。

2015年8月，中共中央、国务院印发了《关于深化国有企业改革的指导意见》（以下简称《意见》），这是新时期指导和推进中国国有企业改革的纲领性文件。《意见》要求，以促进国有企业转换经营机制，放大国有资本功能，提高国有资本配置和运行效率，实现各种所有制资本取长补短、相互促进、共同发展为目标，稳妥推动国有企业发展混合所有制经济。2016年12月召开的中央经济工作会议指出，要深化国企国资改革，加快形成有效制衡的公司法人治理结构、灵活高效的市场化经营机制。会议明确了混合所有制改革是国有企业改革的重要突破口，要在电信等领域迈出实质性步伐。在制度层面上，2019年国资委印发了《中央企业混合所有制改革操作指引》，明确了以下几个要点：① 中央企业所属各级子企业实施混合所有制改革，一般应履行以下基本操作流程:可行性研究,制定混合所有制改革方案,履行决策审批程序,开展审计评估,引进非公有资本投资者,推进企业运营机制改革。② 鼓励混合所有制企业综合运用国有控股混合所有制企业员工持股、国有控股上市公司股权激励、国有科技型企业股权和分红激励等中长期激励政策,探索超额利润分享、项目跟投、虚拟股权等中长期激励方式,注重发挥好非物质激励的积极作用,系统提升正向激励的综合效果。③ 积极稳妥推进主业处于充分竞争行业和领域的商业类国有企业混合所有制改革,国有资本宜控则控、宜参则参;探索主业处于重要行业和关键领域的商业类国有企业混合所有制改革,保持国有资本控股地位,支持非公有资本参股;根据不同业务特点,有序推进具备条件的公益类国有企业混合所有制改革;充分发挥国有资本投资、运营公司市场化运作专业平台作用,积极推进所属企业混合所有制改革。

(二)国有企业混合所有制改革的财务理论背景

1. 产权理论

产权理论认为,私有企业的产权人享有剩余利润占有权,产权人有较强的激励动机去不断提高企业的效益,因此私有企业的利润激励要强于国有企业。产权理论强调了在市场中建立清晰、明确的产权制度的重要意义,也是降低代理成本的重要制度基础,因此如何界定产权边界、明确所有权结构成为企业减少利益冲突、提高资源配置效率的重要内容。混合所有制改革可以有效解决国有企业产权不太清晰、国有股份过大、产权结构难以产生制衡机制、经理人缺乏激励机制等问题,产权理论为国有企业混合所有制改革提供了方向。

2. 委托代理关系

委托代理关系反映了当企业所有权和控制权逐渐分离时产生的委托人与代理人之间的责任、权力及利益关系,建立在信息不对称的基础上。代理冲突主要存在于股东与经理人之间、大股东与中小股东之间以及股东与债权人之间。国有企业的混合所有制引入了持有企业一定股份的战略投资者,终结了国有企业股东"一股独大"的现象,缓解了中小股东与大股东之间的利益不对等现象,有助于缓解代理问题。

3. 协同效应

协同效应是指企业在生产、营销、管理的不同环节、不同阶段和不同方面共同利用同一资源而产生的整体效应,包括经营协同、管理协同和财务协同。经营协同主要体现在规模经济、纵向一体化、市场垄断、资源互补等方面,管理协同是指协同改变企业的管理活动效率或带来因效率提升而产生的效益,财务协同是指财务和资金上的效益。大型国有企业,尤其是形成行业垄断的国有企业,自身资源和管理方式已经固化,单一或集中化的经营战略与盈利模式难以适应现代产业多元化、跨领域的发展趋势,引入其他行业的战略合作可以打破行业束缚,寻求核心业务新的利润增长点和提高市场竞争力。

(三)国有企业混合所有制改革的动机

国有企业混合所有制改革的动机,主要体现为以下几个方面:

1. 提升国有资本效率

资本效率通常体现为资源配置效率,国有资本效率低下已经成为影响国有企业运转速度的重要因素。国有企业固有的"所有者缺位"现象和金字塔式的股权结构加剧了企业内部的代理问题,管理层不持有企业股份,企业利益与个人利益相分离,导致管理层没有足够的动力去解决企业运行效率低下及资源配置不合理等问题;同时,股东与作为企业实际控制人的经理层之间的信息不对称和责任不对等的现象也产生了较高的监督成本,严重降低了国有企业的资源配置效率和经营效率。国有企业混合所有制改革通过引入其他所有制资本的战略投资者,可以充分发挥多种所有制资本的协同作用,将国有资产的资本优势与民营资本的灵活市场机制结合起来,提高资本的活力和国有资本的运行效益。

2. 改善国有企业的公司治理

一般来说,公司治理结构包括股东大会、董事会、经理层和监事会。合理的公司治理结构能促进企业的股权结构合理化,降低代理成本,增强企业的核心竞争力,提高企业的经营业绩,进而实现企业的可持续发展。我国国有企业长期以来存在行政化管理问题,普遍存在行政级别,内部管理机制不健全、高管的"政商"双重身份及业绩考核指标行政化等都导致国有企业内部运转效率低下,制约了企业的发展。引入战略投资者会增加治理结构中其他资本的话语权,一方面可以帮助国有企业去行政化,解决内部监督管理失衡的问题;另一方面,有助于提高经营管理和市场化决策的科学性与合理性,符合市场经济的发展规律,有助于提升国有企业的经营治理效率。

(四)国有企业混合所有制改革的路径

1. 引入战略投资者

混合所有制改革的目的之一在于改变国有企业单一、集中的股权结构,实现产权主体分散化、多元化,因此国有企业可以通过引入其他所有制资本来改变自身的股权结构,实现国资管理体制从"管资产"向"管资本"转型;同时,战略投资者持有企业一定数量的股权,可以参与企业的战略决策和管理,会对国有企业的经营活动、管理模式、治理机制等方面产生重要影响。

2. 公开上市

国有企业可以公开上市的方式引入其他资本,实现混合所有制改革。国有企业进行股份制改造,在集团层面或母公司层面形成产权主体或投资主体,不仅有助于完善多元化的公司治理结构,提高企业的资源利用效率,而且可以减少关联交易,推动国有企业逐步实现市场化。

3. 员工持股

员工持股是指员工以货币或其他资产购买企业部分股票进而拥有部分产权,成为企业的股东。股权类型主要包括限制性股票、实股、期权。员工持有企业股份可以将企业整体利益与员工个人利益结合起来,形成收益共享、风险共担的利益共同体,使员工更加积极地参与企业经营和管理。2016年8月,国资委、财政部和证监会联合印发了《关于国有控股混合所有制企业开展员工持股试点的意见》,鼓励混合所有制改革的国有企业同时推出员工持股计划,改善治理结构,转化经营机制。将员工持股作为混合所有制改革的路径之一,能够有效地发挥企业与员工之间利益制衡的积极作用,降低治理方与被治理方的代理问题和被治理方规避监管的问题,提高企业整体的运行效率。

(五)战略投资者的特点

我国证监会将战略投资者定义为,具有同行业或相关行业较强的重要战略性资源,与上市公司谋求双方协调互补的长期共同战略利益,愿意长期持有上市公司较大比例股份,愿意并且有能力认真履行相应职责,委派董事实际参与公司治理,提升上市公司治理水平,帮助上市公司显著提高公司质量和内在价值,具有良好诚信记录,最近三年未受到证监会行政处罚或被追究刑事责任的投资者。战略投资者需要符合以下两个条件之一:第一,能够给上市公司带来国际、国内领先的核心技术资源,显著增强上市公司的核心竞争力和创新能力,带动上市公司的产业技术升级,显著提升上市公司的盈利能力;第二,能够给上市公司带来国际、国内领先的市场、渠道、品牌等战略性资源,大幅促进上市公司市场拓展,推动上市公司销售业绩大幅提升。

战略投资者具有以下特征:① 长期稳定持股。战略投资者持股年限一般在5年以上,追求长期投资利益,这是区别于一般法人投资者的首要特征。② 与发行人业务联系紧密,拥有促进发行人业务发展的实力。③ 持股量大。战略投资者一般要求持有可以对公司经营管理形成影响的一定比例的股份,进而确保其对公司具有足够的影响力。④ 追求长期战略利益。战略投资者对企业的投资侧重于行业的战略利益,通常希望通过战略投资实现其在行业的战略地位。⑤ 有动力也有能力参与公司治理。战略投资者一般都希望参与公司的经营管理,通过自身丰富、先进的管理经验改善公司的治理结构。

二 案例资料

中国联合网络通信股份有限公司(以下简称"中国联通")是中国联合网络通信集团有限公司(以下简称"联通集团")控股的上市公司,于2009年1月6日由原中国网通和原中国联通合并重组而成,在国内31个省(自治区、直辖市)及境外多个国家和地区设有分支机构,主要经营固定通信业务,移动通信业务,国内、国际通信设施服务业务,数据通信业务,网络接入业务,各类电信增值业务,与通信信息业务相关的系统集成业务等。中国联通是中国唯一一家在纽约、香港、上海三地同时上市的电信运营企业,连续多年入选"世界500强企业"。

2017年8月16日,中国联通董事长王晓初在中期业绩发布会上公布混合所有制改革方案,宣布将引入包括腾讯、百度、京东、阿里巴巴在内的多位战略投资者,认购中国联通A股股份,这是首家在集团层面整体进行混合所有制改革试点的中央企业。

2017年8月16日晚,中国联通发布了《中国联通关于混合所有制改革有关情况的专项公告》,但公告在发布仅几个小时之后就被撤回,原因是中国联通的混合所有制改革方案不符合证监会2月17日发布的《发行监管问答——关于引导规范上市公司融资行为的监管要求》[上市公司申请非公开发行股票(定增)的,拟发行的股份数量不得超过本次发行前总股本的20%]。8月20日,证监会发布公告称,对中国联通混合所有制改革方案中的相关事项作为个案处理,适用2017年2月17日证监会再融资制度修订前的规则。

中国联通混合所有制改革大事如表1-1所示。

表1-1 中国联通混合所有制改革大事表

时间	事件
2017年8月16日	发布中国联通混合所有制改革试点方案,随后撤回三份试点方案
2017年8月20日	引入9家战略投资者
2017年8月28日	发布《瘦身健体精简机构实施方案》
2017年9月15日	国资委批准股权转让和非公开发行股票事宜
2017年10月31日	完成非公开发行股票工作
2018年2月8日	临时股东大会通过引入新增战略投资者方董事的议案
2018年3月16日	发布向激励对象首次授予限制性股票的公告

中国联通的混合所有制改革主要包括两个层面：一是资本层面的改革，主要涉及非公开发行新股和老股转让；二是公司机制的改革，主要涉及治理结构、公司的组织结构及经营战略。

（一）战略引资

2017年8月21日，中国联通正式发布《中国联通关于混合所有制改革有关情况的专项公告》《非公开发行A股股票预案》和《限制性股票激励计划（草案）》等一系列混合所有制改革公告，拉开了中国联通混合所有制改革的序幕。公告指出，本次混合所有制改革以中国联通为平台，通过以下两种方式调整股权结构，积极引入其他国有资本和非国有资本：第一，通过非公开发行新股及联通集团转让存量股份的方式引入中国人寿、腾讯信达、百度鹏寰、京东三弘、阿里创投、苏宁云商①、光启互联、淮海方舟、兴全基金、结构调整基金等企业和产业基金作为企业的战略投资者；第二，向核心员工授予限制性股票实行员工激励计划。

在混合所有制改革前，国资委持有联通集团98.44%的股权，联通集团持有中国联通62.74%的股权。2016年年末中国联通实施混合所有制改革前的股权结构如图1-1所示。

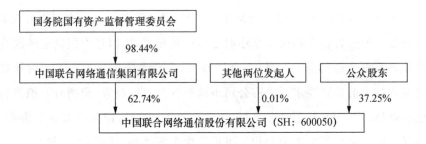

图1-1 中国联通实施混合所有制改革前的股权结构

1. 非公开发行新股和老股转让

截至2017年10月底，中国联通完成了约90亿股的非公开股票发行工作，还宣布与腾讯和阿里巴巴互相开放云资源、开展业务合作。11月1日，中国联通发布公告称，非公开发行90.37亿股A股股份，发行价格为每股6.83元，募集资金净额为615.46亿元。中国人寿、腾讯信达、百度鹏寰、京东三弘、阿里创投、苏宁云商、光启互联、淮海方舟、兴全基金9名认购对象已完成现金认购，新增股份限售期为36个月；同时，联通集团向结构调整基金转让其持有的中国联通约19亿股股份，约定转

---

① 腾讯信达、百度鹏寰、京东三弘、阿里创投、苏宁云商分别为腾讯、百度、京东、阿里巴巴和苏宁旗下公司，后文也称为腾讯、百度、京东、阿里巴巴、苏宁。

让价款约为129.75亿元。非公开发行新股和老股转让后战略投资者的具体持股比例如表1-2所示。

表1-2 非公开发行新股和老股转让后中国联通战略投资者持股情况

序号	发行对象	持股比例	投资额（亿元）
1	中国人寿	10.6%	217.00
2	腾讯信达	5.3%	110.00
3	百度鹏寰	3.4%	70.00
4	京东三弘	2.4%	50.00
5	阿里创投	2.1%	43.25
6	苏宁云商	1.9%	40.00
7	淮海方舟	1.9%	40.00
8	光启互联	1.9%	40.00
9	兴全基金	0.3%	7.00
10	结构调整基金	6.3%	129.75

混合所有制改革后，联通集团持有中国联通的股份由62.74%下降至37.7%，由绝对控股转为相对控股，包括结构调整基金在内的国有和非国有战略投资者总计持有中国联通约36.2%的股份。2017年年末中国联通实施混合所有制改革后的股权结构如图1-2所示。

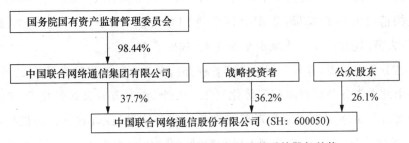

图1-2 中国联通实施混合所有制改革后的股权结构

2. 授予限制性股票

2018年3月，中国联通发布向核心员工首次授予限制性股票的公告，共授予80 247.5万股A股普通股股票，定价为每股3.79元，涉及的激励对象共计7 849人，激励对象包括中高层管理人员以及对公司经营业绩和持续发展有直接影响的核心管理人才及专业人才。

(二) 机制改革

1. 治理结构

2018年2月，中国联通召开临时股东大会，审议通过了董事会、监事会提前换届的决议,公司成立第六届董事会、监事会,结合战略投资者情况等,适当引入新的国有股东和非国有股东代表担任公司董事或监事,董事会成员由7名扩大至13名,其中8名非独立董事席位中新增了5位来自战略投资者方的董事,分别来自中国人寿、腾讯、百度、京东和阿里巴巴,如表1-3所示。

表1-3 中国联通非独立董事变化情况

	混改前		混改后	
	姓名	提名股东	姓名	提名股东
1	王晓初	联通集团	王晓初	联通集团
2	陆益民	联通集团	陆益民	联通集团
3	李福申	联通集团	李福申	联通集团
4	邵广禄	联通集团	尹兆君	中国人寿
5			卢山	腾讯
6			李彦宏	百度
7			廖建文	京东
8			胡晓明	阿里巴巴

2. 组织结构

2017年8月,中国联通发布《瘦身健体精简机构实施方案》,明确了集团总部与省级、地市级和县级分公司的组织定位,管理与生产相分离,压缩管理层级、管理部门和人员,简政放权,实现资源下沉,拟于10月底前完成调整。12月27日,公司披露了机构精简的最新成果:集团总部的部门数量从27个减少至18个,减少了33.3%;人员编制由1787人减少至865人,减少了51.6%。

在省分公司层面,省分公司的本部管理部门在改革前的平均数量为22个,此次改革要求北方省分公司管理部门优化至18±2个,南方省分公司优化至16±2个,并鼓励省分公司进一步压缩管理部门数量。改革结果显示,省分公司机构数减少205个,减少了20.5%;本部管理人员职数减少342个,减少了15.5%;地市公司机构减少2013个,减少了26.7%;地市公司管理人员职数减少73个,减少了4.2%;全国省级公司管理人员职数减少415个,减少了9.8%。

在管理人员方面,公司建立了市场化用人机制,在机构精简后对现有管理人员重新选聘,通过签订《岗位聘用合同书》,规范人员聘期、职责、权利、义务等,严格实行契约化管理,截至2017年年末,管理人员平均退出率约为14.3%。选聘结束后,各级聘任人员需签订《业绩任务责任书》,落聘人员参加下级岗位选聘,易岗易薪。

3. 战略联盟

2017年8月16日,中国联通子公司联通运营公司在北京分别与腾讯、百度、京东、阿里巴巴等合作伙伴以书面方式签署了战略合作框架协议,开创了"电信运营商+互联网"的资本与业务创新模式。2018年4月,中国联通与中国人寿、腾讯、百度、京东、阿里巴巴、苏宁、光启互联等合作伙伴共同开启了"智慧联盟",在新零售、家庭互联网、消费互联网、产业互联网等多个方面展开全方位、深层次、系统性的全面合作。中国联通与腾讯、阿里巴巴在云计算领域开展合作,以中国联通"沃云"品牌为客户提供基于云计算全产业链的产品、服务和解决方案。在产品方面,中国联通与战略投资者开展产业链合作,如中国联通与腾讯联手推出"腾讯大王卡",即针对腾讯应用(如QQ、腾讯视频、QQ音乐、腾讯游戏)的定向流量优惠套餐,与腾讯的这一合作在半年内给中国联通带来了2 000万用户。

2015—2019年中国联通的财务业绩和关键财务比率如表1-4、表1-5所示。

表1-4　2015—2019年中国联通财务业绩　　　　　　　　　　　　单位:亿元

	2015年	2016年	2017年	2018年	2019年
利润表					
营业收入	2 770.49	2 741.97	2 748.29	2 908.77	2 905.15
营业成本	2 077.04	2 115.84	2 069.77	2 135.86	2 141.33
营业利润	57.11	−6.29	15.13	119.21	134.43
利润总额	138.67	5.81	23.78	120.75	140.35
净利润	104.34	4.80	16.84	93.01	112.64
归属于母公司股东的净利润	34.72	1.54	4.26	40.81	49.82
扣除非经常性损益后的净利润	14.36	−0.58	9.93	50.27	51.98
EBITDA	845.60	730.62	725.70	871.90	971.53
资产负债表					
流动资产	597.58	822.34	767.71	759.25	836.04
固定资产	3 556.51	3 711.00	3 634.99	3 414.53	3 125.34
长期股权投资	329.75	334.23	356.02	397.24	412.16
资产总计	6 153.19	6 159.07	5 736.17	5 417.62	5 642.31
流动负债	3 381.98	3 415.69	2 416.14	2 137.16	2 068.13
非流动负债	430.75	438.31	249.85	111.06	339.22
负债合计	3 812.73	3 854.00	2 665.99	2 248.22	2 407.35
股东权益合计	2 340.46	2 305.07	3 070.18	3 169.40	3 234.96
归属于母公司股东的权益	786.82	775.03	1 353.93	1 401.44	1 433.27
现金流量表					
销售商品、提供劳务收到的现金	2 977.12	2 878.06	2 931.98	3 044.81	2 990.44
经营活动产生的现金流量净额	892.33	795.25	913.35	948.30	962.08
购建固定资产、无形资产和其他长期资产支付的现金	928.98	1 023.05	656.30	568.23	603.67
投资支付的现金	11.82	2.53	7.68	15.56	5.75
投资活动产生的现金流量净额	−913.53	−957.49	−473.34	−611.67	−588.77
吸收投资收到的现金	0.01	2.70	749.60	30.16	5.57
取得借款收到的现金	1 908.84	2 236.17	1 517.49	532.87	405.81
偿还债务支付的现金	1 828.15	1 977.59	2 543.98	904.68	668.79
筹资活动产生的现金流量净额	−14.92	179.03	−346.65	−365.50	−324.69
年末现金及现金等价物余额	218.05	236.41	328.76	300.63	349.50
折旧与摊销	706.93	724.81	754.49	735.75	812.40

表 1-5　2015—2019 年中国联通关键财务比率

比率	2015 年	2016 年	2017 年	2018 年	2019 年
净利润增长率(%)	−12.81	−95.56	176.39	858.28	22.09
ROE(%)	4.41	0.20	0.49	2.86	3.45
销售毛利率(%)	25.03	22.84	24.69	26.57	26.29
销售净利率(%)	3.77	0.18	0.61	3.20	3.88
资产负债率(%)	61.96	62.57	46.48	41.50	42.67
EPS(基本)(元)	0.1638	0.0073	0.0188	0.1320	0.1610
每股净资产(元)	3.71	3.66	5.96	4.52	4.62

三

案例分析

(一) 中国联通混合所有制改革的原因分析

中国联通自 2015 年以来,存在经营业绩下滑、核心竞争力不足和治理结构不规范等诸多内部经营与管理问题,制约了公司的战略发展,亟须进行混合所有制改革,从战略角度优化经营决策,完善内部治理,改善财务状况。公司进行混合所有制改革的原因主要表现在以下几个方面:

1. 经营业绩呈现下滑趋势

中国联通自 2015 年以来出现了经营业绩下滑的现象。年报显示,2015 年公司的营业收入为 2 770.49 亿元,同比下降 4%,毛利率由 2014 年的 30.7% 下降至 25%,净利润下降了 12.8%;2016 年公司经营业绩继续下滑,营业收入下降了 1%,净利润下跌幅度达到 95.4%。而其竞争对手中国移动和中国电信,2016 年的营业收入分别增长了 6% 和 6.4%;从绝对值上看,中国联通的营业收入和净利润均不如其他两家运营商(见表 1-6),公司的盈利能力大幅降低。中国联通要想维持在电信行业的地位,就必须寻求新的利润增长点,而通过与投资者的战略合作可以优化产业链,降低运营成本,缩小与其他两家运营商在收入和市场份额上的差距。

表 1-6　三大电信运营商 2014—2016 年财务业绩　　　　　单位:亿元

年份	中国联通		中国移动		中国电信	
	营业收入	净利润	营业收入	净利润	营业收入	净利润
2014	2 885.71	119.68	6 515.09	1 093.43	3 243.94	177.59
2015	2 770.49	104.34	6 683.35	1 086.55	3 312.02	201.42
2016	2 741.97	4.80	7 084.21	1 088.39	3 525.34	181.23

2. 核心竞争力不足

截至2018年,电信企业的主要业务是移动4G和固网宽带业务。从2013年12月开始,我国陆续发放4G牌照,但中国联通由于在4G发展战略上决策失误,在抢占市场份额方面错失先机,导致其4G网络的用户数量与主营业务收入等均落后于中国移动和中国电信。截至2017年6月,在移动4G业务方面,中国移动的4G用户数量达到5.94亿户,而中国联通仅有1.39亿户,市场份额仅占15.7%;在固网宽带业务方面,中国联通、中国移动、中国电信固网宽带用户数量分别为7692万户、9304万户和1.28亿户,市场份额分别为26%、31%和43%。中国联通在这两大主营业务层面都处于相对劣势的地位,缺乏核心竞争优势。通过互联网企业的平台,中国联通可以创新其盈利模式,进入更大的市场。

3. 治理结构不规范

中国联通是国有资本控股企业,此次混合所有制改革前其母公司联通集团持有其62.74%的股份,具有典型的"一股独大"的治理问题。董事会是企业的最高决策机构,对股东大会负责,也是制定企业战略的主体。董事会需要真正代表股东的利益,牵头制定切实可行、风险可控的企业战略决策。此次混合所有制改革前中国联通的内部治理结构主要存在以下两大问题:第一,董事会中4名非独立董事均来自母公司联通集团,权力过于集中,中小股东在企业战略及决策制定方面没有任何话语权,难以保证大股东与其他股东的利益平衡;第二,监事会由于是由董事会设立且直接决定监事薪酬,难以发挥其监督的独立性。这也体现了引入其他所有制资本股东的必要性。

(二) 混合所有制改革定价分析

中国联通通过以"非公开发行新股+老股转让+员工持股"为主要方式的混合所有制改革,共筹集资金净额约775亿元。此次混合所有制改革前,中国联通A股总股本为211.97亿股,混合所有制改革过程中,公司非公开发行90.37亿股股份,占发行前总股本的42.63%,定价为每股6.83元,不低于定价基准日前20个交易日公司股票交易均价的90%,此次发行的定价基准日为公司第五届董事会第十次会议决议公告日,即2017年8月21日。

证监会于2017年2月对《上市公司非公开发行股票实施细则》的部分条文进行了修订,发布了《发行监管问答——关于引导规范上市公司融资行为的监管要求》,再融资新规包括:① 上市公司申请非公开发行股票的,拟发行的股份数量不得超过本次发行前总股本的20%;② 取消将董事会决议公告日、股东大会决议公告日作为上市公司非公开发行股票定价基准日的规定,定价基准日只能为本次非公开发行股票发行期的首日。

中国联通此次非公开发行在发行数量和发行基准日方面不符合证监会的再融资新规。8月20日,证监会发布公告称,对中国联通混合所有制改革中的相关事项作为个案处理,适用2017年2月17日证监会再融资制度修订前的规则。

授予核心员工的限制性股票的定价为每股3.79元,远低于非公开发行股票的价格。停牌收盘价为每股7.47元,发行价格仅占停牌收盘价的50.74%。2017年中报显示,公司每股净资产为3.70元,此次定价仅高出每股净资产0.09元。中国联通表示,这一价格不低于方案公布前1个交易日公司股票交易均价的50%(3.72元/股),也不低于方案公布前20个交易日、60个交易日或者120个交易日公司股票交易均价之一的50%(前20个交易日公司股票交易均价的50%为3.79元/股)。

(三) 对战略投资者的选择分析

中国联通此次混合所有制改革引入了四类处于行业领先地位且与公司具有协同效应的战略投资者:一是互联网巨头,包括腾讯、百度、京东、阿里巴巴;二是垂直行业领先企业,包括苏宁、光启互联;三是实力雄厚的金融企业,包括中国人寿;四是国内领先的产业基金,包括淮海方舟、兴全基金、结构调整基金。联通集团在引入战略投资者时主要考虑了三项标准:① 产业实力过硬;② 协同效应显著;③ 业务优势互补。

协同效应主要包括经营协同、管理协同和财务协同。在经营方面,中国联通引入互联网巨头,有助于将公司在网络、客户、数据、营销服务及产业链等方面的资源和优势与战略投资者的资源和市场相融合,实现资源的优化配置,扩大市场;在管理方面,BATJ(百度、阿里巴巴、腾讯、京东)等战略投资者通过资本桥梁形成利益相关者,提高了中国联通"去电信化"和"去行政化"转型的速度,以及公司整体运行效率;在财务方面,中国联通此次混合所有制改革筹集到约775亿元资金,提高了现金流的充足性,明显降低了公司资产负债率,长期偿债能力得到提升,在很大程度上解决了中国联通的债务和财务问题。

中国联通混合所有制改革案例说明,混合所有制改革应该选择具有协同效应的战略投资者,通过业务合作实现商业模式的质的转变,国有资本和民营资本应充分发挥各自的优势,实现国有资本体量大、垄断性强和民营资本效率高、体制灵活的高效互补,达到"1+1>2"的效应。

(四) 布局多元化股权结构

联通集团首次在集团层面探索混合所有制改革,作为母公司,联通集团大力释放股权,在中国大型国有企业改革中具有标杆意义。通过中国联通的案例可以看出,在某些行业具有垄断地位的国有企业甚至中央企业可以进行彻底的股权改革,大股东不一定要处于绝对控股地位。另外,混合所有制改革后中国联通的大股东联通集团、中国人寿和结构调整基金的总持股比例为54.6%,仍处于绝对控股地位,说明企业在进行股权多元化改革的同时,多家国有资本股权之和依然可以保持控股,既保证了国有资本的不流失,又充分发挥了其他所有制资本的活力。

中国联通通过混合所有制改革引入战略投资者,直接改变了公司的股权结构,主要体现在公司前十大股东及持股比例上,表1-7反映了混合所有制改革前后公司前十大股东的持股情况,联通集团的持股比例由62.74%下降至37.7%,由绝对控股变成相对控股,属于彻底的混合所有制改革,提高了民营资本的运作空间和话语权,有利于建立更加完善的法人治理结构。

表1-7 中国联通混合所有制改革前后前十大股东变化情况

	混改前		混改后	
	前十大股东名称	持股比例	前十大股东名称	持股比例
1	联通集团	62.74%	联通集团	37.7%
2	中央汇金资产管理有限责任公司	1.36%	中国人寿	10.6%
3	香港中央结算有限公司	0.53%	结构调整基金	6.3%
4	北京凤山投资有限责任公司	0.51%	腾讯信达	5.3%
5	北京坤藤投资有限责任公司	0.47%	百度鹏寰	3.4%
6	齐齐哈尔市中正房地产开发有限公司	0.42%	京东三弘	2.4%
7	嘉实基金—农业银行—嘉实中证金融资产管理计划	0.42%	阿里创投	2.1%
8	大成基金—农业银行—大成中证金融资产管理计划	0.35%	苏宁云商	1.9%
9	中国工商银行—上证50交易型开放式指数证券投资基金	0.32%	淮海方舟	1.9%
10	梧桐树投资平台有限责任公司	0.27%	光启互联	1.9%

单一或高度集中的股权结构会导致大股东掌握绝对的控制权,容易形成"一言堂"的局面,不利于保障中小股东的权益。中国联通此次混合所有制改革很好地解决了这一问题,通过"非公开发行新股+老股转让+员工持股"三项资本改革手段允许国有资本、民营资本和个人资本共存,一方面有效地建立了股权制衡机制,战略投资者和员工可以获得与联通集团几乎相同的话语权,能够规范和约束大股东的行为;另一方面提高了国有企业对经营绩效和投资回报的重视度,民营股东更加关注实现企业价值的最大化,在维护自身利益的同时也能促进企业的市场化发展。

(五) 引入非国有资本董事，优化治理结构

混合所有制改革之前，中国联通的4位非独立董事全部来自大股东联通集团，由国资委直接任命，完全代表集团的意志。经过混合所有制改革，中国联通的治理结构进行了大幅调整，非独立董事的数量增加了一倍，并允许民营股东委派5位董事。通常情况下，股东委派董事的名额是由股东的持股比例决定的，按照中国联通的股东持股比例，大股东联通集团应该委派3名董事，中国人寿和腾讯分别委派1名董事。而此次混合所有制改革允许百度、京东和阿里巴巴各自委派1名代表加入董事会，这种超额委派的创新形式表明了联通集团推行混合所有制改革的坚定决心，以牺牲自身绝对的决策权来赋予民营股东话语权，鼓励战略投资者积极参与决策，切实保障中小股东的利益。国有企业混合所有制改革应该借鉴中国联通在公司治理结构改革上的成功经验，真正发挥董事会的治理功能。

 讨论题

1. 从国有企业混合所有制改革的内容分析，哪些财务管理议题需要谨慎决策，以防止混合所有制改革中国有资产的流失？

2. 从中国联通混合所有制改革案例分析，一家国有企业如何成功地进行混合所有制改革？

3. 有人认为，在国有企业混合所有制改革中推行公司高层经理人、技术人员或全体员工持股比引进外部战略投资者更重要。你认同吗？为什么？

 **小案例**

云南白药混改：踏上国有企业发展新征程

云南白药集团股份有限公司（以下简称"云南白药"）经过1993年上市至今近30年的发展，已经成为云南省实力最强、品牌最优的大型医药企业集团，经营涉足医药流通、中药资源，以及药品和保健品销售等领域。2016年12月，其控股股东云南白药控股有限公司（以下简称"白药控股"）发布混合所有制改革方案，通过"增资扩股＋整体上市"的方式于2019年7月完成了此次混合所有制改革，云南白药实现整体上市，成为云南省第一家市值过千亿元的上市公司。

云南白药的混合所有制改革共分为两个阶段:第一阶段,在白药控股层面,通过增资扩股引入民营战略投资者;第二阶段,在上市公司层面,云南白药吸收合并控股公司,实现整体上市。

混合所有制改革前,云南省国资委持有白药控股100%的股权,是白药控股和云南白药的实际控制人,白药控股持有云南白药41.52%的股权(见图1-3)。2016年12月29日,云南白药控股股东白药控股拟通过增资方式,引入新华都实业集团股份有限公司(以下简称"新华都")。新华都将向白药控股增资253.7亿元,交易完成后,云南省国资委和新华都各持有白药控股50%的股权,白药控股仍持有云南白药41.52%的股权,仍是公司的控股股东。

图1-3 云南白药混合所有制改革前的股权结构

2017年4月,白药控股成立了新一届董事会,原董事会成员全部被替换。新董事会一共4人,云南省国资委和新华都各提名2人。其中,新华都提名的王建华担任董事长,后来由新华都的创始人陈发树接任董事长,同时成为法定代表人。

2017年6月,江苏鱼跃科技发展有限公司(以下简称"江苏鱼跃")向白药控股增资56.38亿元,取得了公司10%的股权。引入战略投资者后,云南白药的市值达到1 358亿元,形成了云南省国资委持有45%、新华都持有45%、江苏鱼跃持有10%的股权结构(见图1-4)。

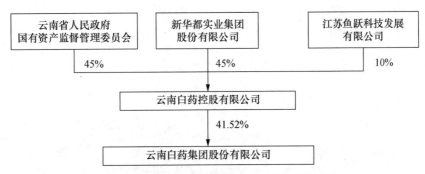

图1-4 云南白药引入战略投资者后的股权结构

引入江苏鱼跃后,白药控股在股权设计上采用无实际控制人模式,即形成了

45∶45∶10的股权结构;在治理结构上,董事会新增1名由江苏鱼跃委派的董事;在经营机制上,所有董事、监事和高级管理人员全部取消国企领导身份,取消行政级别及待遇,由公司按照《公司法》的相关规定开展市场化的选聘及考核,成为职业经理人,同时在经理层实行市场化薪酬制度。

2018年7月9日,白药控股决定启动云南白药反向吸收合并白药控股的方案,完成云南白药整体上市工作。吸收合并方案的总体思路是,由云南白药以定向增发的方式,向白药控股股东云南省国资委、新华都、江苏鱼跃发行A股股份,购买其所持有的白药控股股权,实现对白药控股的吸收合并。2019年7月,白药控股作为被合并方予以注销,云南白药形成了新的股权结构:云南省国资委持股25.14%,新华都及其关联人持股25.14%,云南合和持股8.17%,中国平安持股7.63%,江苏鱼跃持股5.59%。另外,公司董事长由王明辉担任,又设立了联席董事长职务,由陈发树担任。至此,云南白药的混合所有制改革顺利完成。

资料来源:编者根据网上公开资料整理。

讨论题:云南白药在混合所有制改革过程中选择反向吸收合并从而整体上市,分析该设计的合理性。

案例二

乐鑫科技股权激励

教学目的与要求

【学习目标】

通过本章的学习,你应该掌握:
1. 股权激励的含义与作用;
2. 股权激励的主要形式;
3. 股权激励的制度背景;
4. 股权激励方式对公司管理层行为产生的影响。

【素养目标】

通过本章的学习,领会股权激励对促进公司创新能力、提升公平透明的企业文化所产生的影响。股权激励有助于在公司内部创造一种激励创新的氛围,体现鼓励创新、长期导向和公平共享的价值观。

一 背景知识

(一)股权激励的作用

作为一种重要的公司治理工具,股权激励可以起到以下主要作用:

(1)激励管理层做出有利于股东财富最大化的决策。股权激励通过授予企业管理层一定数量的企业股权(或期权),将管理层的利益与股东的利益紧密结合,激励管理层做出有利于股东财富最大化的决策。通过股权激励,管理层与企业之间的关系从单纯的雇佣关系转变为股权关系,有利于激励管理层更加努力工作为企业做出贡献。

(2)约束管理层的行为,降低代理成本。在所有权和经营权分离的情况下,管理层往往会以自身利益最大化而非股东利益最大化的角度出发进行决策。管理层出于自身利益最大化的考虑,可能利用信息不对称做出违背股东利益的行为,例如增加在职消费、过度投资、降低研发支出等短视化经营行为。股权激励通过将管理层利益与股票价格挂钩,可以降低管理层利用自身的信息优势做出违背股东利益行为的可能性。另外,股权激励往往对管理层任职期限及业绩考核提出较高的要求,加大了其违背股东利益的成本,约束了其不利行为。

(3)稳定员工队伍,改善员工福利。通过对企业具有重要价值的核心技术员工、业务骨干等授予股权激励,可以激发员工的工作热情,使其参与企业的利润分配,促进企业形成同甘共苦、利益共享的企业文化。同时,由于股权激励工具会对激励对象的服务期限有明确限制,对于高级管理人员和业务骨干而言,会加大离职的机会成本,所以股权激励对于稳定"关键员工"也有重要作用。

(4)股权激励可以缓解企业薪酬的现金支付压力,这对很多创业期的非上市企业而言尤为重要。股权激励通过企业未来的价值增值与利润分享为管理层和员工提供激励,可以缓解企业薪酬的现金支付压力,对于成长期的企业可以通过股权激励吸引高层次人才;同时,股权激励可以激发员工的向心力和凝聚力。

(二)股权激励的主要形式

对于上市公司的股权激励形式,根据2016年7月证监会公布的《上市公司股权激励管理办法》,主要有股票期权和限制性股票两种激励形式。

股票期权是指公司授予激励对象在未来一定期限内以预先确定的价格和条件

购买本公司一定数量股份的权利。

限制性股票是指激励对象按照股权激励计划规定的条件(规定激励对象获授股票的业绩条件、禁售期限),获得的转让等部分权利受到限制的本公司股票。

对于公司股权激励计划的设计,关键要素包括股权激励的对象和规模、激励的目的、激励的形式、授予价格或执行价格、业绩条件等。激励的目的是明确公司通过股权激励希望取得哪些效果,激励对象的选择决定激励的范围,激励的形式是采用何种金融工具进行激励,授予价格或执行价格决定激励对象的收益水平,业绩条件决定激励对象获取激励的难易程度。公司需要结合自身的激励目的设计合理的股权激励要素。

(三) 上市公司股权激励的制度背景

上市公司的股权激励主要依照 2016 年 7 月证监会发布的《上市公司股权激励管理办法》执行。对于科创板上市公司,还要依照《上海证券交易所科创板股票上市规则》中有关股权激励的规定。相对于主板上市公司,科创板上市公司的股权激励做出了一些创新性的调整,如表 2-1 所示。

表 2-1　股权激励相关制度的比较(截至 2020 年 12 月 31 日)

	主板	科创板
限制性股票类型	激励对象按照股权激励计划规定的条件,获得的转让等部分权利受到限制的本公司股票	(1) 激励对象按照股权激励计划规定的条件,获得的转让等部分权利受到限制的本公司股票 (2) 符合股权激励计划授予条件的激励对象,在满足相应获益条件后分次获得并登记的本公司股票
激励对象	(1) 不应当包括独立董事和监事 (2) 单独或合计持有上市公司 5%以上股份的股东或实际控制人及其配偶、父母、子女,不得成为激励对象	(1) 不包括独立董事和监事 (2) 单独或合计持有上市公司 5%以上股份的股东或实际控制人及其配偶、父母、子女以及上市公司外籍员工,在上市公司担任董事、高级管理人员、核心技术人员或者核心业务人员的,可以成为激励对象。上市公司应当充分说明前述人员成为激励对象的必要性、合理性
股权激励占公司股本总额比例	上市公司全部在有效期内的股权激励计划所涉及的标的股票总数累计不得超过公司股本总额的 10%	上市公司可以同时实施多项股权激励计划,上市公司全部在有效期内的股权激励计划所涉及的标的股票总数累计不得超过公司股本总额的 20%
授予价格(限制性股票)	不得低于股权激励计划草案公布前 1 个交易日、20 个交易日、60 个交易日或者 120 个交易日股票交易均价最高者的 50%	低于股权激励计划草案公布前 1 个交易日、20 个交易日、60 个交易日或者 120 个交易日公司股票交易均价的 50%的,应当说明定价依据及定价方式(即可以低于市价的 50%)

从表 2-1 中可以看出,股权激励制度在科创板上市公司做出了一些调整,包括引入第二类限制性股票、扩大激励对象的范围、提高股权激励的最高规模、降低限制性股票授予价格的底线等。考虑到科创板上市公司中高级管理人员和核心技术人员的重要性,适度放宽了股权激励的规模和要求,使上市公司在方案设计上拥有了更多的自主权。

二 案例资料

乐鑫信息科技(上海)股份有限公司(以下简称"乐鑫科技")是科创板上市公司中首家推出股权激励计划的公司,其股权激励计划体现了科创板上市公司的最新导向。

乐鑫科技成立于 2008 年,主要从事物联网领域的专业集成电路设计并提供解决方案,主要产品是以 Wi-Fi MCU 芯片为基础并衍生出 AIoT 芯片。公司的产品为全球数亿用户实现安全、稳定的 Wi-Fi 和蓝牙连接,语音交互,人脸识别,数据管理与处理等服务。公司于 2019 年 7 月在科创板成功上市。

(一) 公司概况

在业务模式上,乐鑫科技是专业的集成电路设计企业,主要经营模式为国际集成电路行业通行的 Fabless 模式,即无晶圆厂生产制造、仅从事集成电路设计的经营模式。在这种经营模式下,公司集中优势资源用于产品研发、设计环节,只从事集成电路的研发、设计和销售,生产制造环节由晶圆制造及封装测试企业代工完成。公司在完成集成电路版图的设计后,将版图交予晶圆制造厂商,由晶圆制造厂商按照版图生产出晶圆后,再交由封装测试厂商完成封装、测试环节。公司取得芯片成品后,主要用于对外销售,部分芯片委托模组加工商进一步加工成模组,再对外销售。

乐鑫科技 2017—2019 年的基本财务数据如表 2-2 所示。

乐鑫科技在 2019 年 7 月成功上市后,紧接着对外公告了上市后的首次股权激励计划。本次股权激励计划的目的是进一步健全公司长效激励机制,吸引和留住优秀人才,充分调动员工的积极性,有效地将股东利益、公司利益和员工利益结合在一起,使各方共同关注公司的长远发展。

表 2-2 乐鑫科技 2017—2019 年的基本财务数据　　　　　　　单位:元

项目	2019 年	2018 年	2017 年
营业收入	757 428 576.53	474 920 158.09	272 006 994.40
归属于上市公司股东的净利润	158 505 350.38	93 882 617.51	29 371 910.30
经营活动产生的现金流量净额	102 315 848.26	72 861 631.57	−9 238 222.80
归属于上市公司股东的净资产	1 609 822 892.32	311 242 101.74	209 775 265.50
总资产	1 725 047 425.77	377 483 854.06	246 110 489.38

(二) 股权激励对象

本次股权激励计划涉及的激励对象共计 21 人,占公司员工总数(320 人)的 6.56%。包括:① 公司高级管理人员;② 核心技术人员;③ 董事会认为需要激励的其他人员。

以上激励对象中,公司高级管理人员必须经公司董事会聘任。所有激励对象必须在公司授予限制性股票时和本次股权激励计划规定的考核期内与公司或其分、子公司存在聘用或劳动关系。

(三) 股权激励形式及股票来源

本次股权激励计划采用的激励形式为第二类限制性股票,涉及的标的股票来源为公司向激励对象定向发行的公司 A 股普通股股票。

(四) 授出限制性股票的数量

本次股权激励计划拟授予的限制性股票数量为 29.28 万股,占股权激励计划草案公告日公司股本总额(8 000 万股)的 0.37%,如表 2-3 所示。

表 2-3 授出限制性股票的数量

姓名	国籍	职务	获授的限制性股票数量(股)	占授予限制性股票总数的比例	占股权激励计划草案公告日公司股本总额的比例
王珏	中国	副总经理、董事会秘书	8 000	2.73%	0.01%
Benjamin Lei Mung	美国	核心技术人员	160 000	54.64%	0.20%
姜江建	中国	核心技术人员	12 000	4.10%	0.02%
符运生	中国	核心技术人员	12 000	4.10%	0.02%
王强	中国	核心技术人员	12 000	4.10%	0.02%

(续表)

姓名	国籍	职务	获授的限制性股票数量（股）	占授予限制性股票总数的比例	占股权激励计划草案公告日公司股本总额的比例
Ivan Grokhotkov	俄罗斯	核心技术人员	12 000	4.10%	0.02%
Amey Dattatray Inamdar	印度	核心技术人员	8 000	2.73%	0.01%
Kedar Suresh Sovani	印度	核心技术人员	8 000	2.73%	0.01%
巫建刚	中国	核心技术人员	6 000	2.05%	0.01%
王栋	中国	核心技术人员	3 000	1.02%	0.00%
董事会认为需要激励的其他人员（11人）			51 800	17.69%	0.06%
合计（21人）			292 800	100.00%	0.37%

（五）本次股权激励计划的有效期

本次股权激励计划的有效期自限制性股票授予之日起至激励对象获授的限制性股票全部归属或作废失效之日止，最长不超过72个月。

根据激励对象司龄不同，将激励对象分为两类：第一类激励对象为在公司连续任职1年以上员工，合计19人；第二类激励对象为在公司任职1年以下员工，合计2人。公司对两类激励对象分别设置了不同的归属安排，如表2-4所示。

表2-4 两类激励对象归属安排

归属安排	归属时间	归属权益数量占授予权益总量的比例
第一类激励对象		
第一个归属期	自授予之日起12个月后的首个交易日至授予之日起24个月内的最后一个交易日止	25%
第二个归属期	自授予之日起24个月后的首个交易日至授予之日起36个月内的最后一个交易日止	25%
第三个归属期	自授予之日起36个月后的首个交易日至授予之日起48个月内的最后一个交易日止	25%
第四个归属期	自授予之日起48个月后的首个交易日至授予之日起60个月内的最后一个交易日止	25%

(续表)

归属安排	归属时间	归属权益数量占授予权益总量的比例
第二类激励对象		
第一个归属期	2020年公司年度报告经股东大会审议通过后的首个交易日起至2020年公司年度报告经股东大会审议通过后12个月内的最后一个交易日止	25%
第二个归属期	2021年公司年度报告经股东大会审议通过后的首个交易日起至2021年公司年度报告经股东大会审议通过后12个月内的最后一个交易日止	25%
第三个归属期	2022年公司年度报告经股东大会审议通过后的首个交易日起至2022年公司年度报告经股东大会审议通过后12个月内的最后一个交易日止	25%
第四个归属期	2023年公司年度报告经股东大会审议通过后的首个交易日起至2023年公司年度报告经股东大会审议通过后12个月内的最后一个交易日止	25%

（六）限制性股票的授予价格

本次限制性股票的授予价格为每股65元，即满足授予条件和归属条件后，激励对象可以每股65元的价格购买公司向激励对象增发的公司A股普通股股票。

授予价格的确定首先需要考虑合规性。根据《上海证券交易所科创板股票上市规则》第十章之第10.6条的规定：上市公司授予激励对象限制性股票的价格，低于股权激励计划草案公布前1个交易日、20个交易日、60个交易日或者120个交易日公司股票交易均价的50%的，应当说明定价依据及定价方式。乐鑫科技的授予价格低于计划草案公布前1个交易日公司股票交易均价（164.11元）的50%，因此需要说明定价依据和定价方法。

公司限制性股票授予价格的确定依据主要考虑两个因素：一是业绩目标的达成难度。公司本次限制性股票的授予价格及定价方法，以促进公司发展、维护股东权益为根本目的。本次股权激励计划公司设置了具有较高挑战性的业绩目标，该目标的实现需要发挥核心员工的主观能动性和创造性，本次强激励的定价原则与高业绩要求相匹配。二是员工的激励效果。随着行业及人才竞争的加剧，公司人才成本随之增加，实施更有效的股权激励是对员工现有薪酬的有效补充，且激励对象未来的收益取决于公司未来业绩发展和二级市场股价。

在符合相关法律法规、规范性文件的基础上，公司决定将本次限制性股票的授予价格确定为不低于首次公开发行后首个交易日收盘价的50%，并确定为65元/股。本次股权激励计划的实施将更加稳定核心团队，实现员工利益与股东利益的深度绑定。

(七) 限制性股票的归属条件

激励对象获授的限制性股票需同时满足以下归属条件方可分批次办理归属事宜:

(1) 公司未发生如下任一情形:① 最近一个会计年度财务报告被注册会计师出具否定意见或者无法表示意见的审计报告;② 最近一个会计年度财务报告内部控制被注册会计师出具否定意见或者无法表示意见的审计报告;③ 上市后最近 36 个月内出现过未按法律法规、公司章程、公开承诺进行利润分配的情形;④ 法律法规规定不得实行股权激励的;⑤ 中国证监会认定的其他情形。

(2) 激励对象满足各归属期任职期限要求。激励对象获授的各批次限制性股票自其授予之日起至各批次归属日,须满足如表 2-5 所示的要求。

表 2-5 各归属期任职期限要求

归属安排	任职期限要求
第一个归属期	自授予之日起至第一批次归属日,激励对象须连续任职不少于 12 个月
第二个归属期	自授予之日起至第二批次归属日,激励对象须连续任职不少于 24 个月
第三个归属期	自授予之日起至第三批次归属日,激励对象须连续任职不少于 36 个月
第四个归属期	自授予之日起至第四批次归属日,激励对象须连续任职不少于 48 个月

(3) 激励对象满足公司层面业绩考核要求。本次股权激励计划的考核年度根据激励对象类别划分为两类:第一类激励对象的考核年度为 2019—2022 年四个会计年度,第二类激励对象的考核年度为 2020—2023 年四个会计年度。每个会计年度考核一次,第一类激励对象各年度的业绩考核目标对应的归属批次及归属比例安排如表 2-6 所示(第二类激励对象各年度的业绩考核目标略)。

表 2-6 第一类激励对象考核要求

归属期	对应考核年度	业绩考核目标 A 公司层面归属比例 100%	业绩考核目标 B 公司层面归属比例 80%
第一个归属期	2019	营业收入较 2018 年增长 30% 或毛利较 2018 年增长 30%	营业收入较 2018 年增长 25% 或毛利较 2018 年增长 25%
第二个归属期	2020	营业收入较 2018 年增长 69% 或毛利较 2018 年增长 69%	营业收入较 2018 年增长 56% 或毛利较 2018 年增长 56%
第三个归属期	2021	营业收入较 2018 年增长 119% 或毛利较 2018 年增长 119%	营业收入较 2018 年增长 95% 或毛利较 2018 年增长 95%
第四个归属期	2022	营业收入较 2018 年增长 185% 或毛利较 2018 年增长 185%	营业收入较 2018 年增长 144% 或毛利较 2018 年增长 144%

注:上述"营业收入"以经公司聘请的具有证券期货从业资格的会计师事务所审计的合并报表所载数据为计算依据。

若公司未满足上述业绩考核目标 B,则该类所有激励对象对应考核当年计划归属的限制性股票全部取消归属,并作废失效。

本次股权激励计划考核指标分为两个层面,分别为公司层面业绩考核、个人层面绩效考核。公司层面业绩考核指标为营业收入增长率或毛利增长率,该指标能够真实反映公司的经营情况、市场占有能力或获利能力,是预测公司经营业务拓展趋势和成长性的有效性指标。除公司层面的业绩考核外,公司对个人还设置了严密的绩效考核体系,能够对激励对象的工作绩效做出较为准确、全面的综合评价。公司将根据激励对象年度绩效考核结果,确定激励对象个人是否达到归属条件。

(八)限制性股票授予数量及归属数量的调整方法

本次股权激励计划公告日至激励对象获授限制性股票前,以及激励对象获授限制性股票后至归属前,公司有资本公积转增股本、派送股票红利、股份分割、配股、缩股等事项的,应对限制性股票授予数量进行相应的调整。

三 案例分析

(一)股权激励对象的范围和股份规模反映了公司对人才队伍的重视程度

公司在股权激励对象的安排上,应该主要包括对公司有重要贡献的各类管理与技术人才。虽然法规上并不禁止全员股权激励,但是按照《上市公司股权激励管理办法》的规定,股权激励对象可以包括上市公司的董事、高级管理人员、核心技术人员或者核心业务人员,以及公司认为应当激励的对公司经营业绩和未来发展有直接影响的其他员工,但不应当包括独立董事和监事。单独或合计持有上市公司 5% 以上股份的股东或实际控制人及其配偶、父母、子女,不得成为激励对象。由于股权激励的成本较高,所以通常很少有公司会进行全员股权激励,而是选择重要的管理人员和业务骨干作为激励对象。

对于科创板上市公司,单独或合计持有上市公司 5% 以上股份的股东或实际控制人及其配偶、父母、子女以及上市公司外籍员工,在上市公司担任董事、高级管理人员、核心技术人员或者核心业务人员的,可以成为激励对象。但是上市公司应当充分说明前述人员成为激励对象的必要性、合理性。

从乐鑫科技本次股权激励对象来看,涉及的激励对象共计21人,占公司员工总数的6.56%,其中以高级管理人员和核心技术人员为主,各激励对象的股份数也反映了不同人才对公司的重要程度,公司股权激励超过半数都授予了Benjamin Lei Mung,表明该核心技术人员对公司具有非常重要的价值,同时也表明公司对核心技术人员给予充分重视。

(二) 第二类限制性股票方式有利于高级管理人员和核心技术人员的资金安排

《上海证券交易所科创板股票上市规则》将限制性股票分为两类:

第一类是目前主板使用的限制性股票,激励对象在授予时按照授予价格出资获得公司股票,授予后即完成变更登记,股票所有权随之发生转移,但是在解除限售条件之前无法流通。到期未达到解除限售条件的,上市公司应当按照约定回购价格进行回购,回购价格通常为之前的授予价格。

第二类是在科创板率先推出的限制性股票方式。所谓"第二类限制性股票",是指符合股权激励计划授予条件的激励对象,在满足相应获益条件后分次获得并登记的公司股票。与第一类限制性股票相比,第二类限制性股票的典型特点是在授予时,高级管理人员并不需要实际出资购买和登记,而是在后期满足相应的业绩条件后,才出资获得该部分限制性股票。这可以避免高级管理人员在早期需要出资购买股票,后期如果业绩不达标,又需要由公司再赎回的情况,这减少了激励对象过早出资的压力,提高了员工的参与积极性,同时也减少了赎回股份的操作成本。本案例中,乐鑫科技采用了第二类限制性股票作为激励方式,有利于激励对象的资金安排。目前科创板上市公司股权激励方案中,采用限制性股票方式的公司均选择使用第二类限制性股票,体现了这类激励方式的优势。

(三) 股权激励的业绩考核标准是判断股权激励目的的关键因素

股权激励的业绩考核标准体现了股权激励的目标,业绩考核标准制定得越高,越能体现股权激励的"激励"属性;反之,较低的业绩考核标准往往意味着更多的"福利"属性。业绩考核标准既可以使用绝对标准又可以使用相对标准,绝对标准是设定固定的业绩考核标准,只要达到设定的业绩考核标准,既为合格;相对标准是进行横向比较,即与同行业竞争对手的同期业绩比较。

在乐鑫科技的股权激励计划中,业绩考核分为公司层面业绩考核和个人层面绩效考核。对于公司股东而言,最关心的主要是公司层面业绩考核。在公司层面,乐鑫科技采用营业收入增长率或毛利增长率作为公司的业绩考核指标,以2018年业绩为基础,未来4年营业收入或毛利分别增长30%、69%、119%、185%则为合格。首先,这种考核基准属于绝对标准,有利于给投资人建立一个明确的增长预期。结合乐鑫科技过去的发展速度,2019年、2018年公司营业收入的增长率分别达到59.5%和74.6%,远超过30%的业绩增长要求,可见其业绩考核标准并不高。其次,该业绩增长要求均是以2018年为基础列示增长率,而不是以环比的形式列示增长率。一个重要的原因是如果以环比增长率为业绩考核标准,那么对于高级管理人员而言,将没有动力去获得超过业绩考核标准的更高业绩,因为这样会导致下一期的业绩更难以达标。

(四) 股权激励对公司未来财务业绩的影响

股权激励对公司未来财务业绩的影响表现在三个方面:

首先,股权激励会提高高级管理人员的工作积极性,激励其努力达成股权激励方案中的业绩要求,从而有利于公司未来经营业绩的提升。

其次,股权激励会对未来的财务报表产生影响。因为按照《企业会计准则第11号——股份支付》的规定,会计上应该按照授予日限制性股票的公允价值,确认股权激励计划的股份支付费用,该费用将在股权激励计划实施过程中按归属安排的比例摊销。乐鑫科技限制性股票对各期会计成本的影响如表2-7所示。

表2-7 乐鑫科技限制性股票对各期会计成本的影响 单位:万元

	2019年	2020年	2021年	2022年	2023年	2024年	总计
预计摊销费用	109.75	1 289.85	844.35	471.64	225.13	45.84	2 986.56

最后,股权激励对公司未来财务业绩的影响也可以通过影响管理层的机会主义行为这一路径来实现。股权激励中由于有明确的业绩目标,当管理层通过正常的经营无法达成预期的业绩目标时,有可能做出一些短视化行为以提升当期业绩,包括粉饰报表,放宽信用政策,降低广告费、研发费等支出来提高公司的短期业绩。因此,应该客观看待股权激励对公司未来财务业绩的双向影响,充分发挥其正向作用,只有这样才能实现股权激励的目标。

讨论题

1. 结合乐鑫科技最新的财务数据和股票价格,评价该股权激励计划激励对象的收益规模。你认为该股权激励计划能否达到激励目的?
2. 不同的股权激励方式会对公司管理层的行为产生哪些影响?
3. 企业应该如何制定股权激励的业绩考核方法?

晶晨股份:2019 年限制性股票激励计划

2019 年 12 月,科创板上市公司晶晨半导体(上海)股份有限公司(以下简称"晶晨股份")推出了上市后的首批股权激励计划。

本次股权激励计划涉及的激励对象总计 395 人,占公司全部职工人数的 44.99%,包括本公司任职的中层管理人员以及技术骨干、业务骨干。本次股权激励计划采用的激励工具为第二类限制性股票,涉及的标的股票来源为公司向激励对象定向发行的公司 A 股普通股股票。

本次股权激励计划的目的是进一步建立、健全公司长效激励机制,吸引和留住优秀人才,充分调动公司核心团队的积极性,有效地将股东利益、公司利益和核心团队个人利益结合在一起,使各方共同关注公司的长远发展。

股权激励的特点是:对不同的激励对象设置了不同的授予价格。公司根据激励对象司龄和职位重要性不同将激励对象分为两类:第一类激励对象为在公司连续任职两年以上员工或属于紧缺职位员工,合计 302 人;第二类激励对象为在公司任职两年以下员工,合计 93 人。公司对两类激励对象分别设置了不同的授予价格:第一类激励对象限制性股票授予价格的定价方法参照公司 2018 年两次资产评估价值的平均价格确定,为 11 元/股,该价格占前 20 个交易日该股票交易均价的 21.51%;第二类激励对象限制性股票授予价格的定价方法为公司首次公开发行价的 50%,即 19.25 元/股。

对此次分类型定价方法,公司解释称:授予价格考虑到激励对象入职年限、相应时期的公司估值、岗位稀缺性和激励计划有效性等多维因素确定。公司从 2017 年 3 月至今未实施过股权激励计划,随着业务发展公司员工人数逐年较快攀升,公司结合骨干员工入职年限、入职时期和岗位重要性设置不同授予价格,以提高激励计划的针对性和精准度,第一类激励对象的限制性股票授予价格参照公司 2018 年估值水平确定,是基于此类激励对象的入职时期和历史贡献而设定,与激励对象的预期相匹配,有助于团队凝聚力的提升。第二类激励对象的限制性股票授予价格参照公司首次公开发行价的 50%确定,是基于公司上市融资估值水平给予一定的折扣比例而设定,有利于公司不同时间周期内激励需求的平衡和过渡。

资料来源:晶晨半导体(上海)股份有限公司 2019 年限制性股票激励计划(草案)[EB/OL].(2019-12-03)[2021-03-15]. http://www.sse.com.cn/disclosure/listedinfo/bulletin/star/c/688099_20191204_11.pdf.

讨论题:对不同的激励对象设置不同的授予价格是否合理？在设置授予价格时需要考虑哪些因素？

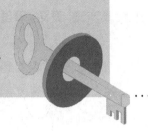

案例三

万科企业财务战略

教学目的与要求

【学习目标】

通过本章的学习,你应该掌握:
1. 财务战略的含义与作用;
2. 轻资产模式的基本要点;
3. 财务战略的理念与分析工具;
4. 现金流在财务战略中的作用。

【素养目标】

通过本章的学习,领会财务战略对企业长期发展的战略性影响,认识财务管理应注重企业长期发展战略的设定与实施,而非仅仅追求短期利润最大化。

一 背景知识

财务的核心议题是财务资源的配置,持续提高企业绩效与价值。财务战略涉及在企业愿景和总体战略的引领下,以促进企业财务资源长期、均衡、有效地配置和流转为重点,以资本筹措与风险筹划为依托,以维持和提升企业核心竞争优势与盈利水平为目的的战略议题。财务战略有三大议题:一是投资经营什么或者几个行业或产品?这就涉及一元化或多元化经营。二是内涵式发展还是外延并购扩张发展。三是企业采取何种盈利模式,即如何做?经营重点是什么?盈利模式要明晰至少以下基本问题:目标市场在哪里?目标客户是谁?为满足目标客户需提供何种产品或服务?为提供这些产品或服务需投入什么、投入多少和承担哪些风险?什么是企业独特的利润源或独特的竞争优势?企业利润的边界在哪(有所不为)?因为公司价值的驱动因素是多元的,比如收入提升、成本控制、税收筹划、股利计划、资本开支、资本成本和持续经营期等,所以盈利模式呈现多样化特点。但是任何一种有价值的盈利模式的重点都是深度融合企业经营全流程中财务资源的筹划与配置。在关键成功因素的运用和检验过程中,企业应明确其盈利模式中的价值驱动因素,以此支撑财务战略决策。

在当今互联网的大潮流中,传统重资产企业既要忙于生产制造,又不能忽视营销和研发投入,规模的不断扩张意味着资本性开支持续增加,固定成本与财务开支居高不下,同时兼有较高的经营杠杆与财务杠杆。与之相比,轻资产是更具财务优势和吸引力的盈利模式,深受资本市场和投资者青睐。原因在于:① 用较低的财务投入,撬动更高的资本回报率。轻资产企业在生产方面的成本投入几乎为零,大量投入于以"微笑曲线"为主体的供应链管理等高附加值环节,给企业带来了更高的投资回报率。② 通过业务外包,实现业务风险共担。由于合作伙伴分担了一部分产品价格风险,因此企业更具有柔性,能更快速地应对市场变化。轻资产模式的终极目标是"用别人的钱做自己的事"。③ 轻资产模式在财务结构上同时兼备较低的经营杠杆与财务杠杆,这较好地保证了企业的财务弹性与风险防控能力。特别是对于房地产企业来说,由于土地价格不断上涨,且受到房价调控的影响,房地产企业的利润率不断走低,重资产模式时代的持续拿地和持续销售模式扩大了企业规模,也加重了企业对资金的依赖程度。④ 由于总是保有特别充裕的现金流和较低的间接融资比例,轻资产企业具有很强的抗风险能力。

从战略实操来说,轻资产模式的具体方式包括原始设备制造商(OEM)、原始设计制造商(ODM)、互联网平台运作(淘宝、拼多多、美团)、连锁授权经营、售后回租、小股操盘(万科)、房产与设备租赁、服务经营(如链家)、管理外包等。

轻资产模式虽然赋予了企业更高的利润空间和更优质的现金流,但也对与之配套的财务战略提出了特殊要求。换句话说,由于资产"轻",企业在规模、固定资产比重、风险控制等方面几乎没有什么优势,将会面临融资方式受限、管理失控、转型速度过快增大企业风险等多种挑战。从财务战略角度来说,轻资产企业必须在投融资及现金流策略、财务管理理念、运营战略、客户选择上进行精心的设计,在结合自身业务特点的基础上,探索出与轻资产相适应的财务实践路径,对这些财务实践路径的选择和把控在很大程度上挑战着企业战略的推进能力,继而决定轻资产模式的成败。

二 案例资料

万科企业股份有限公司(以下简称"万科")成立于1984年5月,是国内首批公开上市的公司之一,主营业务为以珠江三角洲为核心的深圳区域、以长江三角洲为核心的上海区域、以环渤海为核心的北京区域和以中西部中心城市组成的成都区域为重点的商品住宅开发。公司A股于1991年1月在深圳证券交易所挂牌交易,目前公司无控股股东及实际控制人,截至2020年11月9日,公司第一大股东为深圳市地铁集团有限公司,持股比例为27.91%。2016年公司首次跻身《财富》世界500强,居榜单第356位,2017—2019年连续上榜,分别居榜单第307位、第332位和第254位。

1. 以财务战略为主旨的经营战略

2014年公司第四个十年发展规划把"三好住宅供应商"的定位延展为"城市配套服务商",2018年公司将这一定位进一步迭代升级为"城乡建设与生活服务商",并具体细化为四个角色:美好生活场景师,实体经济生力军,创新探索试验田,和谐生态建设者。万科将自身定位为"城乡建设与生活服务商",主营业务包括房地产开发和物业服务,其他业务延伸至租赁住宅、商业开发与运营、物流仓储和冰雪度假等领域。

万科 2018 年年报显示，2019 年经营战略方针是：围绕"城乡建设与生活服务商"的战略定位，依托事业合伙人机制，"坚持以客户为中心，以现金流为基础，合伙奋斗，持续创造更多真实价值，实现有质量发展"，稳住基本盘，成长为具有全球竞争力的世界一流企业。具体而言：① 基于战略，明确发展方向，聚焦主航道，巩固提升基本盘。② 谨慎投资，投资测算预留足够的安全边际，保证投资质量和合理的资源总量；拓展资源获取渠道，关注并购获取优质资源的机会；聚焦收敛，做好资源配置，为业务发展匹配适合的项目资源、资金资源和组织资源；控制杠杆水平，优化债务结构，根据业务特点匹配融资。③ 基于客户，打造客户愿意买单的好产品、好服务，从客户真实需求出发，打造可推广的标杆产品和服务。④ 基于安全，守住安全、质量与价值观底线。⑤ 基于事业合伙人机制，完成组织重建，实现人事匹配。

万科 2019 年年报显示，2020 年经营战略方针是：在"以客户为中心，以现金流为基础，坚持合伙奋斗，持续创造更多真实价值，实现有质量发展"的长期经营方针下，集团将以"聚焦产品服务，深化组织重建，巩固提升基本盘"为年度工作主题，做好各项工作。具体而言：① 平稳度过疫情，增强企业免疫力，做好热身准备，在保障员工安全的前提下加快复工进度，全力降低疫情给经营带来的影响。② 持续巩固提升基本盘，聚焦产品服务，打造客户愿意买单的好产品、好服务、好项目。③ 落实精益运营，提高经营效率和效益。④ 量入为出，做好投融资工作，保持融资安全弹性，保持行业领先的信用评级。⑤ 坚持"城乡建设与生活服务商"的既定战略，持续开展战略修订，探索数字化战略，指导和助力业务发展。

2. 经营上聚焦主营业务，物业服务持续发力

万科聚焦于传统房地产和物业服务业务。年报显示，2019 年万科实现营业收入 3 679 亿元，同比增长 24%；主营业务收入保持稳健增长，同比增长 24%；其他业务收入则同比下滑 22%，占比降低。主营业务运营方面，公司房地产和物业服务收入均实现了持续增长，2019 年房地产及相关业务收入同比增长 24%，物业服务收入同比增长 30%（见表 3-1）。这其中，万科的物业服务收入逐年增加（见表 3-2）。2019 年万科物业服务实现营业收入 127 亿元，同比增长 30%，在主营业务中的占比从 2015 年的 1.55% 提升至 2019 年的 3.48%，增速超过房地产及相关业务。万科正在将盈利模式核心转移到持有和运营物业上来，以物业管理为平台，为社区用户提供持续的增值服务。年报显示，2019 年万科物业持续推进数字化建设，以实现降本提效和精细化运营，包括纸电一体化发票管理平台、智慧停车场管理系统等；同时，通过与戴德梁行成立合资公司，物业服务实现了与设施管理的联合，并将"城市空间整合服务"模式拓展至新区域。

表 3-1 万科 2019 年业务经营情况

行业	营业收入		营业成本		营业利润率	
	金额(亿元)	增减(%)	金额(亿元)	增减(%)	数值(%)	增减(%)
1. 主营业务	3 654	24	2 342	27	27	−2
其中:房地产及相关业务	3 527	24	2 239	26	27	−2
物业服务	127	30	103	30	18	0
2. 其他业务	25	−22	4	−66	85	19
合计	3 679	24	2 346	26	27	−2

表 3-2 万科 2015—2019 年主营业务收入情况　　　　　　　　单位:亿元

	2015 年	2016 年	2017 年	2018 年	2019 年
房地产及相关业务	1 902	2 341	2 330	2 846	3 527
物业服务	30	43	71	98	127
合计	1 932	2 384	2 401	2 944	3 654

3. 以现金流为核心加强运营控制,现金留存更加充裕

年报显示,2019 年万科以现金流为核心加强运营控制,实现经营现金流量净额 457 亿元,较 2018 年提高 36%;共持有货币资金 1 662 亿元,同比下降 12%(见表 3-3)。公司资金实力进一步增强,现金留存大幅增长,充沛的资金为万科未来进行项目发展和新业务创新提供了有力支持。

表 3-3 万科 2015—2019 年现金状况　　　　　　　　单位:亿元

项目	2015 年	2016 年	2017 年	2018 年	2019 年
经营现金流量净额	161	396	823	336	457
货币资金	532	870	1 741	1 884	1 662

面对充满不确定性的市场环境,2019 年万科的全国开发项目新开工面积约 4 241.1 万平方米,较 2018 年大幅下降 15.1%。万科迅速降低了房地产开发力度,释放了大量现金流,在确保资金安全的前提下,全面展开针对性投资,尤其是对联营、合营企业的股权投资大幅增加(见表 3-4)。

表 3-4 万科对联营、合营企业投资状况　　　　　　　　单位:亿元

项目	2017 年	2018 年	2019 年
对合营企业的投资	416	557	571
对联营企业的投资	397	738	734
合计	813	1 295	1 305

4. 持续发力的"小股操盘"运营模式

万科在2013年年报中首次创造性地提出了"小股操盘"的运营模式。根据万科的解释,"小股操盘"是万科合作开发模式的进一步深化,在合作项目中不控股或小额控股,但项目仍然由万科团队操盘,使用公司品牌和产品体系,共享公司的信用资源和采购资源。

2014年9月,万科以16.51亿元的价格出售旗下全资子公司上海万狮置业有限公司(以下简称"万狮置业")90%的股权,并与买方订立合营公司协议,万科仍负责万狮置业旗下项目后续的开发与运营。2020年6月,万科引入战略投资者——中国信达资产管理股份有限公司、深圳市绿景华城实业发展有限公司等七家公司,这七家公司共同委托中信信托有限责任公司发起"中信信托·广州万溪股权投资集合资金信托计划",将万科下属公司广州万科企业有限公司持有的广州市万溪企业管理有限公司50%的股权以人民币70.4亿元转让给战略投资者,但仍由万科负责操盘运营,按股权比例享有经营收益,通过输出管理和品牌的轻资产模式提升万科的净资产收益率与回馈股东的能力。

5. 间接融资比例逐年下降,开发应用多种金融工具盘活资金

万科年报披露,2017—2019年,公司有息负债中银行借款比例已由61%降至54%,万科已减少对银行借款的依赖(见表3-5);同时,通过发行短期融资券、基金和证券等,万科实现了多种融资方式下的资金筹措。2016年,万科以集团供应链为基础,发行四期地产供应链金融ABS(资产支持证券),总金额近人民币60亿元;2017年,通过印力集团,以深圳深国投广场为标的发起并设立信托收益资产支持专项计划,实现商业物业资产证券化;2019年,通过印力集团,以南京江北印象汇及天津印象城为标的发起并设立资产支持专项计划(CMBS,商业房地产抵押贷款支持证券),发行规模21.06亿元,之后其管理的商业地产基金以深圳龙岗万科广场为标的发起并设立资产支持专项计划(类REITs,类房地产投资信托基金),这是市场首单无强增信并以购物中心为资产支持类的权益类REITs产品,发行规模21.6亿元;同年11月,发起印象壹号商业投资基金,总规模30亿元。多种金融产品的应用,将能够帮助万科减少资源占用,盘活资金使用效率。

表3-5 万科有息负债结构

项目	2017年		2018年		2019年	
	金额(亿元)	占比(%)	金额(亿元)	占比(%)	金额(亿元)	占比(%)
银行借款	1 154	61	1 380	53	1 404	54
债券	385	20	711	27	621	24
其他借款	368	19	521	20	553	22
合计	1 907	100	2 612	100	2 578	100

三 案例分析

纵观2015—2019年这五年,尤其是最近三年万科经营与财务发展轨迹,可以发现万科在公司愿景、产业产品定位、经营模式、财务资源配置、风险防控等方面持续保持着万科自身的特征,践行着万科独到的财务战略轨迹。基于财务战略原则,剖析这些特征不仅能给其他房地产企业提供多维启示,也能给非房地产企业提供许多可复制性实操要领。

1. 以经营活动现金流量为轴心,掌控好投资节奏

图3-1显示了2012—2019年万科营业收入、营业利润、净利润、经营活动现金流入、经营活动现金净流量和自由现金流的基本态势。从中可以明显看出其资金配置计划和优势:① 万科的营业收入与经营活动现金流入及经营活动现金净流量与自由现金流等指标长期显示了很高的吻合度,表明万科营业收入的变现能力较高,盈利能力稳定提升,收入的现金比重较高,投资支出不少源于经营活动现金流量,这些都是稳健经营的标志。② 万科在营业收入增长较快的年份会同时增加现金支出,经营活动现金净流量呈现负值,但在营业收入增速较缓的年份会相对缩减土地购置与土地储备,使得其经营活动现金净流量恢复正值,即万科会根据收入的多少来安排相应的土地购置规模与节奏,一直奉行量入为出的投资配置策略和现金净额正负交替、风险张弛有度的动态财务规划,保证了现金流的充足和稳定。

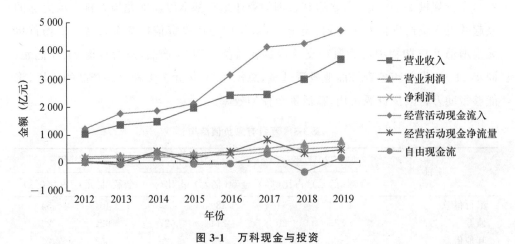

图3-1 万科现金与投资

尤其是2018年,万科提出聚焦主营业务,"收入、利润指标"与"净现金指标"呈现的"喇叭口"出现增大趋势,为此万科预留了大额的货币资金以支持现金需求;2019年,万科通过保守、稳健的管理策略实现了对现金流量的控制,"喇叭口"明显收窄,预留了充足的资金支撑对联营、合营企业的股权投资,以实现聚焦主营业务、从住宅供应商向输出品牌和物业的城市建设与生活服务商的战略性转换。

2. 以"小股操盘"为抓手,持续着力轻资产模式和数字化转型

"小股操盘"模式作为万科轻资产实践的创新关键和主要运作方式,通过共享万科品牌、管理模式和信用资源,不仅放大了万科的收益,还极大地提升了资金利用效率。在该模式下,万科虽然在单个项目中的权益比例不高,但由于每个项目的投入资金不多,万科操盘的项目总数会相应增加,经营规模会迅速扩大;万科管理层表示,具体收益的分配可由合作双方事先约定,万科一方面可收取项目管理费,另一方面可参与项目利润分成,获取投资回报,并有机会因房价上涨而获得超额利润。

在轻资产模式下,企业更多地选择合作开发、共同经营等方式输出自身软实力,企业财务管理的视角也应该越来越展现企业战略,表达商业模式,嵌入经营业务全过程,强调品牌、信息沟通、人力资源等非财务资源的开发与配置。着眼于股东、经营者、员工、供应商、合作伙伴、债权人关系,谋求利益相关者价值最大化,是轻资产模式的主旨。具体来说,万科采取了如下措施推动各类利益相关者财务关系的协调运作:① 2014年,万科基于经济利润奖金推出了事业合伙人持股计划和项目跟投制度,万科骨干团队跟随股东成为公司的投资者。万科的管理体系逐渐趋向于去金字塔化和扁平化,同时引入更高的杠杆效应,事业合伙人将承担比股东更大的投资风险。事业合伙人持股计划在管理层与股东之间共创、共享的利益关系的基础上,加入了共担的概念,使得管理层与股东的利益高度一致,管理层在投资上更趋于谨慎和长远考虑,注重效率的提升和持续不断的创新。2019年,万科重构了职务、职级和薪级体系,通过年度动态检视等方式实现了动态人事匹配,通过岗位要求和人员特点的匹配提升了组织能力。② 为了提高财务、产品质量、客户服务、品牌营销等的综合效益,万科坚持慎重选择产品、物流等合作伙伴与代理商,"小股操盘"模式的关键就是保证楼盘质量按照万科的水准输出。换句话说,在选择"小股操盘"合作方的过程中,万科对对方内部控制的要求极其严格,万科的挑选原则是对方要"了解项目风险及机遇,具有投资风险承受力,与万科互相了解信任,能导入专业经验"。在万科看来,"小股操盘"不仅仅是一次简单的商业合作,更希望在合作中产生价值增值,为公司引入更多的综合资源。此外,万科团队的人才储备也有很大一部分来自凯德、万达、中粮等专业地产商的优秀管理人员。③ 万科利用科技赋能,打造数字化运营系统,协调各利益相关者业务。万科通过打造地产开发不动产数字化平台、

智慧工地平台、数字化营销工具等,实现了对供应商、员工、合作伙伴和客户的在线全周期联通与动态关注,提高了对营运流程的把控及营运效率。

3. 与轻资产模式相匹配的财务融资策略及工具创新

万科财务战略的亮点之一是,与轻资产模式相匹配的财务融资策略及工具创新。具体包括:

(1) 大幅减少银行借款、债券融资等有息负债,加大应付款等贸易融资、无息负债融资和供应链融资的规模。如前所述,万科融资方面优势显著,2019 年公司净负债率为 33.4%,其中银行借款占比为 54.5%,应付债券占比为 24.1%,其他借款占比为 21.4%,债务结构合理,融资成本低,安全性强。2017—2019 年,万科银行借款占比持续降低,虽然应付债券占比不断上升,但是公司凭借良好的行业影响力和信用,其票面利率有时甚至低于同期国债利率及部分银行大额存款利率。以 2019 年年末到期的债券为例,5 亿元 270 天的超短期融资券的票面利率为 3.18%;票面利率最高的是 2018 年 7 月发行的 30 亿元 3 年期中期票据,票面利率为 4.6%。对于无息负债,万科利用房地产业的行业特性,提前收取购房者的购房款,同时利用公司在供应链上的影响力,通过占用供应链资金来获得大量的"无息负债"融资。如表 3-6 所示,2017—2019 年在对外借款、债券融资和占用供应链资金等多种融资方式中,万科通过占用供应链资金获取"无息负债"的占比高达 70% 以上,2019 年达到 77%(8 460 亿元)。由此可见万科在供应链上的优势地位和对轻资产模式的有效实行。

表 3-6　万科各渠道资金占比　　　　　　　　　　　　单位:%

融资方式	2017 年	2018 年	2019 年
占用供应链资金	75	75	77
对外借款	20	18	18
债券融资	5	7	5

需要关注的是,尽管占用供应链资金能够有效降低融资成本,但是这一方式的使用前提是企业本身具有较强的综合实力,处于供应链中的核心地位,对供应商、经销商有较强的讨价还价和制衡能力。同时,过度占用资金会增大企业的经营风险,由于涉及营运管理的多个环节,且各环节依存度大,一旦某一环节出现问题,就会导致资金链断裂,给企业带来严重的债务危机。因此,企业需要高度关注营运中各环节的流转速度,且融资不可过度依赖这单一渠道。

(2) 对于现有流动资产,尤其是存货和应收账款,万科通过资产证券化、保理等方式,强化资产的变现能力,保持现有资产具有较强的流动性。

（3）发力融资工具的创新。万科在突破单一银行、债务融资渠道后，不断寻求融资工具的创新。万科通过与鹏华前海的合作，推出国内首个公募REITs产品；发行国内首单地产供应链金融ABS；通过印力集团，先后以多个地产标的发起设立资产支持专项计划（CMBS、类REITs等）；发起商业投资基金；此外，万科采取了在工程款支付环节中增加供应链融资支付方式等多种手段，帮助集团盘活存量资源，提高资金利用效率。

4. 稳健的股利分红与利润留存配置策略

奉行股东财富最大化的企业通常会采取稳定或增长的股利政策，向市场传递利好信号，巩固原有股东，并吸引新投资者。2017—2019年，万科保持稳健增长的股利政策，且均为现金分红，2019年每股股利达到1.05元，为公司近年最高，同时远高于房地产行业平均每股股利0.31元，说明万科经营良好，公司利润丰厚。同时，万科的股利支付率控制在30%左右，为近年最低，说明万科是在保持充足利润留存的基础上增加了现金分红金额（见表3-7）。与2019年房地产行业平均股利支付率32.44%相比，万科在保证了优厚现金分红的同时，较同行业其他企业有着更良好的现金控制。

表3-7 万科股利政策

项目	2017年	2018年	2019年
每股股利（元）	0.79	0.90	1.05
现金分红总额（亿元）	99	118	118
股利支付率（%）	35	35	30

5. 企业成长：并购扩张或内涵式发展

企业的成长模式分为外延式与内涵式两种。相比内涵式利润积累发展模式，外延式并购扩张模式短期内能够迅速扩大经营规模和实现行业转型，但是并购风险巨大，成功并购尤其是并购整合管理极具挑战。在2017—2019年的业务拓展过程中，万科实施了极为有限的投资并购，发展和转型更多的是依靠技术进步下数字化运营带来的生产质量与效率提高实现规模扩张及利润增长，通过品牌建设、专业化和规模化形成核心竞争力，保持着稳健的内涵式发展之路。由此肯定万科的发展模式也是特别稳健的。

讨论题

1. 从万科案例分析财务战略与盈利模式存在何种逻辑关系。

2. 中国企业推行轻资产模式的内部条件和潜在风险分别有哪些?
3. 如果一家企业推行"稳健经营"财务战略,你认为应该从哪些要点入手?

绿地集团陷入现金困境

绿地控股集团有限公司(以下简称"绿地集团")成立于1992年7月18日,是中国市场化改革浪潮中诞生的代表性企业之一,综合经营房地产、基建、金融和消费四大业务板块,与保利、万科、融创、恒大等全国性知名房企并列,常年位于国内房地产开发企业前十之列。2015年,绿地集团借壳"金丰投资"在A股实现整体上市,并控股多家香港上市公司,市值一度突破3000亿元,成为彼时A股房地产市值最高的企业。然而截至2020年"双十一"收盘时,绿地集团股价为6.42元/股,市值为781.2亿元,比2015年8月18日当天股票最高价24.55元/股大幅缩水73.85%,市值剧烈缩水75.33%。同时,绿地集团开发项目虚假宣传、停工欠款、公司裁员等负面消息层出不穷。

从销售数据来看,绿地集团2020年中报显示,上半年实现营业收入2 099.76亿元,超过2019年同期水平;归母净利润虽低于2019年中期,但依然好于2018年中期;每股收益0.66元,远高于行业0.06元的平均水平;市值虽然缩水,但依然超过了95%的A股上市公司。但是,绿地集团财务报表暴露了三个方面的问题:公司中报剔除预收款的资产负债率大于70%,净负债率大于100%,现金短债比小于1倍。这三个问题就是房地产监管的"三道红线",意味着在有息负债上,绿地集团必须进行严格的控制。在外部融资受限的情况下,公司对自身"造血"增加现金流的要求非常高,而短期负债又需要额外控制,公司四季度面临的销售回款压力巨大。

如表3-8、表3-9所示,绿地集团的资产运营管理维持良好,存货周转期和现金周转期稳定下降,保证了良好的周转速度,但是公司负债率一直居高不下,远远超出了政策限定的比例。总有息负债增速难降、短期偿债能力较低的主要原因,一般是短期负债增速过高,而货币资金增速不及短期负债增速。2019年,绿地集团的现金净需求达到2 047亿元,而货币资金仅为889亿元,实现的经营活动现金流量净额仅为193亿元,说明正常的经营活动所得已经难以填补绿地集团的资金缺口。特别是在"去杠杆"的绝对压力下,融资难度加大,公司不得不占用上下游供应链资金,并导致一系列停工欠款和裁员等。

表 3-8 绿地集团"三条红线"

项目	2015 年	2016 年	2017 年	2018 年	2019 年
剔除预收款的资产负债率(%)	85	86	85	84	83
净负债率(%)	273	287	206	172	156
现金短债比(%)	66	66	81	86	76

表 3-9 绿地集团营运资本分析

项目	2015 年	2016 年	2017 年	2018 年	2019 年
总资产(亿元)	6 004	7 331	8 485	10 365	11 457
所有者权益(亿元)	718	775	935	1 089	1 314
营业收入(亿元)	2 073	2 472	2 902	3 484	4 278
净利润(亿元)	74	94	136	160	210
资产负债率(%)	88	89	89	89	89
净资产收益率(%)	10	12	145	15	16
有息负债(亿元)	2 399	2 850	2 680	2 682	2 934
货币资金(亿元)	438	627	754	810	889
现金净需求(亿元)	2 261	2 541	2 172	1 988	2 047
应收账款周转天数(天)	28	28	40	52	64
存货周转期(天)	747	756	724	678	630
应付款周转天数(天)	119	124	164	144	151
现金周转期(天)	656	661	600	586	543

自 2020 年下半年以来,绿地集团有意降低了拿地力度,同时积极融资,以缓解债务压力。绿地集团分别在 9 月、11 月向股东公司格林兰借款 5 亿元和 1.9 亿元,还计划发行一项 170 亿元的公司债,但是就目前情况而言,并不足以弥补公司的资金缺口。

此前,绿地集团试图通过"以房抵债"应对投资标的为绿地 GIC 成都中央广场项目公寓的"天玑绿地中央广场私募投资基金一期"的兑付危机,但是最终方案被证监会驳回。考虑到绿地集团持有的优质商办物业,通过出售优质商办物业来快速回笼资金并降低负债或许是绿地集团目前较为有效的选择。2020 年 11 月,绿地集团拟通过整栋销售、股权交易等方式出售一个价值 231 亿元的资产包,包含上海和江苏两地 14 个项目 27 个物业,涉及地铁上盖综合体、市中心物业等,实现资金回血。

资料来源:编者根据网上公开资源整理。

讨论题:从财务战略角度分析绿地集团资金紧张的成因。

21世纪经济与管理规划教材

财务管理系列

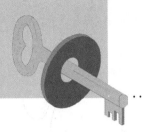

案例四

阿里巴巴价值评估

教学目的与要求

【学习目标】

通过本章的学习,你应该掌握:
1. 企业价值评估的意义;
2. 企业价值评估的主要方法;
3. 价值评估模型的适用范围。

【素养目标】

通过本章的学习,认识价值评估对公司财务管理的重要性;理解不同的价值评估方法均有其适用条件,需要结合不同公司的行业特点灵活使用。

一 背景知识

(一) 企业价值及其形式

在市场经济环境下,企业可以作为商品或者交易对象进行买卖,且具有能买卖的价格,即市价。市价的实质是企业内在价值(能够值多少钱)的市场反映。一般而言,企业价值是股东价值、债权价值、顾客价值、员工价值的集合。不过,财务管理上将企业价值主要定位在股东价值上,认为股东价值是企业债权人、顾客等其他利益相关者价值的基础。

决定企业价值大小的因素,包括生产能力、行业特征、企业盈利模式、新技术开发、管理组织能力、企业文化、客户关系、并购重组、资本市场的成熟程度与波动状况等,每一因素的变动都会对企业价值产生影响,所以企业价值具有很大的波动性和不确定性。

从计量形式角度来看,企业价值具有多种不同的表现形式,如账面价值、内含价值、市场价值等。

(1) 账面价值是指以会计的历史成本原则为计量依据确认企业价值,对企业进行评价。其中,资产负债表能够集中反映企业在某一特定时点的价值状况,揭示企业所掌握的资源、所负担的负债及所有者在企业中的权益,资产负债表上各项目的净值,即为企业的账面价值。

(2) 内含价值是指企业预期未来现金流以适当的贴现率折现的现值。其价值大小取决于未来经济景气程度的预期、企业生命周期阶段、现阶段的市场销售情况、企业正在酝酿的扩张计划或缩减计划,以及市场利率变动趋势等因素。投资者进行投资决策的依据总是投资品的内含价值。

(3) 市场价值是指出售企业所能够取得的价格。当企业在市场上出售时,其买卖价格即为该企业的市场价值。市场价值通常不等于账面价值,其价值大小受制于市场的供需状况,但从本质上看,市场价值由内含价值决定。

账面价值、内含价值、市场价值三种价值概念的关系可以由图4-1表示。

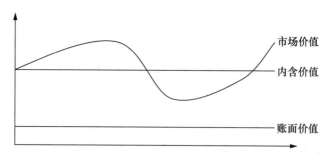

图 4-1 账面价值、内含价值与市场价值的关系

图示表明：① 一般情况下，企业的内含价值会高于账面价值，因为内含价值既包含会计信息可验证的历史成本部分，又包含企业未来获利能力与新增投资收益的折现价值。② 内含价值是一个理论预期概念，是对未来现金收益的贴现，投资者对企业未来盈利与风险信息的预期形成了内含价值，主观判断色彩浓厚，而且其价值水平一旦确定就具有一定的稳定性。③ 市场价值是一个现实可以获得的价值概念，它是真实可交易的价格，代表了某一具体时点的财富，由市场状态决定，围绕内含价值上下波动。

（二）企业价值评估的含义与意义

企业价值评估是指综合考虑企业内部条件与获利能力、宏观经济因素以及投资者的主观预期等多方面因素，对企业的内含价值进行估算和评价的过程。企业价值评估是财务理论体系的重要组成部分，其核心便是以恰当的技术方法估算企业的持续经营价值，进而为企业价值最大化目标的实现提供建设性意见。企业价值评估的意义广泛，主要集中在：① 企业价值评估与企业各项重大投融资决策密切相关，如企业新的投资项目、IPO（首次公开募股）与再融资策略、股票期权政策等。② 企业价值评估在企业兼并收购分析中具有核心作用。

（三）企业价值评估方法

财务理论提供了企业价值评估的多种方法，这些方法各有利弊和适应条件，在估值实践中既可以单独使用又可以交叉使用。以下说明几种主要价值评估方法的基本原理。

1. 市净率法（账面净值调整法）

市净率法（P/B）一般以企业的账面净资产价值为基础，利用目标可比企业或同行业的市净率进行调整后，确定企业价值和价格，其计算公式为：

$$企业价值 = 企业的账面净资产价值 \times 市净率$$

市净率是每股净资产能在资本市场交易的价格,一般以倍数表示。估值使用的账面净资产价值是指资产负债表上总资产减去负债的剩余部分。市净率既可以直接根据企业或同行业企业的现行市净率确定,又可以根据企业的行业特点、成长性、获利能力、股权交易双方讨价还价能力等因素确定。采用市净率法强调以会计的历史成本原则为计量依据确认企业价值,不太关注资产的收益状况。本方法的优点是数据可以直接根据企业的报表资料取得,具有客观性强、计算简单、资料易得等特点。但其缺陷也很明显,本方法不适合:① 账面价值的重置成本变动较快的企业;② 固定资产较少、商誉或知识资本较多的服务行业。

2. 市销率法

市销率法(P/S)是以企业的销售收入为基础,利用目标可比企业或同行业的市销率进行估算后,确定企业价值和价格,其计算公式为:

$$企业价值＝企业的销售收入×市销率$$

市销率法的优点是它不会出现负值,对于亏损企业或资不抵债的企业,也可以计算出一个有意义的价值乘数;同时,它比较稳定、可靠,不容易被操纵。本方法的局限性在于它不能反映成本的变化,而成本是影响企业现金流量和价值的重要因素之一。所以市销率法通常适用于销售成本率较低的企业。

3. 市盈率法或 EV/EBITDA 倍数法

在财务分析中,市盈率(P/E)作为企业的盈利水平反映了投资者对每股收益所愿支付的价格,反过来可以利用市盈率估计企业价值,即确定了企业市盈率以及运用此倍数的特定盈利水平,就可以计算出企业价值,其计算公式为:

$$企业价值＝估价收益指标×市盈率$$

市盈率也被称为收益倍数,是指普通股每股市价为每股收益的倍数,其计算公式为:

$$市盈率＝每股市价/每股收益＝股票市值/净利润$$

即使非上市企业不存在市盈率,在评估时也可借助与企业具有可比性的上市公司的市盈率或企业所属行业的平均市盈率,再根据平均市盈率及企业的盈利水平对企业进行估值,所以应用市盈率法的关键是企业间的可比性。采用市盈率法估算企业价值,以投资为出发点,着眼于企业未来经营收益,而且比较直观,它将股票价格与当前企业盈利状况相联系。

与市盈率法在使用的方法和原则上相近,只是选取的指标口径有所不同的估值方法是 EV/EBITDA 倍数法。从指标的计算来看,EV/EBITDA 倍数使用企业价值(EV),即投入企业的所有资本的市场价值代替市盈率法中的股票市值,使用息税折旧摊销前利润(EBITDA)代替其中的净利润。企业所有投资者的资本投入既包括股东投入(即股东权益)又包括债权人投入(即债务价值),而EBITDA反映了上述所有投资者所获得的税前收益水平。市盈率是股票市值和预测净利润的比值,而EV/EBITDA倍数则反映了企业投入资本的市场价值与企业未来一年全部经营收益的比例关系。因此,市盈率和EV/EBITDA倍数反映的都是市场价值与收益指标的比例关系,只不过前者是从股东的角度出发,而EV/EBITDA倍数则是从全体投资者的角度出发。在EV/EBITDA倍数法下,要最终得到对股票市值的估计,还必须减去债务的价值。EV/EBITDA倍数和市盈率等相对估值法指标的用法一样,其倍数相对于行业平均水平或历史水平较高通常说明市值被高估,较低说明市值被低估,不同行业或板块有不同的估值(倍数)水平。但EV/EBITDA倍数较市盈率有明显优势,因为相较于将所有因素都综合在一起的净利润指标,EBITDA剔除了诸如财务杠杆使用状况、折旧政策变化、长期投资水平等非营运因素的影响,更为纯粹,因而也更清晰地展现了企业真正的运营绩效,非常有利于投资者排除各种干扰,更准确地把握企业核心业务的经营状况。所以EV/EBITDA倍数法特别适用于:① 充分竞争行业的企业;② 没有巨额商誉的企业;③ 净利润亏损,但毛利、营业利润并不亏损的企业。

4. PEG指标法

PEG(市盈率相对盈利增长比率)指标是吉姆·史莱特(Jim Slater)发明的一个股票估值指标,是在市盈率估值的基础上发展起来的,它弥补了市盈率对企业动态成长性估计的不足,其计算公式为:

$$PEG = 市盈率 / 企业年盈利增长率$$

用PEG指标估值的好处是将市盈率和企业业绩成长性对比来看,其中的关键是要对企业的业绩做出准确的预期。PEG是用企业的市盈率除以企业未来3年或5年的每股收益复合增长率。比如一只股票当前的市盈率为20倍,其未来5年的预期每股收益复合增长率为20%,那么这只股票的PEG就是1。① 当PEG等于1时,表明市场赋予这只股票的估值可以充分反映其未来业绩的成长性。② 当PEG大于1时,表明这只股票的价值可能被高估,或市场认为其业绩成长性会高于市场预期。通常,成长型股票的PEG都会大于1,甚至在2以上,投资者愿意给予其高估值,表明这家企业未来很有可能保持业绩的快速增长。③ 当PEG小于1时,要么是市场低估了这只股票的价值,要么是市场认为其业绩成长性可能比市场预期得要差。通常,价值型股票的PEG都会小于1,以反映低业绩增长的预期。

5. 股利贴现模型

股利贴现模型(DDM)以企业未来特定时期内派发的股息为基础,按照一定的贴现率计算现值,借以评估企业价值。这是一种收入资本化的估值思路,按照这种

思想,任何资产的内在价值都是由拥有这种资产的投资者在未来时期内所获取的现金流决定的。因此,股利贴现模型的估值公式为:

$$P = \sum_{t=1}^{n} \frac{D_t}{(1+K)^t} + \frac{F}{(1+K)^n}$$

式中:D_t 为在 t 时期内以现金形式表示的每股股利;K 为在一定风险程度下的贴现率;F 为待 n 期股票出售时的预期价格;P 为每股股票的内在价值。在这种情况下,投资者投资于股票,不仅希望得到股利收入,还希望在未来出售股票时从股票价格的上涨中获得资本利得。企业的价值就取决于未来的盈利能力(预期股利水平)和贴现率的选择。

6. 自由现金流贴现模型

自由现金流贴现(DCF)模型也称拉巴波特模型(Rappaport Model),是通过自由现金流的资本化方法来确定企业的内含价值。自由现金流贴现模型的基本思想是企业未来产生的自由现金流就是企业最真实的收益。从本质上说,估值就是估计企业获取的所有现金流的现值合计。企业自由现金流贴现模型的估值公式为:

$$TV_a = \sum \frac{FCF_t}{(1+WACC)^t} + \frac{V_t}{(1+WACC)^t}$$

式中:TV_a 为企业价值;FCF_t 为在 t 时期内企业的自由现金流量;V_t 为 t 时期期末企业的终值;WACC 为企业加权平均资本成本或贴现率。

自由现金流贴现模型的特点如下:① 通常运用 5 年或 10 年自由现金流贴现模型(结合一个 10 年后的"终值"),以考察资产的投资价值或内在价值;② 通常只单独考虑企业本身情况;③ 贴现价值可能对贴现率及资产的期末价值的假设高度敏感。这种估值模型较适用于现金流量稳定的企业,或是处于早期发展阶段的企业。尽管早期亏损,但可以确保企业日后的高速增长机会被体现出来。

二 案例资料

(一) 公司概况

为了支持小企业,1999 年以马云为首的 18 人,在杭州市创立了一家网上商贸公司,这家公司一步步发展成为今天的阿里巴巴集团。阿里巴巴一直坚持"让天下没有难做的生意"的使命,经过二十余年的艰苦奋斗,同时借助国内互联网发展浪潮,已经成为全球首屈一指的互联网公司,业务包括核心商业、云计算、数字媒体及娱乐以及创新业务及其他(见图4-2)。除此之外,非并表关联方蚂蚁金服为平台上的消费者和商家提供了完善的支付与金融服务。一个涵盖消费者、商家、品牌方、零售商、第三方服务提供商及战略合作伙伴的数字经济体已经建立起来了。

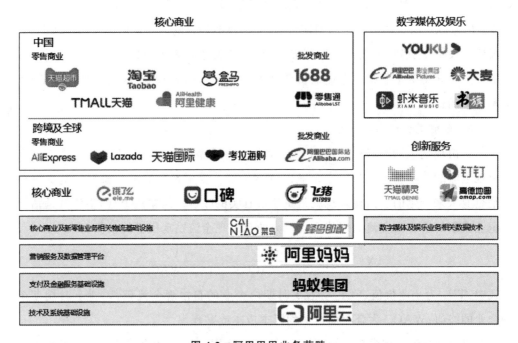

图 4-2 阿里巴巴业务范畴

资料来源:阿里巴巴 2020 财年报告。

目前,阿里巴巴的服务范围遍及 240 多个国家和地区,截至 2020 年 3 月 31 日,全职员工总数为 117 600 人。随着阿里巴巴发展壮大,业务不断精进,越来越多的客户将阿里巴巴专业化、体系化的电子商务和互联网金融服务作为首选。

2007 年 11 月阿里巴巴网络有限公司在香港联合交易所主板挂牌上市,2012 年 6 月 20 日于香港联合交易所退市。2013 年,阿里巴巴意欲再次赴港上市,但是由于港股制度不允许同股不同权,并且不同意阿里巴巴的合伙人制度,于是阿里巴巴只得放弃在港上市。2014 年 5 月,阿里巴巴宣布将在纽约证券交易所 IPO 上市。根据 2014 年 9 月 6 日披露的招股说明书,阿里巴巴首次公开招股的定价区间为 60～66 美元/股,15 日调整至 66～68 美元/股。2014 年 9 月 19 日,阿里巴巴以 68 美元/股的价格成功登陆美股,创下美股史上最大 IPO 纪录。2019 年 11 月 26 日,阔别港股 7 年后,阿里巴巴再次回归港股,在香港联合交易所鸣锣上市。据其招股说明书披露,阿里巴巴此次发行 5 亿股新股,另有 7 500 万股超额认购权,按照 176 港元/股的定价,阿里巴巴最多在港集资 1 012 亿港元(约合 130 亿美元),是 2019 年截至 11

月全球规模最大的新股发行。其上市历程具体如图4-3所示。

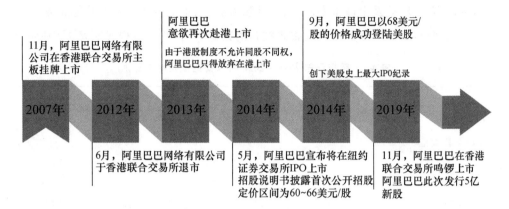

图4-3 阿里巴巴上市历程

资料来源:根据纽约证券交易所官方网站公告、香港联合交易所官方网站披露公告、阿里巴巴招股说明书等整理。

(二) 盈利模式

自美股上市以来,阿里巴巴营业收入高速增长,2015财年实现营业收入762.04亿元,2016财年实现营业收入1 011.43亿元,2017财年实现营业收入1 582.73亿元,2018财年实现营业收入2 502.66亿元,2019财年实现营业收入3 768.44亿元,2020财年实现营业收入5 097.11亿元,年复合增长率达46.25%(见图4-4)。

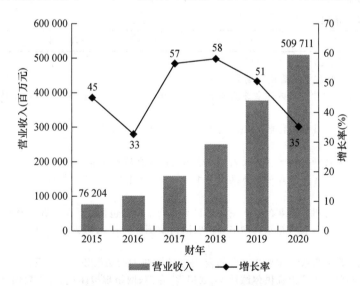

图4-4 阿里巴巴年度营业收入及增长率

资料来源:阿里巴巴年报。

2018—2020财年,阿里巴巴核心商业分部收入占总营业收入的比例连续三个财年保持稳定,均为86%。核心商业分部包括中国零售商业、中国批发商业、跨境及全球零售商业、跨境及全球批发商业、菜鸟物流服务、本地生活服务及其他业务。

根据阿里巴巴2020财政年度报告披露的数据,其营业收入构成如表4-1所示。

表4-1 阿里巴巴2018—2020财年营业收入构成变化　　　　单位:百万元

	2018 财年	2019 财年	2020 财年
核心商业:			
中国零售商业(1)			
——客户管理	114 285	145 684	175 396
——佣金	46 525	61 847	71 086
——其他(2)	15 749	40 084	86 268
	176 559	247 615	332 750
中国批发商业(3)	7 164	9 988	12 427
跨境及全球零售商业(4)	14 216	19 558	24 323
跨境及全球批发商业(5)	6 625	8 167	9 594
菜鸟物流服务(6)	6 759	14 885	22 233
本地生活服务(7)	—	18 058	25 440
其他	2 697	5 129	9 337
核心商业总计	214 020	323 400	436 104
云计算(8)	13 390	24 702	40 016
数字媒体及娱乐(9)	19 564	24 077	26 948
创新业务及其他(10)	3 292	4 665	6 643
总计	250 266	376 844	509 711

资料来源:阿里巴巴2020财政年度报告。

注:阿里巴巴财政年度截止日期为3月31日。

(1) 中国零售商业的收入主要来自本公司的中国零售市场,包括客户管理、商品销售及佣金收入。

(2) 中国零售商业的其他收入主要由本公司的新零售及直营业务(主要包括盒马、天猫超市、进口直营和银泰)产生。

(3) 中国批发商业的收入主要来自1688.com,包括会员费及客户管理收入。

(4) 跨境及全球零售商业的收入主要来自Lazada及速卖通,包括商品销售、佣金、物流服务及客户管理收入。

(5) 跨境及全球批发商业的收入主要来自Alibaba.com,包括会员费及客户管理收入。

(6) 菜鸟物流服务收入指菜鸟网络提供的国内及国际一站式物流服务和供应链管理解决方案的收入。

(7) 本地生活服务收入主要指平台佣金、饿了么提供的配送服务及其他服务的收入。

(8) 云计算收入主要由提供弹性计算、数据库、存储、网络虚拟化服务、大规模计算、安全、管理和应用服务、大数据分析、机器学习平台及物联网等服务所产生。

(9) 数字媒体及娱乐收入主要来自优酷及UCWeb,包括客户管理收入及会员费。

(10) 创新业务及其他收入主要来自网络游戏、高德、天猫精灵及其他创新业务。其他收入亦包括自蚂蚁金服及其关联方收取的中小企业贷款年费。

根据财报收入分部门数据,可以总结阿里巴巴盈利模式的特点:

1. 电商平台(核心商业)为其主要盈利来源

从表4-1可以看出,在阿里巴巴四大业务板块中,核心商业板块营业收入占总营业收入比重最大,2018—2020财年均保持在86%左右(见图4-5),2020财年核心商业营业收入增速达35%。

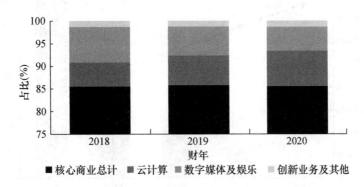

图4-5 阿里巴巴四大板块营业收入情况

核心商业板块创造的营业收入主要来自中国零售商业,中国零售市场主要包括淘宝和天猫。2018—2020财年,中国零售商业营业收入占核心商业营业收入的比重有所下降(见图4-6),阿里巴巴跨境及全球零售商业以及批发商业等其他业务营业收入的比重则在上升。

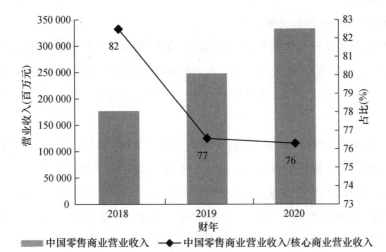

图4-6 阿里巴巴中国零售商业营业收入及占比

2. 云计算逐渐成为阿里巴巴新的收入增长点

随着越来越多的企业开始应用线上办公系统,企业"在云端"成为一种不可阻挡的趋势。为处理淘宝和天猫海量且复杂的交易数据,阿里巴巴走上了自主研发的道路,目前阿里云已经成为国内云计算行业的代表性企业。该业务板块自2009年成立以来发展态势强劲,2016财年、2017财年、2018财年云计算营业收入增长率均超过100%(见图4-7)。

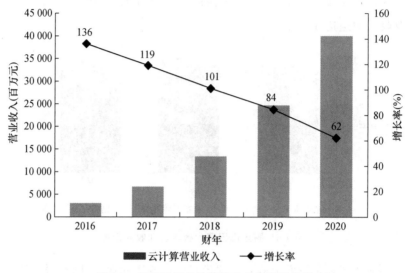

图4-7 阿里巴巴云计算营业收入及增长率

根据最新公布的2020财年数据,阿里巴巴云计算板块营业收入达400.16亿元,较2019财年增长62%。云计算已经成为阿里巴巴的重要业务板块,并逐渐成为新的收入增长点。

3. 金融、媒体全方位发展

2013年,阿里巴巴与银泰集团、富春集团、复星集团、圆通、中通、申通、韵达、顺丰共同投资成立了菜鸟网络。2016年3月,菜鸟网络完成了首轮对外融资,融资金额100亿元。2018—2020财年,菜鸟网络分别实现营业收入67.59亿元、148.85亿元、222.33亿元。

2014年,蚂蚁金融服务集团(以下简称"蚂蚁金服")创立,蚂蚁金服涵盖了支付、理财、保险、资金融通等业务,主要收入来源为支付宝手续费和小额借贷产生的利息。2019财年,蚂蚁金服实现营业收入1 200亿元,净利润为170亿元。

2016年,阿里巴巴创立了阿里巴巴文化娱乐集团,数字媒体及娱乐业务板块2018—2020财年分别实现营业收入195.64亿元、240.77亿元、269.48亿元。优酷土豆、UC、阿里影业、阿里音乐、阿里体育、阿里游戏、阿里文学、阿里数字娱乐全面发力,正在为阿里巴巴打造一个数娱帝国。

(三) 财务预测

1. 行业发展前景

（1）国内数字经济高歌猛进。2019年，中国电子商务市场规模持续引领全球，服务能力和应用水平进一步提高。根据中国互联网络信息中心数据，2019年全国网络购物用户规模已达7.1亿人，较2018年年底增长1.0亿人。随着用户规模、移动数据流量、智能终端、应用程序和服务的进一步发展，中国电子商务在经历了最初的价格优先阶段、注重品牌效应阶段后，开始把目光投向性价比和用户体验，推出了直播购物、"先体验后购买"等模式，同时电子商务平台也不仅仅局限于购物功能，社群的建立拓展了社交功能。此外，电子商务加速向传统行业渗透融合，使得工业、农业、商贸物流、金融、旅游等领域在"互联网＋"的时代下得到了拓展和深化。根据商务部电子商务和信息化司发布的《中国电子商务报告2019》，2013—2019年中国电子商务交易规模持续扩大，年复合增长率达22.31%。2019年，中国电子商务交易规模达34.81万亿元，同比增长10.05%（见图4-8）。

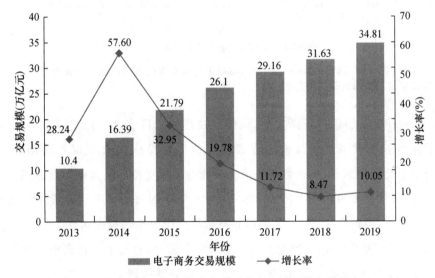

图4-8　2013—2019年中国电子商务交易规模及增长率

资料来源：《中国电子商务报告2019》。

近年来，中国出台多部政策鼓励电子商务的发展。《电子商务"十三五"发展规划》中提出，预计2020年，电子商务交易额同比"十二五"末翻一番，超过40万亿元，网络零售额达到10万亿元左右，电子商务相关从业者超过5 000万人。预计未来电子商务行业成交规模的增速将有所放缓，到2024年，中国电子商务的成交规模将超过55万亿元。

(2) 跨境电子商务继续保持蓬勃发展的态势。与传统贸易形式相比,跨境电子商务可以利用互联网信息容量大、传输速度快、范围广的特点,轻松拓展全球客户市场,降低运营及营销成本。2014 年之后,国家发布多项跨境电子商务扶持政策,并设定多个试点运行城市,大力推进跨境电子商务的运行和发展。根据海关总署数据,2019 年,中国跨境电子商务零售进出口总额达 1 862.1 亿元,同比增长 38.3%(见图 4-9)。淘宝、京东等电子商务平台都推出了海外直营店,1688.com 上的商家可以直接海外接单,极大地方便了跨境商务。

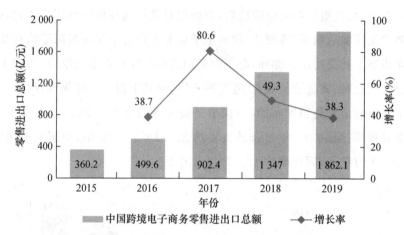

图 4-9　2015—2019 年中国跨境电子商务零售进出口总额及增长率
资料来源:《中国电子商务报告 2019》。

(3) 云计算市场规模不断扩大,保持高速增长。目前,中国云计算产业保持了较好的发展态势,创新能力显著增强、服务能力大幅提升、应用范畴不断拓展,已成为提升信息化发展水平、打造数字经济新动能的重要支撑。根据中国信息通信研究院发布的《云计算发展白皮书(2018 年)》,2016 年中国公有云平台建设市场规模达到 170.1 亿元,同比增长 66.0%,中国私有云平台建设市场规模达到 344.8 亿元,同比增长 25.1%(见图 4-10);到 2021 年,中国公有云、私有云平台建设市场规模将分别达到 902.6 亿元、955.7 亿元,年复合增长率将分别达到 43.7%、23.0%。

2. 阿里巴巴发展前景

受新冠疫情影响,全球数字化在加速推动云计算产业的发展。根据 GlobalData 最新报告,预计 2019—2024 年,亚太地区的云市场将从 1 330 亿美元增长到 2 880 亿美元,增幅高达 117%。如此大的增长量会给云厂商巨头带来丰厚的利润。2018 年,阿里云在亚太地区的市场份额持续上涨,从 26%提升至 28.2%,接近亚马逊和微软市场份额总和。可以预见,云计算业务将成为阿里巴巴未来发展的又一有力驱动。

阿里巴巴一直非常注重对平台和支持技术的开发投入,计划未来也将持续对平

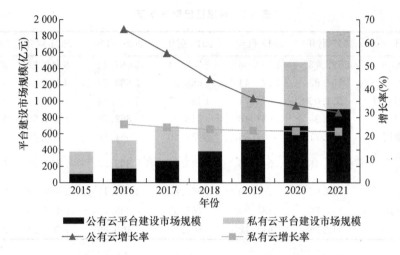

图 4-10　中国公有云、私有云平台建设市场规模及增长率

资料来源：《云计算发展白皮书（2018年）》（中国信息通信研究院）。

台和数字经济体进行大力投资，以提升用户体验、吸引消费者和商家，并扩大平台的功能和服务范围。阿里巴巴预期新的投资将包括扩展核心商业服务、实施新零售业务、加强云计算业务、丰富采购内容，以及进一步发展数字媒体及娱乐业务、培育创新业务、开发新技术等。

阿里巴巴进行投资收购活动的目的并不单纯是追求财务回报，而是专注于强化其数字经济体、推动与现有业务的战略协同及提升企业整体价值。虽然新业务及现有业务的投资会导致阿里巴巴短期内利润率继续降低，但这些投资将成为战略发展中极为重要的环节，未来会为阿里巴巴贡献收益。目前，集团电子商务平台、物流、新零售、云计算、小微金融、娱乐等业务已经实现较好的协同效应。

3. 财务预测结果

以下对阿里巴巴价值评估的财务预测是以其历年营业收入来源、结构及历史业绩为基础进行的简单预测。实操中，财务预测更为复杂，估值人员会更加细致地考量宏观环境、行业形势、公司盈利潜力等动因对财务的影响，结合三张财务报表的勾稽关系建立模型进行预测。在此，仅以带领学生了解估值流程、估值方法为目的，对阿里巴巴未来的财务进行简单预测。

基本假设：

（1）营业收入按照2019财年营业收入增长率26%增长。

（2）营业成本、市场及营销费用、管理费用等成本费用与营业收入比例保持稳定。

（3）不考虑通货膨胀因素。

阿里巴巴财务预测结果如表4-2所示。

表 4-2　阿里巴巴财务预测　　　　　　　　　　　　　　　　　单位：亿元

项目	2017 财年	2018 财年	2019 财年	2020 财年	2021 财年	2022 财年
营业收入	1 582.73	2 502.66	3 768.44	5 097.11	6 422.36	8 092.17
营业成本	594.83	1 070.44	2 069.29	2 823.67	3 061.27	3 857.20
营业费用合计	534.06	774.74	1 180.21	1 410.94	1 986.10	2 502.49
营业利润	453.84	657.48	518.94	862.50	1 374.99	1 732.49
净利息费用	26.71	35.66	51.90	51.80	88.40	111.39
持续经营业务特殊项目	146.45	346.55	443.27	803.95	813.00	1 024.38
税前利润	550.02	796.10	967.87	1 609.12	2 099.59	2 645.48
所得税费用	137.76	181.99	165.53	205.62	408.30	514.46
净利润	412.26	614.12	802.30	1 403.50	1 691.28	2 131.02

（四）估值方法与估值结果

1. 相对估值

预测市盈率通常选取市场上与上市公司同行业可比或可参照的上市公司的平均市盈率，考虑所处行业、市场、企业规模、财务指标等，我们选取亚马逊、百度、京东作为可比公司，其主要财务数据如表 4-3 所示。

表 4-3　可比公司主要财务数据

业务范围	项目	阿里巴巴	亚马逊	百度	京东
业务范围	主要行业	电子商务、云计算	商贸、云计算	搜索引擎	电子商务
规模	资产总额（百万美元）	185 429	221 238	42 228	3 730.70
规模	净资产（百万美元）	122 945	65 272	23 963	1 216.06
财务指标	总负债股权比	16.41%	63.19%	36.36%	30.53%
财务指标	近 5 年销售增长率	46.24%	25.81%	16.97%	38.06%
财务指标	总资产周转率	0.45	1.48	0.35	2.51
财务指标	股东权益回报率	23.93%	18.58%	1.44%	7.87%
财务指标	基本每股收益（元）	8.13	23.46	0.81	1.2

资料来源：英为财情统计数据（截至 2020 年 7 月）。

可比公司市盈率、市销率、市净率近 12 个月数据如表 4-4 所示。

表 4-4　可比公司主要指标　　　　　　　　　　　　　　　　　单位：倍

项目	亚马逊	百度	京东	平均
市盈率	141.49	128.96	108.91	126.45
市销率	4.99	2.8	1.12	2.97
市净率	22.64	1.81	7.54	10.66

资料来源：英为财情统计数据（截至 2020 年 7 月）。

(1) 市盈率法。

$$企业价值＝预测市盈率×企业未来12个月利润$$

由于阿里巴巴业务涉及多个板块，难以找到单一的可比公司。因此，我们将三家公司的平均值作为预测市盈率。

$$阿里巴巴企业价值＝126.45×1\,691.28＝213\,862.36（亿元）$$

根据可比公司市盈率估值，阿里巴巴企业价值约为21万亿元，折合约3万亿美元。但是根据三家可比公司市盈率估值的结果可能存在较大偏差，阿里巴巴实际市盈率在30倍左右。如果按照阿里巴巴2020财年平均市盈率36.7倍计算，阿里巴巴企业价值＝36.7×1\,691.28＝62\,069.98（亿元）。两种市盈率选取方法估算出的结果相差巨大，所以在对企业进行估值时，如何选择最合适的市盈率非常关键。

(2) 市净率法。

$$企业价值＝预测市净率×企业未来账面净资产价值$$

应用市净率法预测企业价值首先需要判断企业未来的市净率，这里我们按照三家可比公司市净率平均值10.66倍计算。过去5年，阿里巴巴净资产平均增长率为37%，假设保持该增长速度，预计企业未来账面净资产价值＝8\,705.48×(1＋37%)＝11\,926.51（亿元）。

$$阿里巴巴企业价值＝10.66×11\,926.51＝127\,136.60（亿元）$$

(3) 市销率法。

$$企业价值＝预测市销率×企业未来营业收入$$

我们依旧根据三家可比公司市销率的平均值进行预测，可比公司市销率平均值为2.97倍，阿里巴巴预计2021财年营业收入为6\,422.36亿元。

$$阿里巴巴企业价值＝2.97×6\,422.36＝19\,074.41（亿元）$$

由于阿里巴巴的业务分属于不同领域，事实上选取一家企业整体比较并不十分恰当，或许阿里巴巴更适合将业务分开估值然后汇总。各个部分根据不同的盈利情况、收入情况等选择合适的估值方法，这样最终估值会更加科学、合理。

2. 绝对估值：自由现金流贴现模型

第一步，预测下一个10年的自由现金流。

$$企业自由现金流＝(税后净营业利润＋折旧及摊销)－(资本支出＋营运资本增加)$$

假设：

(1) 折旧及摊销与总资产保持稳定比例，前5年总资产按照过去5年增长率的平均值增长，后5年按照过去5年增长率平均值的80%计算。

(2) 前5年资本支出按照过去5年复合增长率增长，后5年按照过去5年复合增长率的80%计算。

(3) 前 5 年流动资产和流动负债按照过去 5 年复合增长率增长,后 5 年按照过去 5 年复合增长率的 80% 计算。

(4) 营运资本增加按照预测的流动资产和流动负债计算。

基于以上假设计算出未来 10 年阿里巴巴的自由现金流,如表 4-5 所示。

表 4-5 阿里巴巴未来 10 年自由现金流预测 单位:亿元

财年	自由现金流	财年	自由现金流
2021	1 042.88	2026	3 869.83
2022	1 340.32	2027	4 631.21
2023	1 744.63	2028	5 518.78
2024	2 303.84	2029	6 535.99
2025	3 090.29	2030	7 672.85

第二步,计算阿里巴巴的加权平均资本成本(WACC)。

$$WACC = K_b \times b_b \times (1-T) + K_e \times b_e$$

式中:K_b 为债务资本成本,K_e 为股权资本成本,b_b 为债务资本所占比重,b_e 为股权资本所占比重,T 为所得税税率。

阿里巴巴 2016—2020 财年资本结构如表 4-6 所示。

表 4-6 阿里巴巴 2016—2020 财年资本结构

项目	2016 财年	2017 财年	2018 财年	2019 财年	2020 财年	平均
负债总额(亿元)	1 143.56	1 826.91	2 776.85	3 496.74	4 333.34	
负债占比(b_b)	31%	36%	39%	36%	33%	35%
股权总额(亿元)	2 498.89	3 241.21	4 394.39	6 154.02	8 796.51	
股权占比(b_e)	69%	64%	61%	64%	67%	65%
资产总额(亿元)	3 642.45	5 068.12	7 171.24	9 650.76	13 129.85	

假设后续计算按照阿里巴巴近 5 年资本结构的平均水平,即债务资本占比(b_b) 35%,股权资本占比(b_e)65%。

(1) 债务资本成本计算。阿里巴巴 2016—2020 财年利息费用率如表 4-7 所示。

表 4-7 阿里巴巴 2016—2020 财年利息费用率

项目	2016 财年	2017 财年	2018 财年	2019 财年	2020 财年
利息费用(亿元)	19.46	26.71	35.66	51.90	51.80
负债总额(亿元)	1 143.56	1 826.91	2 776.85	3 496.74	4 333.34
利息费用率	1.70%	1.46%	1.28%	1.48%	1.20%

假设债务资本成本按照近 5 年阿里巴巴平均利息费用率 1.43% 计算。

(2) 股权资本成本计算。我们选择资本资产定价模型来计算阿里巴巴股权资本成本,需要考虑的因素有无风险收益率(R_f)、β 系数、市场平均收益率(R_m)。

$$K_e = R_f + \beta \times (R_m - R_f)$$

假设无风险收益率采用 2019 年 12 月美国 10 年期国债收益率 1.919%,β 系数采用阿里巴巴近 5 年平均 β 值 1.0655,市场平均收益率为 8.17%,则:

$$K_e = 1.919\% + 1.0655 \times (8.17\% - 1.919\%) = 8.57\%$$

(3) WACC 计算。

$$\begin{aligned} \text{WACC} &= K_b \times b_b \times (1-T) + K_e \times b_e \\ &= 1.43\% \times 35\% \times (1-25\%) + 8.57\% \times 65\% \\ &= 5.95\% \end{aligned}$$

其中,所得税税率按照近 5 年平均水平 25% 计算。

第三步,计算阿里巴巴的企业价值。

$$\begin{aligned} \text{阿里巴巴企业价值} =\ & 1\,042.88 \times (P/F, 5.95\%, 1) + 1\,340.32 \times (P/F, 5.95\%, 2) + \\ & 1\,744.63 \times (P/F, 5.95\%, 3) + 2\,303.84 \times (P/F, 5.95\%, 4) + \\ & 3\,090.29 \times (P/F, 5.95\%, 5) + 3\,869.83 \times (P/F, 5.95\%, 6) + \\ & 4\,631.21 \times (P/F, 5.95\%, 7) + 5\,518.78 \times (P/F, 5.95\%, 8) + \\ & 6\,535.99 \times (P/F, 5.95\%, 9) + 7\,672.85 \times (P/F, 5.95\%, 10) \\ =\ & 25\,279.73(\text{亿元}) \end{aligned}$$

3. 估值结果分析

为了让企业估值结果更为稳健,我们把每种情况下的最小值作为最终的估值结果。不同估值方法之间的差异主要缘于估值时使用的原始指标不同,度量不同内容的指标间的差异会对企业价值造成影响。例如,市盈率法下对企业价值起决定作用的因素是企业的市盈率和净利润,而自由现金流贴现模型下则是未来自由现金净流量与贴现率决定企业的价值。不同指标选择、不同估值方法对最终结果的影响很大,像本案例估算的阿里巴巴企业价值在不同方法下差异可达 3 倍(见表 4-8)。这些估值方法考虑了不同方面的因素对企业价值的影响,在实践中我们可以依据特定情况选择最为合适的方法。

表 4-8 不同估值方法下的阿里巴巴企业价值　　　　　　　　　　单位:亿元

估值方法		企业价值
相对估值法	市盈率法	213 862.35
	市净率法	127 136.60
	市销率法	19 074.41
绝对估值法	自由现金流贴现模型	25 279.73

三 案例分析

1. 估值方法建立在一定的参数设定基础之上

每种估值方法背后隐含着不同的前提假设,得出的估值结果有可能大相径庭。在上述估值方法的分析过程中我们可以发现,相对估值是以同行业类似公司的市场估值水平为基础,通过瞄定不同的基准指标(包括净利润、净资产、营业收入、用户数量等)来确定目标公司的价值。其基准指标不同,估值结果会出现巨大的差异。本案例中市销率法估值结果仅为市盈率法估值结果的8.92%。这种差异来源于不同估值方法下前提假设的差异。

自由现金流贴现模型的关键是估值参数的估计,包括对未来营业收入、成本、投资、融资等行为的预测,其准确程度取决于这些假设条件与未来实际经营成果、投融资的吻合程度。因此,估值模型及参数估计往往需要不断地摸索和调整,并根据经济环境的变化随时调整,只有这样才能使估值结果更加合理。

2. 企业价值评估是企业财务决策的基本依据

现代企业管理的核心在于财务决策,包括投资决策、融资决策和股利分配决策。在各项财务决策中,我们必须着眼于企业未来,合理地把握企业在可预计年度内的效率及其成长性。从财务决策的角度来讲,进行财务决策的前提是要了解企业目前的状况,尤其是未来创造价值的能力与结果,分析财务决策对企业价值可能造成的影响,并预测决策实施后的企业价值。

本案例实际上是一个针对阿里巴巴的财务预测。对于互联网企业而言,股票市场给予这些企业相当高的估值。针对不确定性较高的未来创造价值的能力,我们应结合当前宏观经济发展及行业具体情况进行财务预测,选择可靠的估值方法或结合多种方法估算企业价值,这个估值结果成为企业未来扩股定价的基本依据。

如果阿里巴巴现在或未来有融资计划,基于以上分析的估值结果,若发行定价过高,则融资方案必然失败;相反,若发行定价过低,则现有股东利益将会受损,使得再融资因不能得到现有股东的同意而夭折。在企业价值最大化财务目标的指导下,财务决策过程实际就是一个分析融资决策可能对企业价值造成何种影响的过程。在这一活动过程中,企业价值直接成为财务融资决策分析判断的基础,以及取舍不同备选方案的标准。

3. 估值的要义:资产(投资)未来的盈利(现金流)能力决定企业价值

估值首先就是预测未来,分析资产未来的盈利能力。所以,企业经营与业务分析无疑是价值评估的起点。进行业务分析必须解答的三个问题是:企业业务是否具有长期稳定特征,企业业务是否具有经营特许权,企业经营是否具有长期竞争优势。具有长期稳定的业务是企业成功的基础。长期稳定的业务是企业建立竞争优势的前提,一个业务频繁变换的企业很难让人相信它能够在一个领域中建立起竞争优势。企业的竞争优势是在多年的经营过程中通过不断强化现有优势以及不断发展创新的过程中建立起来的,只有通过长时间积累建立起来的优势才是竞争对手短期内难以学习和复制的。

在本案例中,阿里巴巴作为互联网企业,一个重要的特点就是多元化发展。一方面,阿里巴巴拥有全世界最大的B2B(企业对企业)电子商务平台;另一方面,阿里巴巴在云计算、数娱、金融、物流等行业全面开花,这导致对阿里巴巴的估值更加困难。但是,阿里巴巴稳定的盈利能力也减小了估值的复杂程度。因此,除将宏观经济与行业的发展作为预测的基础外,我们还需要具体分析企业的竞争优势等能为企业创造未来盈利的原动力。

4. 各类价值评估模型的适用范围及相机选择

市销率指标等于每股市价除以每股销售收入(一般以主营业务收入代替),它能够告诉投资者每股销售收入能够支撑多少股价,或者说单位销售收入反映的股价水平,用以判断企业的估值偏高或偏低。该指标既有助于考察企业收益基础的稳定性和可靠性,又能有效把握其收益的质量水平。市销率法最大的优点是,销售收入最稳定,波动性小;并且销售收入不受企业折旧、存货、非经常性收支的影响,不像利润那样易被操控;收入不会出现负值,不会出现没有意义的情况,即使净利润为负也可用。所以,市销率法可以与市盈率法形成良好的补充。市销率法的缺点是,它无法反映企业的成本控制能力,即使成本上升、利润下降,也不影响销售收入,市销率依然不变。另外,市销率会随着企业销售收入规模的扩大而下降;销售收入规模较大的企业,市销率较低。采用市销率判断企业潜在的价值是判断它未来的盈利能否大幅增长,市销率偏低就存在增长的可能。

虽然自由现金流贴现模型被认为是最具有理论意义的价值评估方法,但并非所有公司在任何情况都适用此法。有人认为至少下述七类公司不适宜采用自由现金流贴现模型进行价值评估,或应用时至少需要一定程度的调整:① 陷入财务拮据状态的公司;② 收益呈周期性波动的公司;③ 拥有未被利用资产的公司;④ 有专利权的公司;⑤ 正在进行重组的公司;⑥ 涉及并购事项的公司;⑦ 非上市公司。前六类公司不适用自由现金流贴现模型的原因是难以估计其未来的现金流量,而第七类公司则是由于风险难以估量。

在现实世界中，管理者面临众多的评估标准，股东总收益、折现现金流量、经济利润、净利润等。我们认为，对于该用哪种评估标准的争论已与评估标准的真正目的相脱离。评估标准的真正目的是帮助管理者做出价值创造决策，并引导企业所有雇员向着价值创造的目标努力。

讨论题

1. 企业内含价值的本质是什么？
2. 如何对企业价值评估的不同方法进行抉择？
3. 如何优化阿里巴巴估值？尝试思考分板块分别对阿里巴巴的业务进行估值。

投融资支持下的小米帝国

在小米所构建的互联网生态平台中，智能手机、电视、路由器三大核心硬件是由团队直接经营管理的自营业务，其他大量智能硬件、内容、游戏、娱乐、视频企业均是小米采用投资形式控股或参股的，从而实现了在短时间内打造小米帝国的目标。

小米完成大量投资行为所使用的资金，大多并不是其业务经营积累所得，而是由平均每年一轮的大规模股权融资获得的巨额资金所支撑。那么，小米频繁投资行为背后隐藏着怎样的目标和期望、天价融资由怎样的估值逻辑所支撑，以及投融资行为与公司整体战略方向如何协同匹配、小米对未来发展有怎样的路径规划？

小米投资情况概述

截至2019年年底，整个小米系投资了一百多家企业，另外合资了三百多家品牌企业，涉及领域除智能硬件外，在电商、文化娱乐、游戏、移动互联网应用及服务、SNS社交、金融、云计算和大数据等领域均拥有自营业务（部分业务来自收购）及投资布局。除此以外，小米在广告营销、教育、本地生活、房产酒店、汽车交通、医疗健康等领域也有投资布局。

小米融资情况概述

小米自2010年由雷军及其团队、晨兴资本、启明创投共同出资创立以来，不足6

年时间,共经历五轮融资。4年时间,小米估值从2010年A轮的2.5亿美元提升至2014年年底E轮融资后超过450亿美元,翻了180倍,在中国互联网企业中仅位于阿里巴巴、百度和腾讯之后,甚至一度超过风投正劲的打车应用初创公司Uber,几乎相当于三个联想集团(彼时联想集团市值约150亿美元)。从2018年5月3日向香港联合交易所提交IPO申请文件到正式敲钟,小米被报道的估值数次下调,从最初的1000亿美元到5月中旬的600亿—700亿美元,再到6月中旬的550亿—700亿美元,最后发行价定在543亿美元。

根据小米最近的业绩表现,有专业机构预测其2020—2022年将分别实现营业收入2478亿元、3007亿元、3555亿元,调整后净利润分别为129亿元、166亿元、205亿元。如果采用分部估值法,考虑到手机双品牌策略成效显著,5G份额领先,给以公司手机业务2020年净利润18—20倍的预测市盈率,对应市值区间为125亿—139亿元;给以IoT(物联网)及生活消费产品业务2020年净利润35—40倍的预测市盈率,对应市值区间为418亿—477亿元;给以互联网服务业务2020年净利润50—55倍的预测市盈率,对应市值区间为5523亿—6075亿元,公司整体价值区间为7314亿—8025亿港元。

雷军在总结阿里巴巴成功经验时曾说:"要找到一个巨大的市场,聚集最优秀的人,融到花不完的钱,然后拼命往前冲。"那么,小米以往的融资行为,并非传统企业通常意义上为缓解资金压力,而更像是整个平台价值的评估和优势资源的积累。

小米借助资本的力量快速成长的背后,是其每一轮的估值。智能手机作为移动互联网时代最重要的终端,较之传统PC(个人计算机)时代,具有更大的流动性和使用的随机性。小米作为以硬件(智能手机)切入市场的互联网企业,其价值特征较之传统互联网企业具备更强的成长性及更大的不确定性。而明确企业的所处发展阶段、商业模式和盈利方式是传统企业估值工作的前提,小米作为一家新兴的互联网企业,在很多方面缺乏行业对标依据的情况下,能够达到450亿美元的天价估值,其背后的估值方法和逻辑值得探讨与借鉴。

股权投资中常用的估值方法包括市盈率法、市净率法、自由现金流折现法,在小米这个新兴互联网企业面前,这些方法似乎都不足以充分解释其价值的飞速增长。

1. 市盈率法

市盈率法是国内风险投资常用的估值方法,计算公式为:企业价值=预测市盈率×企业未来12个月利润。预测市盈率可选取行业/对标企业的市盈率,但如果企业本身缺乏可对标对象,或当下可预见的时间内净利润为负,那么使用市盈率法进行估值也就失去了意义。

在调整财务报表之后,我们发现小米2015—2019年实现的净利润分别为−76.27亿元、4.92亿元、−438.89亿元、134.78亿元、101.03亿元,净利润为负时无法使用市盈率法对其进行有效估值。

2. 市净率法

市净率是企业市场价值与账面净资产的比值,这虽然解决了部分企业发展前期利润长期为负的问题,但是没有体现互联网行业最为重视的用户带来的网络效应。小米作为电商新秀,其最重要的资产无疑是其活跃用户。小米透露,2019年其已在全球范围内拥有超过5亿活跃用户。这一部分最重要的资产不会记载在资产负债表中,故使用市净率法也不具备充分的说服力。

市场对小米的估值说明并未将其作为一个传统的硬件厂商看待,而是充分参考了其商业生态中作为互联网平台的美好未来。

3. 自由现金流折现法

采用自由现金流折现法估值的前提是未来现金流是可预测的。对于传统企业,我们在估值时倾向于认为某种趋势会持续下去,简化地用过去的表现估计未来。但是对于一些高新技术企业,这种方法存在一定的局限性。众所周知,小米不仅仅是一家硬件厂商,它构建的互联网平台有着庞大的活跃用户,其某些业务更趋向于互联网企业,产生现金流的数量和时间都很难预测。因此,以自由现金流折现法估值的结果很可能是一种"精确的错误"。

资料来源:鞠澍佥.小米公司的商业模式与投融资行为研究[D].对外经济贸易大学,2016;国泰君安.互联网公司估值体系专题研究[EB/OL].(2015-06-29)[2021-03-15]. https://bbs.pinggu.org/thread-3777989-1-1.html;海通证券.小米集团-W-1810.HK—公司半年报:2Q收入增3%调整后净利降7%,海外市场逆袭增长表现优异[EB/OL].(2020-09-01)[2021-03-15]. http://www.hibor.com.cn/repinfo-detail_108605.html.

讨论题:你认为小米适合使用什么估值方法?

案例五

青岛海尔资本预算

教学目的与要求

【学习目标】

通过本章的学习,你应该掌握:

1. 资本预算的主要特点;
2. 资本预算的决策方法;
3. 项目现金流量测算的过程;
4. 项目评价的方法。

【素养目标】

通过本章的学习,领会资本预算对企业长期发展的重要意义;认识到好的投资项目不仅要实现经济效益,还应符合可持续发展价值观,注重环境保护、社会责任和长期利益。

一 背景知识

(一) 资本预算概述

资本预算是指关于企业资本支出的预算,是企业规划与控制资本支出的通称。所谓资本支出,是指运用于资本资产的支出,以协助获得未来的营业收入,或减少未来的成本。资本支出包括用于土地、房屋、设备等长期资产的新建、扩建、改建或购置的支出以及长期投资的支出。资本预算中所用"资本"一词,是指企业现有及未来现金用于被称为资本资产的长期资产,并对其长期性及数量具有永久性的承诺。资本预算涉及资本支出的特性、资本支出的项目方案、资本支出的效益、资本支出项目方案的制订步骤、责任范围及投资项目的建议评估。通过资本预算,企业可以利用各责任中心及对投资方案的绩效报告,更好地控制资本支出,使投资项目有更大的成功把握。由于资本预算的时期范围一般都在一年以上,所以资本预算主要涉及长期投资决策。

资本预算通常涉及受制于长期约束的巨额现金或者其他资源或债务。资本预算的基本内容与步骤包括:① 形成投资意图,寻找投资机会,设定决策目标;② 提出各种可能的投资方案;③ 估算各种投资方案预期的现金流量;④ 估计预期现金流量的风险程度;⑤ 根据资本预算决策方法对各种投资方案进行比较并选优;⑥ 项目实施后,不断地进行评估和控制。

资本预算的编制是对募资投向进行分析的全过程,包括:① 资本预算决策方法的研究与选择,这些方法有回收期法、净现值法、内部收益率法;② 现金流量的估算分析,编制现金流量计划;③ 讨论投资项目的风险大小;④ 投资限额分配。

资本预算的特点是资金量大、周期长、风险大、时效性强。编制资本预算,可以起到两个方面的作用:一是使投资方案更加科学和可行。一个投资方案会在多大程度上给企业带来收益,是受许多内部因素和外部因素影响的,编制资本预算可以把这些因素及其关系尽可能地考虑周全,并转化为对投资的未来收支的影响。二是运用预算控制投资支出,检查投资方案实施后的收入和投资报酬的实现情况。

资本预算自身的特征决定了企业在编制资本预算过程中应坚持以下原则:

第一,量力而行是编制资本预算的首要要求。资本预算通常是针对新项目投资或现有项目扩张产能进行分析,项目的投资规模需要综合考虑产品的未来市场需求以及企业现有的融资能力、销售能力和管理能力等因素。企业应避免投资规模盲目扩张导致过度投资,否则往往会给企业带来严重的投资浪费和高昂的资金成本。根据企业当前的具体情况,对投资项目进行认真、严肃的可行性论证和分析是投资决策必不可少的重要环节。

第二,资本预算具有专项导向。由于主要资本支出跨越的时期较长及大额资金投入的要求,因此通常都以个别专项的形态编制预算。每个专项计划均有不同的一项或一组特定资产(即投资)、金额、资金来源及其时间长度,通常都有单独的分析、策划、决策和控制。所以,每项资本预算都可能由一系列具有不同时间跨度的专项计划构成。

第三,资本预算应与企业的发展战略和长期目标保持一致。资本预算应依据企业的发展战略和长期生产经营计划制定,在方向、内容和时间上与它们保持一致。预算期间应按年度分段确定计划指标,以便与短期计划相衔接,也利于反映预算安排的进度。

第四,资本预算应考虑资金的时间价值。资本预算作为企业长期财务计划之一,对不同方案的量化分析应坚持现金流量的折现观念,以体现不同时点的等量现金流量所具有的不同价值。

(二) 投资决策制度与程序控制

投资决策权力的制度安排是在公司治理结构的框架下实现的,是公司治理的深化和细化。投资决策权力的分层或分享并没有根本改变公司治理结构中所体现的层级权力,而是根据投资决策的要求,提出了进一步强化投资决策层级权力,建立约束机制和均衡控制的治理目标,制定投资决策程序与规则。

(三) 资本预算决策方法

1. 回收期法

对资本投资项目进行评估,可以采用投资回收期法。投资回收期指标能够衡量项目收回初始投资的速度。项目投产后,通常每年会产生不同的净现金流量,需要逐年累加才能完成投资回收期的计算。项目总投资不仅包含最初投入的资金,还包含贷款利息。年收益需要在工程投入使用后获得,需要用第一年获得的收益减除资产折旧和消耗额,从而对固定资产和无形资产投资进行补偿。采用该方法能够对项目投资风险进行考虑。如果项目投资回收期较长,则说明项目投资承担较大风险,投资方案不具有可行性;反之,如果项目能够在较短时间内完成资金回收,则说明项目投资风险较小,投资方案具有一定的可行性。

投资回收期分为两类,静态投资回收期和动态投资回收期。静态投资回收期是指在不考虑资金时间价值的条件下,以项目的净现金流量回收其全部投资所需要的时间。动态投资回收期是按时间价值折现后的项目未来各期现金流量计算回收全部投资所需要的时间。投资回收期可以自项目建设年开始算起,也可以自项目投产年开始算起,但应予注明。在采用投资回收期指标进行项目评估时,为了克服静态投资回收期未考虑资金时间价值的缺点,就要采用动态投资回收期。

2. 净现值法

在评估资本投资项目时,公司财务管理人员需要完成项目净现值(NPV)分析,即对项目整个经济寿命期内的净现金流量展开分析。根据项目不同时期的贴现率(K),即资金成本或能够接受的最低报酬率,可以对各年净现金流量现值代数和进行计算,得到净现值。如果净现值大于0,则说明项目能够盈利;反之,则说明项目无法盈利。因此,只有在投资项目满足净现值法决策规则(即净现值大于0)的情况下才能够证明投资方案具有可行性。但采用该方法无法对项目投资涉及的不确定性因素(如政策变化、市场变动等)进行考虑,需要提前进行假设,并且无法根据变化进行调整,因此评估结果的准确性会受到影响,需要联合采用其他方法进行综合分析。

3. 内部收益率法

内部收益率(IRR)法又称内含报酬率法。采用内部收益率法对投资项目进行评估,需要对项目未来现金流入和流出量进行分析,获得现值相等的折现率。实际采用该方法时,需要将现金流贴现当成投资项目评估的主要内容,对项目在不同时期的现金流入、流出情况进行比较。以此为标准,对项目的投资效益进行评估。在进行独立方案决策时,利用内部收益率能够反映项目投资效率。在内部收益率大于公司资本成本的情况下,说明项目投资效率较高,投资方案具有可行性;反之,则说明项目投资效率较低,投资方案缺乏可行性。

二 案例资料

(一) 公司概况

1. 公司简介

青岛海尔股份有限公司(以下简称"青岛海尔")成立于1989年4月28日,原名琴岛海尔股份有限公司,后更名为青岛海尔电冰箱股份有限公司、青岛海尔股份有限公司,2019年6月5日更名为海尔智家股份有限公司(简称"海尔智家")。

本案例主要介绍海尔公司在2018年12月对"年产50万台高端特种冰箱项目"的资本预算,当时公司的名称仍然是"青岛海尔",因此本案例仍以"青岛海尔"为投资主体的名称。

2. 主营业务

青岛海尔主要从事冰箱/冷柜、洗衣机、空调、热水器、厨电、小家电、U-home智能家居产品等的研发、生产和销售,为消费者提供智慧家庭成套解决方案;同时还为客户提供物流服务,家电及其他产品分销、售后服务,以及其他增值服务。

青岛海尔成立至今始终秉承"以用户为是,以自己为非"的理念,坚持创业、创新精神,不断适应时代发展。公司通过自身持续耕耘与并购重组日本三洋白电业务、美国通用家电(GEA)业务、新西兰Fisher & Paykel业务及持股墨西哥MABE,在海内外构建起了研发、制造、营销三位一体的竞争力,实现了世界级品牌的布局与全球化运营,2018年上半年海外收入占比达40.4%,近100%为自有品牌收入。

3. 实际控制人

青岛海尔的第一大股东为海尔电器国际,实际控制人为海尔集团。截至2018年6月30日,海尔电器国际持有青岛海尔12.59亿股股份,约占青岛海尔总股本的20.64%。海尔集团直接持有青岛海尔10.73亿股股份,约占青岛海尔总股本的17.59%,通过控股子公司海尔电器国际和全资子公司海尔创投分别持有青岛海尔20.64%、2.83%的股份,合计持有青岛海尔41.06%的股份。青岛海尔与实际控制人之间的产权及控制关系如图5-1所示。

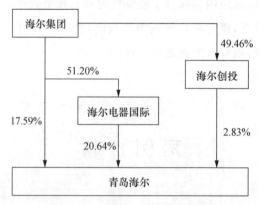

图5-1 青岛海尔与实际控制人

4. 财务状况

2016年,青岛海尔发生了同一控制下企业合并,将海尔集团(大连)电器产业有限公司等纳入合并报表范围,根据会计准则要求,于2016年年报中相应调整了期初数(上期数)。青岛海尔在 2015—2017 年的简要财务状况如表 5-1 至表 5-3 所示。

表 5-1 青岛海尔 2015—2017 年简要合并资产负债表　　　　单位:万元

项目	2017 年 12 月 31 日	2016 年 12 月 31 日	2015 年 12 月 31 日(重述)
流动资产合计	8 833 245.14	6 967 669.15	5 492 778.81
非流动资产合计	6 313 065.93	6 179 246.59	2 114 564.06
资产总计	15 146 311.07	13 146 915.73	7 607 342.87
流动负债合计	7 689 445.05	7 356 384.05	3 976 443.58
非流动负债合计	2 781 865.40	2 022 477.65	377 766.23
负债合计	10 471 310.46	9 378 861.70	4 354 209.81
归属于母公司股东权益合计	3 221 551.52	2 643 818.82	2 279 584.94
少数股东权益	1 453 449.09	1 124 235.22	973 548.12
股东权益合计	4 675 000.61	3 768 054.04	3 253 133.06
负债和股东权益总计	15 146 311.07	13 146 915.73	7 607 342.87

表 5-2 青岛海尔 2015—2017 年简要合并利润表　　　　单位:万元

项目	2017 年	2016 年	2015 年
营业收入	15 925 446.69	11 913 226.17	8 985 076.05
营业利润	1 011 312.24	735 422.63	644 179.10
利润总额	1 054 445.59	818 861.69	696 433.75
净利润	905 164.92	669 598.02	590 998.99

表 5-3 青岛海尔 2015—2017 年简要合并现金流量表　　　　单位:万元

项目	2017 年	2016 年	2015 年
经营活动产生的现金流量净额	1 608 658.80	813 587.84	562 213.26
投资活动产生的现金流量净额	−562 182.06	−3 962 580.30	−1 029 408.52
筹资活动产生的现金流量净额	92 288.68	2 984 976.57	−189 561.07
汇率变动的影响	−34 288.01	20 974.65	15 364.68
现金及现金等价物净增加额	1 104 477.41	−143 041.25	−641 391.65

(二) 公司资本预算与投资规划的制度背景

截至 2018 年 6 月 30 日,青岛海尔组织结构如图 5-2 所示,股东大会是公司的最高权力机构,董事会是股东大会的执行机构,监事会是公司的内部监督机构,战略委员会、薪酬与考核委员会、提名委员会、审计委员会是董事会下设机构,对董事会负责,总经理负责公司的日常经营管理工作。

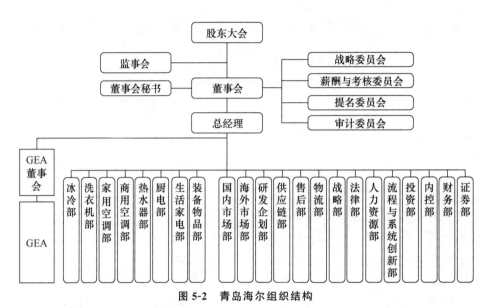

图 5-2 青岛海尔组织结构

青岛海尔已根据法律法规和规范性文件的规定建立健全了其公司治理结构，夯实了公司经营管理和内部控制的基础。

(三) 公司资本预算资料

1. 项目简介

2018 年，青岛海尔准备投资"年产 50 万台高端特种冰箱项目"。本项目将新增一条高端特种冰箱生产线，主要生产 T 型门和法式对开门冰箱。依托青岛海尔强大的品牌影响力以及收购 GEA 等获取的全球优质资源，本项目顺应消费升级趋势，生产的高端特种冰箱将供应海内外高端市场。

本项目建设地点位于青岛市黄岛区中德生态园。本项目将新开发含冰水模块、变温等功能新品，在技术上全面领先。产品容量以超大、超深为主，项目完成后可获得 T 型门和法式对开门等高端特种冰箱年产 50 万台的能力。本项目的实施主体为青岛海尔全资子公司特种制冷电器有限公司。

本项目总投资为 61 644 万元，投资构成明细如表 5-4 所示。

表 5-4 项目投资构成明细　　　　　　　　　　　　　　　单位：万元

序号	工程或费用名称	金额
1	建筑工程	19 094
2	设备购置及安装工程	29 050
3	其他工程费	5 062
4	铺底流动资金	8 438
	合计	61 644

根据规划,本项目建设期为 12 个月。

2. 现金流测算过程

本项目计算期定为 10 年,其中建设期 1 年,生产期 10 年,项目投产后第 1 年按投产的 50%计算,第 2 年按投产的 70%计算,第 3 年及以后各年按达产的 100%计算。

(1) 收入及成本费用测算。在测算过程中,生产期第 1 年投产 50%,第 2 年投产 70%,第 3 年达产 100%。本项目产品对开门冰箱(出口)平均销售价格为 7 488 元/台、对开门冰箱(内销)平均销售价格为 6 400 元/台(见表 5-5)。因本项目生产的 T 型门和法式对开门冰箱为青岛海尔高端产品,价格参考公司相似同类产品进行定价。

表 5-5 营业收入测算结果

项目	单价(元)	生产期					
		第 2 年(生产负荷 50%)		第 3 年(生产负荷 70%)		第 4—11 年(生产负荷 100%)	
		销量(台)	销售额(万元)	销量(台)	销售额(万元)	销量(台)	销售额(万元)
对开门冰箱(出口)	7 488	75 000	56 160	105 000	78 624	150 000	112 320
对开门冰箱(内销)	6 400	175 000	112 000	245 000	156 800	350 000	224 000
合计		250 000	168 160	350 000	235 424	500 000	336 320

外购原材料费用系根据每款产品的原材料定额单耗×当期原材料价格×每款产品的生产量测算,青岛海尔上述产品所涉原材料品种共计上百种,各类原材料价格系根据当前市场近期实际价格及变化趋势确定。

本项目应计提折旧的固定资产原值为 49 459.30 万元,固定资产折旧按分类折旧法估算,建构筑物折旧年限为 20 年,机械设备平均折旧年限为 10 年,净残值率为 5%,年计提折旧费 3 766.66 万元;应摊销的无形资产原值为 3 750 万元,按 50 年摊销,年摊销费 75.00 万元;修理费按固定资产折旧费的 25%估算,年修理费 941.67 万元(见表 5-6)。

(2) 利润表测算。本项目达产后可每年实现营业收入 336 320.00 万元、利润总额 42 597.53 万元和净利润 31 948.15 万元(见表 5-7)。

表 5-6 总成本费用测算结果 单位:万元

项目	建设期	生产期		
	第 1 年	第 2 年	第 3 年	第 4—11 年
外购燃料及动力费	—	2 825.00	3 955.00	5 650.00
工资福利费	—	3 200.00	3 200.00	3 200.00
修理费	—	941.67	941.67	941.67
其他制造费用	—	1 985.28	1 985.28	1 985.28
其他管理费用	—	2 977.92	2 977.92	2 977.92
其他营业费用	—	13 452.80	13 452.80	13 452.80
折旧和摊销	—	3 841.66	3 841.66	3 841.66
不予抵扣税额	—	3 744.45	5 242.23	7 488.90
合计	—	159 093.78	212 171.56	291 788.23

表 5-7 利润表测算结果 单位:万元

项目	建设期	生产期			合计
	第 1 年	第 2 年 (生产负荷 50%)	第 3 年 (生产负荷 70%)	第 4—11 年 (生产负荷 100%)	
营业收入	—	168 160.00	235 424.00	336 320.00	3 094 144.00
税金及附加	—	967.12	1 353.97	1 934.24	17 795.04
总成本费用	—	159 093.78	212 171.56	291 788.23	2 705 571.15
利润总额	—	8 099.10	21 898.47	42 597.53	370 777.80
所得税费用	—	2 024.78	5 474.62	10 649.38	92 694.45
净利润	—	6 074.33	16 423.85	31 948.15	278 083.35

(3) 现金流量表测算。根据收入及成本费用预测,本项目达产后正常年份可产生现金流入 336 320.00 万元、现金流出 289 880.81 万元,产生所得税后净现金流量 35 789.81 万元(见表 5-8)。

表 5-8 现金流量表测算结果 单位:万元

项目	建设期	生产期				
	第 1 年	第 2 年 (生产负荷 50%)	第 3 年 (生产负荷 70%)	第 4 年 (生产负荷 100%)	第 5—10 年 (生产负荷 100%)	第 11 年 (生产负荷 100%)
现金流入	—	168 160.00	235 424.00	336 320.00	336 320.00	376 234.98
营业收入	—	168 160.00	235 424.00	336 320.00	336 320.00	336 320.00
回收固定资产余值	—	—	—	—	—	11 789.68
回收流动资金	—	—	—	—	—	28 125.30
现金流出	53 206.30	176 037.99	215 591.61	292 279.61	289 880.81	289 880.81
建设投资	53 206.30	—	—	—	—	—

（单位：万元）（续表）

项目	建设期 第 1 年	生产期			
		第 2 年 (生产负荷 50%)	第 3 年 (生产负荷 70%)	第 4 年 (生产负荷 100%)	第 5—10 年 (生产负荷 100%)	第 11 年 (生产负荷 100%)
流动资金	—	19 818.76	5 907.75	2 398.80	—	—
经营成本	—	155 252.12	208 329.90	287 946.57	287 946.57	287 946.57
税金及附加	—	967.12	1 353.97	1 934.24	1 934.24	1 934.24
所得税前净现金流量	−53 206.30	−7 877.99	19 832.39	44 040.39	46 439.19	86 354.18
调整所得税			2 024.78	5 474.62	10 649.38	10 649.38	10 649.38
所得税后净现金流量	−53 206.30	−9 902.77	14 357.77	33 391.01	35 789.81	75 704.79

注：假设项目期满后，固定资产余值为 11 789.68 万元，回收流动资金 28 125.30 万元。

3. 项目效益指标

本项目达产后，预计每年可实现营业收入 336 320.00 万元，正常年份可实现净利润 31 948.15 万元，项目动态投资回收期（税后）为 5.11 年，内部收益率（税后）为 34.70%，项目静态投资回收期（税后）为 4.43 年（含建设期）。本项目发展前景和盈利能力较好。

三 案例分析

（一）公司战略与项目实施意义

资本预算应当与公司战略相一致。青岛海尔主要战略为树标准、重研发、调结构，依托海尔全球布局的开放式研发体系，通过技术升级及颠覆式创新，持续迭代产品，满足用户最佳体验，从而实现产品高端化、差异化，引领行业创新发展。青岛海尔冰箱业务通过主导制定行业标准，研发引领行业发展的前沿技术，升级精益、智能制造的高端生产线，以及全球化布局及资源整合，加速多门/对开门冰箱等品类的持续升级，全方位提升企业核心竞争力，加速产业引领战略全球落地。

2018 年 1—6 月，青岛海尔冰箱产品在 10 000—15 000 元高端市场的零售额份额为 39.35%，同比提升 3.99%。青岛海尔现有冰箱产品包括单门、两门、三门、多门和对开门冰箱,其中多门和对开门冰箱保持快速增长,占比提升明显,2018年1—6月多门和对开门冰箱内销量占比为49%,同比增长4%。为了满足产品升级趋势,青岛海尔拟进一步提高多门冰箱和法式对开门冰箱这类高端冰箱的生产能力。依托青岛海尔强大的品牌影响力、在冰箱市场领先的市场地位以及三位一体的当地化优势,青岛海尔实现了全球优质资源的统一管理。

(二)项目实施的市场环境分析

在家电下乡及节能补贴等政策的连环刺激下,冰箱市场在高速增长过后规模逐渐趋于平稳。受政策退出及宏观经济环境的影响,以及随着上一轮冰箱消费高峰的产品逐步进入更新换代周期,冰箱行业整体规模保持稳步增长。根据中怡康数据统计,2018年1—6月国内冰箱市场零售量和零售额规模分别达到1 599万台、462亿元,同比分别减少1.7%、增长7.9%。预计2017—2020年国内冰箱市场销量将步入温和增长周期,产品销量年复合增长率将达到7%左右。

受益于国民收入增长、中等收入群体占比上升等因素,家电领域呈现消费升级态势,大容量、对开门和多门冰箱销售占比持续提升。中怡康数据显示,2018年1—6月对开门与多门冰箱零售量、零售额占比分别为45.04%、68.62%,较2017年1—6月分别提升5.04%、4.62%。奥维云网(AVC)预测,2018年对开门与多门冰箱零售量、零售额占比将分别为51.7%、72.7%,上升空间可观。

青岛海尔在冰箱行业多年来保持绝对的市场领先地位,并在行业升级转型的背景下持续扩大领先优势。根据欧睿国际数据,海尔冰箱2017年以17.4%的份额连续十年位居全球冰箱市场份额第一。

在海外市场,青岛海尔已经实现世界级品牌布局与全球化运营。通过始终坚持自主创牌的发展战略与海外市场"研发、制造、营销"三位一体布局的深入推进,青岛海尔在海外市场的品牌美誉度、渠道网络布局、适应当地市场的运营体系与能力建设将有助于海外市场的持续发展。2016年青岛海尔完成收购GEA,GEA在美国的市场份额位居第二,收购以来双方协同项目推进顺利,整合效果超出预期。GEA在美国市场强有力的渠道布局将有助于青岛海尔对开门、T型门冰箱等领先产品的销售。

(三)对项目未来现金流的预计是资本预算的重点

资本预算评价指标的计算是以未来现金流的预计为依据的。在本项目中,项目现金流的预计方法是,首先预计收入和成本费用,然后编制预计利润表,最后根据预计利润表编制预计现金流量表。其中,收入和成本费用的预计是基础,这需要结合项目的一些假设参数的估计,包括项目有效期、建设期、折旧方法、销量、销售价格等参数的估计。这些参数估计的准确性会影响未来现金流的准确性。

在项目预计现金流量表的编制中,需要注意以下几点:一是项目的现金流应该是该项目所引起的现金流入和流出的增加量,即项目的现金流量表是投资该项目与不投资该项目所产出的现金流量增量。二是项目现金流的估计通常不考虑债务融资产生的利息费用,而仅考虑项目投资本身的现金流。因为债务融资产生的债务资本成本在加权平均资本成本的计算中考虑。三是项目的现金流计算与假设参数息息相关,需要对相关参数进行准确的估计和分析,这个过程需要技术人员、市场分析人员、财务人员协同配合共同参与,只有这样才能准确测算项目的相关现金流量。

(四) 项目评价的方法

完整的项目评价应该包含不同角度的评价,比如:

(1) 项目技术评价,主要内容包括工艺、技术和装备的先进性、适用性、经济性、安全性,建筑工程质量及安全,特别要关注资源、能源是否被有效利用。

(2) 项目财务和经济评价,主要内容包括项目总投资预测、项目未来收益预测、现金流量预测、资本结构预测等,重点是测算项目的财务评价指标,明确项目在财务上的可行性。对于大型的投资项目,如铁路、公路、发电厂等投资金额庞大的建设项目,还需要考虑对区域经济及国民经济的潜在影响,从国家和社会角度评价项目对国家经济发展与社会福利的贡献。

(3) 项目管理评价,主要内容包括项目实施相关者管理、项目管理体制与机制、项目管理者水平、企业项目管理、投资监管状况等。

在立项决策阶段,资本预算是对项目的财务可行性进行的评价。青岛海尔进行了项目可行性研究、项目评估等。在符合战略的前提下,财务分析工具是评估投资项目的一个有效手段,青岛海尔采用了投资回收期法和内部收益率法进行项目评估,结果均显示项目预期效益较好。

理论上,净现值指标最能体现项目对股东价值的贡献程度,但在实务中,很多企业仍然会选择投资回收期法或内部收益率法。对于高风险产业或集团新兴产业而言,利用投资回收期法进行财务评价可能更为稳健,也更易于理解。青岛海尔在采用投资回收期法评估项目的基础上,还使用了内部收益率法。这一方法与净现值法具有异曲同工之妙,净现值法使用项目的加权平均资本成本贴现计算投资项目的价值,而内部收益率法则是假定净现值等于0计算贴现的收益率。内部收益率越高,代表项目财务结果越好,项目应该被优先考虑。本案例属于单一项目可行与否决策,因此净现值法和内部收益率法的评价结果应该是一致的。

 讨论题

1. 结合案例资料,请分析该项目在财务上是否具有可行性。
2. 在资本预算中现金流比利润更加重要,为什么?
3. 针对该项目,你认为应该如何进行风险分析?

 小案例

康弘药业国际生产及研发中心建设项目

成都康弘药业集团股份有限公司(以下简称"康弘药业")成立于1996年,是一家致力于生物制品、中成药、化学药、医疗器械研发、生产、销售及售后服务的医药集团,公司拥有先进的研发中心和标准的产业化生产基地,营销网络遍布全国。2015年6月26日,康弘药业正式在深圳证券交易所挂牌上市(股票代码:002773)。

康弘药业秉承"研发、制造、销售及传播专业创新的医药产品和知识,从根本上去改善患者个人体能和社会医疗效能,促进人类健康事业的进步——康健世人、弘济众生"的企业宗旨;始终坚持"创新产品和服务,普惠民众与大众"的经营理念;始终坚持创新与合作相结合的发展战略,以产品创新和产业合作双驱动,推进康弘药业高质量、高速度、健康发展。康弘药业主营业务为药品(包括生物制品、中成药、化学药)和医疗器械(主要是眼科医疗器械)的研发、生产与销售。

截至2019年6月30日,康弘药业拥有研发人员450人,其中261人拥有研究生及以上学历,形成了一支年龄及知识结构合理、研究与开发并重、具有较高产业化能力的研发团队。其中,从事生物制品相关研发、生产工作的团队已经掌握康柏西普眼用注射液从研发、生产、流通到使用全过程的工艺、技术标准。

2020年3月,康弘药业公开发行可转换公司债券,募集资金总额不超过16.30亿元,其中97 658万元投入康弘国际生产及研发中心建设项目(一期)(以下简称"本项目")。本项目实施主体为康弘药业全资子公司北京康弘生物医药有限公司。

康弘国际生产及研发中心建设项目实施过程将分为两期(一期、二期)进行,本项

目为一期建设内容。本项目建设内容包括研发实验楼A、B,生产车间1号、2号,综合楼及配套附属设施。项目将建设一条2500 L批次流生产线、一条2500 L灌流生产线和一条制剂生产包装线。

本项目将满足国家1类新药康柏西普眼用注射液全球研发和国际市场商业化生产,以及国家重大专项、新一代抗新生血管肿瘤药物KH903临床样品供应和上市后商业化生产。

康弘药业通过战略布局和专业创新,不断开拓国际视野,持续进行国际市场的探索和进入国际高端医药市场的尝试。2016年10月,康弘生物(康弘药业的全资子公司)获得美国食品药品监督管理局(FDA)允许直接在美国开展康柏西普眼用注射液治疗wAMD(湿性年龄相关性黄斑变性)适应症III期临床试验,这是国内极其罕见的在美国跳过I期、II期临床试验,直接获批开展III期临床试验的生物新药。2017年11月,康弘生物与美国CRO公司 INC Research签署了临床试验研究相关服务协议,聘请INC Research为公司提供康柏西普眼用注射液国际III期临床试验服务。本项目将主要负责为康柏西普眼用注射液提供国际III期临床试验后期样品和国际销售产品,是康弘药业国际化战略的重要组成部分。

康柏西普眼用注射液是康弘药业历时近十年自主研发的全球新一代用于治疗wAMD的中国原创生物1类新药,是中国第一个拥有国际通用名的生物新药,在全球范围内拥有独立的自主知识产权,是国家"十一五"重大新药创制专项的代表性成果。该产品于2013年11月获得国家食品药品监督管理总局(现更名为"国家药品监督管理局")批准的新药证书与药品注册批件,是国内企业可生产的第10个抗体药物,填补了国产眼底黄斑变性治疗药物的市场空白。

康弘药业掌握康柏西普眼用注射液从研发到产业化的核心技术。公司拥有"国家企业技术中心""生物大分子蛋白药物四川省重点实验室"以及"康弘博士后科研工作站"等技术平台,构建起了具备核心竞争力的生物制品重点技术——生物制品中以动物细胞表达体系为平台的药物的产业化技术,重点开发基于VEGF(血管内皮生长因子)的相关生物技术的KH系列生物药产品。该技术采用细胞悬浮培养工艺制备蛋白药物,细胞表达量达到国外同类产品的生产水平。

本项目计划总投资122 829.46万元,其中项目建设投资97 658.00万元,铺底流动资金25 171.46万元;预计将实现年均净利润125 778.14万元,预计投资回收期(税后)为8.85年(含建设期),内部收益率(税后)为30.42%。

康弘药业制定了《成都康弘药业集团股份有限公司募集资金管理制度》(以下简称《募集资金管理制度》)。根据《募集资金管理制度》的规定,康弘药业对募集资金采用专户存储制度,并严格履行使用审批手续,以便对募集资金的管理和使用进行监督,保证专款专用。

资料来源:成都康弘药业集团股份有限公司公开发行可转换公司债券募集说明书[EB/OL].(2020-03-03)(2021-06-28).https://pdf.dfcfw.com/pdf/H2_AN202003021375/35647_1.PDF。

讨论题:如何评价康弘药业本次的投资项目?

21世纪经济与管理规划教材

财务管理系列

案例六

科创板公司 IPO——
优刻得科技股份有限公司

教学目的与要求

【学习目标】

通过本章的学习,你应该掌握:
1. 科创板 IPO 的条件;
2. 科创板 IPO 的一般程序;
3. IPO 对公司的影响;
4. IPO 发行价格的确定方法。

【素养目标】

通过本章的学习,认识科创板各项制度设计紧紧围绕培育出更多具有"硬科技"实力和市场竞争力的创新企业,深刻领会科创板对于促进我国在关键领域科技实力的提升所起到的作用。

一 背景知识

（一）科创板定位及设立目的

国家主席习近平于2018年11月5日在首届中国国际进口博览会开幕式上宣布设立科创板（Science and Technology Innovation Board）。科创板是独立于现有主板市场的新设板块，试行注册制。根据《关于在上海证券交易所设立科创板并试点注册制的实施意见》，科创板定位于面向世界科技前沿、面向经济主战场、面向国家重大需求，主要服务于符合国家战略、突破关键核心技术、市场认可度高的科技创新企业。重点支持新一代信息技术、高端装备、新材料、新能源、节能环保以及生物医药等高新技术产业和战略性新兴产业，推动互联网、大数据、云计算、人工智能和制造业深度融合，引领中高端消费，推动质量变革、效率变革、动力变革。

（二）科创板IPO的条件

企业首次公开发行股票并在科创板上市，应当符合发行条件、上市条件以及相关信息披露要求，依法经上海证券交易所发行上市审核并报经中国证券监督管理委员会（以下简称"中国证监会"）履行发行注册程序。在科创板上市的企业的共同特点是，研发投入大、经营风险大、业绩不稳定，因而企业在科创板上市的标准相对主板有所降低。这些政策充分体现出监管部门对科技创新企业IPO的包容性及审核高效率的要求。

1. 中国证监会规定的科创板IPO的条件

根据中国证监会发布的《科创板首次公开发行股票注册管理办法（试行）》，科创板IPO的条件包括：

（1）主体资格。发行人是依法设立且持续经营3年以上的股份有限公司，具备健全且运行良好的组织机构，相关机构和人员能够依法履行职责。这一规定与主板保持一致。

（2）财务与会计。发行人会计基础工作规范，财务报表的编制和披露符合企业会计准则与相关信息披露规则的规定，在所有重大方面公允地反映了发行人的财务状况、经营成果和现金流量，并由注册会计师出具标准无保留意见的审计报告。发行人内部控制制度健全且被有效执行，能够合理保证公司运行效率、合法合规和财务报告的可靠性,并由注册会计师出具无保留结论的内部控制鉴证报告。这一规定与主板保持一致。

(3) 业务完整及独立持续经营。发行人资产完整,业务及人员、财务、机构独立,与控股股东、实际控制人及其控制的其他企业间不存在对发行人构成重大不利影响的同业竞争,不存在严重影响独立性或者显失公平的关联交易。而主板则明确规定企业业务应独立于控股股东、实际控制人及其控制的其他企业,与控股股东、实际控制人及其控制的其他企业间不存在同业竞争。从"不存在同业竞争"到"不存在构成重大不利影响的同业竞争",可以看出同业竞争的刚性红线已经被打破,对科创板企业存在更大的包容性。

发行人主营业务、控制权、管理团队和核心技术人员稳定,最近2年内主营业务和董事、高级管理人员及核心技术人员均没有发生重大不利变化;控股股东和受控股股东、实际控制人支配的股东所持发行人的股份权属清晰,最近2年实际控制人没有发生变更,不存在导致控制权可能变更的重大权属纠纷。而主板对这一时间的要求则为3年,这表明在核心人员变动方面,科创板的标准有所降低。

发行人不存在主要资产、核心技术、商标等的重大权属纠纷,重大偿债风险,重大担保、诉讼、仲裁等或有事项,经营环境已经或者将要发生重大变化等对持续经营有重大不利影响的事项。

(4) 规范运行。发行人生产经营符合法律、行政法规的规定,符合国家产业政策。最近3年内,发行人及其控股股东、实际控制人不存在贪污、贿赂、侵占财产、挪用财产或者破坏社会主义市场经济秩序的刑事犯罪,不存在欺诈发行、重大信息披露违法或者其他涉及国家安全、公共安全、生态安全、生产安全、公众健康安全等领域的重大违法行为。董事、监事和高级管理人员不存在最近3年内受到中国证监会行政处罚,或者因涉嫌犯罪被司法机关立案侦查,或者涉嫌违法违规被中国证监会立案调查,尚未有明确结论意见等情形。这一规定与主板基本保持一致。

科创板与主板的发行条件比较具体如表6-1所示。

表6-1 科创板与主板的发行条件比较

条件	科创板	主板与中小企业板
主体资格	依法设立且持续经营3年以上的股份有限公司	依法设立且持续经营3年以上的股份有限公司
股本要求	发行后股本总额不低于人民币3 000万元	发行前股本总额不少于3 000万元,发行后股本总额不少于5 000万元

(续表)

条件	科创板	主板与中小企业板
财务要求	不要求发行人必须盈利,而是采取了以预计市值为基准、结合其他财务指标的发行标准,发行人只需符合其中一项标准即可(详见表6-2及表6-3)	最近3个会计年度净利润均为正数,且累计超过3 000万元,净利润以扣除非经常性损益前后较低者为计算依据;最近3个会计年度经营活动产生的现金流量净额累计超过5 000万元,或者最近3个会计年度营业收入累计超过3亿元;最近1期不存在未弥补亏损
资产要求	资产完整,业务及人员、财务、机构独立	最近1期期末无形资产(扣除土地使用权、水面养殖权和采矿权等后)占净资产的比例不高于20%
主营业务要求	发行人主营业务稳定,最近2年内主营业务没有发生重大不利变化	最近3年内主营业务没有发生重大变化
董事、管理层和实际控制人	控制权、管理团队和核心技术人员稳定,最近2年内董事、高级管理人员及核心技术人员均没有发生重大不利变化;控股股东和受控股股东、实际控制人支配的股东所持发行人的股份权属清晰,最近2年实际控制人没有发生变更	发行人最近3年内董事、高级管理人员没有发生重大变化,实际控制人未发生变更;发行人的股权清晰,控股股东和受控股股东、实际控制人支配的股东持有的发行人股份不存在重大权属纠纷
募投项目	(1) 须与发行人现有主营业务或核心技术相关,募集资金重点投向科技创新领域; (2) 实施后不新增同业竞争,对发行人的独立性不产生不利影响; (3) 结合公司现有主营业务、生产经营规模、财务状况、技术条件、管理能力、发展目标合理确定; (4) 符合国家产业政策、环境保护、土地管理,以及其他法律、法规和规范性文件的要求	募集资金应当有明确的使用方向,原则上应当用于主营业务
同业竞争与关联交易	与控股股东、实际控制人及其控制的其他企业间不存在对发行人构成重大不利影响的同业竞争,不存在严重影响独立性或者显失公平的关联交易	业务独立于控股股东、实际控制人及其控制的其他企业,与控股股东、实际控制人及其控制的其他企业间不存在同业竞争。募投项目实施后,还应不会产生同业竞争或者对发行人的独立性产生不利影响

2. 上海证券交易所对科创板IPO的相关规定

根据《上海证券交易所科创板股票上市规则》中对科创板IPO的规定,发行人申请在交易所科创板上市,应当符合下列条件:

(1) 符合中国证监会规定的发行条件。

(2) 发行后股本总额不低于人民币3 000万元。这一规定相对主板要求有所降低,体现了对科技创新企业的包容性。

(3) 公开发行的股份达到公司股份总数的25%以上;公司股本总额超过人民币4亿元的,公开发行股份的比例为10%以上。

(4) 市值及财务指标符合本规则规定的标准(如表6-2、表6-3所示)。企业上市不再要求满足规定的盈利条件,而是采取了一套全新的将市值与财务指标相结合的标准,企业只需满足其中一条标准即可。这为企业上市提供了更多元的标准,从而增加了企业的上市机会。而主板对企业的盈利能力及其他财务指标提出了更严格的要求。

(5) 交易所规定的其他上市条件。

发行人申请在科创板上市,市值及财务指标应当至少符合下列标准之一,具体如表6-2所示。

表6-2 科创板上市的市值及财务标准

市值标准	其他财务标准
预计市值不低于人民币10亿元	最近2年净利润均为正且累计净利润不低于人民币5 000万元,或者预计市值不低于人民币10亿元,最近1年净利润为正且营业收入不低于人民币1亿元
预计市值不低于人民币15亿元	最近1年营业收入不低于人民币2亿元,且最近3年累计研发投入占最近3年累计营业收入的比例不低于15%
预计市值不低于人民币20亿元	最近1年营业收入不低于人民币3亿元,且最近3年经营活动产生的现金流量净额累计不低于人民币1亿元
预计市值不低于人民币30亿元	最近1年营业收入不低于人民币3亿元
预计市值不低于人民币40亿元	主要业务或产品需经国家有关部门批准,市场空间大,目前已取得阶段性成果。医药行业企业需至少有一项核心产品获准开展二期临床试验,其他符合科创板定位的企业需具备明显的技术优势,并满足相应条件

营业收入快速增长,拥有自主研发、国际领先技术,在同行业竞争中处于相对优势地位、尚未在境外上市的红筹企业,以及发行人具有表决权差异安排的企业,申请在科创板上市时,市值及财务指标应当至少符合下列标准之一,具体如表6-3所示。

表6-3 红筹企业及表决权差异安排企业的市值及财务标准

市值标准	财务标准
预计市值不低于人民币100亿元	无
预计市值不低于人民币50亿元	最近1年营业收入不低于人民币5亿元

综上所述,科创板上市标准相对主板来说,更加多元化也更具包容性。最主要的创新之处在于:第一,不再强调企业的盈利性,而是引入一套新的市值及财务指标

体系,对红筹企业、表决权差异安排企业有相应的特殊规定;第二,同业竞争、核心人员变动、主营业务等方面的要求有所降低;第三,募集资金的使用方面,由于主板和科创板行业定位的不同,科创板企业应将募集资金重点投向科技创新领域。

(三) 科创板的差异化表决权制度

科创板引入了差异化表决权制度。在设置程序上,科创板发行人首次公开发行股票并上市前设置表决权差异安排的,应当经出席股东大会的股东所持三分之二以上的表决权通过。发行人在首次公开发行股票并上市前不具有表决权差异安排的,不得在首次公开发行股票并上市后以任何方式设置此类安排。在特别表决权持有人资格方面,规定持有特别表决权股份的股东应当为对上市公司发展或者业务增长等做出重大贡献,并且在公司上市前及上市后持续担任公司董事的人员或者该等人员实际控制的持股主体。持有特别表决权股份的股东在上市公司中拥有权益的股份合计应当达到公司全部已发行有表决权股份10%以上。在特别表决权差异比例方面,要求每份特别表决权股份的表决权数量相同,且不得超过每份普通股份的表决权数量的10倍。

(四) IPO 的主要程序

科创板创立之初便试行注册制,而主板实行核准制,从而科创板与主板 IPO 程序有所不同。科创板 IPO 程序主要包括以下几个阶段:

(1) 股东大会决议阶段。拟上市公司董事会就本次股票发行的具体方案、募集资金使用的可行性及其他必须明确的事项做出决议,并提请股东大会批准。

(2) 提请注册文件阶段。发行人委托保荐人通过交易所发行上市审核业务系统报送发行上市申请文件:① 证监会规定的注册文件,包括招股说明书、发行保荐书、审计报告、法律意见书、公司章程、股东大会决议等;② 交易所要求的文件,包括上市保荐书等。

(3) 交易所受理阶段。交易所收到发行上市申请文件后 5 个工作日内,对文件进行核对,做出是否受理的决定,交易所受理发行上市申请文件当日,发行人在交易所预先披露招股说明书。交易所受理发行上市申请文件后 10 个工作日内,保荐人应以电子文档形式报送保荐工作底稿。

(4) 交易所问询、审核阶段。交易所主要通过向发行人提出审核问询、发行人回答问题方式开展审核工作,基于科创板定位,判断发行人是否符合发行条件。交易所科创板股票上市委员会按照规定的条件和程序,做出同意或者不同意发行人股票公开发行并上市的审核意见。同意发行人股票公开发行并上市的,将审核意见、发行人注册申请文件及相关审核资料报送中国证监会履行发行注册程序。不同意发行人股票公开发行并上市的,做出终止发行上市审核决定。

(5) 证监会履行发行注册程序。证监会在20个工作日内对发行人的注册申请做出同意注册或者不予注册的决定。主要关注交易所发行审核内容有无遗漏,审核程序是否符合规定,以及发行人在发行条件和信息披露要求等重大方面是否符合相关规定。可以要求交易所进一步问询。

(6) 挂牌上市阶段。证监会做出注册决定,发行人股票上市交易,未通过交易所或证监会审核的,自决定做出之日起6个月后可再次提出上市申请。

经历以上六个阶段,企业从做出决议到发行上市,最快只需6个月左右的时间,这极大地缩短了科技创新企业在A股上市的时间,提高了上市效率。这对于时间就是机遇的科技创新企业来说,无疑是非常有利的。

(五) 科创板IPO的优势与劣势

1. 优势

(1) 科创板准入门槛相对主板较低。对发行人盈利条件的放宽,使一些暂时亏损但未来前景看好的企业有机会上市融资,从而拓宽其融资渠道,满足其快速发展壮大的资金需求。大量科技创新企业上市,使投资者有机会分享这些企业快速发展带来的红利。

(2) 保荐机构跟投。《上海证券交易所科创板股票发行与承销业务指引》第十五条明确要求保荐机构以自身或母公司券商下设的另类投资子公司为主体跟投。保荐机构自身跟投,能够有效减少发行人和主承销商之间的利益捆绑,迫使保荐机构把好上市企业的质量关,强化责任意识,从而有助于降低投资者的投资风险。

(3) 盘后固定价格交易。盘后固定价格交易是指在收盘集合竞价结束后,交易所交易系统按照时间优先顺序对收盘定价申报进行撮合,并以当日收盘价成交的一种交易方式。因为是在当日收盘后进行交易,投资者能够根据收盘后所获得的信息进行更全面的考虑,做出科学、理性的决策,从而有效保护其利益。此外,由于交易时间延长,从而股票流动性得以增加。

(4) 减持制度严格。对于上市时未盈利的公司,在公司实现盈利前,上市公司控股股东、实际控制人、董事、监事、高级管理人员及核心技术人员自公司股票上市之日起3个完整会计年度内,不得减持首发前股份。科技创新企业创新成果的取得往往具有长周期性,如果企业高级管理人员及核心技术人员变动频繁,则将不利于企业研发创新活动的顺利开展,且将损害企业及股东的长远利益。严格的减持制度在一定程度上能够约束企业高级管理人员及核心技术人员套现离职的短视行为。

2. 劣势

(1) 投资者投资门槛高。科创板规定,个人投资者参与科创板股票交易,证券账户及资金账户的资产应不低于人民币50万元且要求投资者参与证券交易满24个月。这一要求把一些不具备专业知识、本金小的投资者拒之门外。对于企业来说,符合这一标准的投资者数量有限,一旦大批企业在科创板上市,可能会出现"僧多肉少"的局面。

(2) 退市制度严格。科创板上市公司被强制退市的情形包括四类:重大违法,交易类,财务类,规范类。涉及重大违法退市指标的公司,将会被永久退市。这对科创板上市公司的合法性、合规性、盈利性等方面都提出了更高的要求,公司被强制退市的风险增大。

(3) 投资风险大。科技创新企业研发投入大、回收周期长,对投资者来说是一笔长期投资。而研发创新活动往往具有很大的不确定性,因此投资者的收益也存在极大的不确定性。

(4) 估值难度大。在科创板上市的企业大多处于快速成长时期,且持续经营时间较短,收益波动性大,因而投资者很难对这些企业的未来现金流量做出科学、准确的预测,也就很难对企业进行合理估值。尤其是一些互联网等新兴行业的企业,投资者往往对其有很高的投资热情,很容易造成企业价值被高估。

(5) 机构投资者占主体地位。投资者门槛的高要求以及科创板本身的高风险特性,导致科创板的投资者主体为机构投资者。上市公司一旦与机构投资者联合进行内幕交易牟取利益,就会严重损害个人投资者的利益。

二 案例资料

(一) 公司概况

优刻得科技股份有限公司(以下简称"优刻得")是国内最大的中立第三方云计算服务商,于2012年3月16日成立,总部位于上海市杨浦区。截至2020年1月14日,优刻得共有6家全资子公司、3家控股子公司、3家参股公司及1家位于广州的分公司。依托在莫斯科、圣保罗、拉各斯、雅加达等全球部署的32大高效节能绿色数据中心,以及国内北、上、广、深、杭等11地线下服务站,优刻得已为全球上万家企业级客户提供云服务支持,间接服务终端用户数量达到数亿人。优刻得深耕用户需求,秉持产品快速定制、贴身应需服务的理念,推出适合行业特性的产品与服务,业务已覆盖包含互联网、金融、新零售、制造、教育、政府等在内的诸多行业。2018年,优刻得荣膺中国互联网企业百强榜第100位;2019年10月,优刻得以70亿元的估值位列《2019胡润全球独角兽榜》第264位,在同行业中处于领先地位。

2012年3月16日,公司的前身优刻得有限由3位股东共同发起设立,注册资本为100万元。2016年,经股东会决议,优刻得有限收购优刻得云计算100%股权。截至2018年5月,经过第二次股权转让及第八次增资,优刻得注册资本达到100 007 760万元。随后2018年9月,经股东会决议,优刻得整体变更设立为股份有限公司,变更后注册资本为300 006 000万元。2018年11月,公司又进行两次增资,增资扩股403万股,注册资本变更为300 006 400万元。

自成立以来,公司恪守中立的原则,自主研发并提供计算、网络、存储等基础资源和构建在这些基础资源之上的基础IT(信息技术)架构产品,以及大数据、人工智能等产品,通过公有云、私有云、混合云三种模式为用户提供服务。其中,公有云是公司自成立以来的核心业务,是公司报告期内营业收入的主要构成部分;私有云、混合云是公司近年来的重点发展领域,收入金额快速增长;大数据及人工智能业务是公司着重研发投入的领域,目前占收入总额的比重不高,但预计未来将成为公司新的盈利增长点。

2019年12月20日,经中国证监会《关于同意优刻得科技股份有限公司首次公开发行股票注册的批复》(证监许可〔2019〕2917号)同意,优刻得向社会首次公开发行人民币股(A股)5 850万股,并于2020年1月20日正式在上海证券交易所科创板挂牌上市,成为中国云计算第一股、中国A股市场第一家同股不同权的上市公司。发行后优刻得总股本为42 253.2164万股,本次发行的股份占其发行后总股本的13.8%。优刻得本次A股发行前后的股权结构如表6-4所示。公司采用特别表决权结构,共同实际控制人季昕华、莫显峰及华琨持有的A类股份每股拥有的表决权数量为其他股东(包括本次公开发行对象)持有的B类股份每股拥有的表决权数量的5倍。经以上特别表决权安排后,公司表决权情况如表6-5所示。

表6-4 优刻得本次A股发行前后的股权结构

股东名称	本次A股发行前		本次A股发行后	
	持股数量(股)	所占比例(%)	持股数量(股)	所占比例(%)
社会法人股	364 032 164	100.00	378 793 234	89.65
社会公众股	0	0	43 738 930	10.35
总计	364 032 164	100.00	422 532 164	100.00

案例六 科创板公司 IPO——优刻得科技股份有限公司

表 6-5 优刻得表决权情况

序号	股东名称	表决权数量(票)	表决权比例(%)
1	季昕华	254 155 865	33.67
2	莫显锋	117 142 680	15.52
3	华琨	117 142 680	15.52
4	君联博珩	37 440 660	4.96
5	元禾优云	37 046 834	4.91
6	甲子拾号	21 256 422	2.82
7	中移资本	18 005 895	2.39
8	嘉兴优亮	17 043 874	2.26
9	嘉兴华亮	16 818 672	2.23
10	西藏云显	13 604 179	1.80

优刻得本次 A 股发行前后前十大股东持股情况如表 6-6 所示。

表 6-6 优刻得本次 A 股发行前后前十大股东持股情况

序号	股东名称	本次 A 股发行前		本次 A 股发行后	
		持股数量(股)	持股比例(%)	持股数量(股)	持股比例(%)
1	季昕华	50 831 173	13.96	50 831 173	12.03
2	莫显锋	23 428 536	6.44	23 428 536	5.54
3	华琨	23 428 536	6.44	23 428 536	5.54
4	君联博珩	37 440 660	10.29	37 440 660	8.86
5	元禾优云	37 046 834	10.18	37 046 834	8.77
6	甲子拾号	21 256 422	5.84	21 256 422	5.03
7	中移资本	18 005 895	4.95	18 005 895	4.26
8	嘉兴优亮	17 043 874	4.68	17 043 874	4.03
9	嘉兴华亮	16 818 672	4.62	16 818 672	3.98
10	西藏云显	13 604 179	3.74	13 604 179	3.22
	合计	258 904 781	71.00	258 904 781	61.00

(二) 本次发行概况

(1) 本次发行股数：5 850 万股。

(2) 每股面值：人民币 1.00 元。

(3) 每股发行价格：人民币 33.23 元。

(4) 每股净资产：人民币 8.45 元(按本次发行后净资产除以本次发行后总股本计算，其中本次发行后净资产按 2019 年 6 月 30 日经审计的归属于母公司所有者权益加上本次募集资金净额计算)。

(5) 每股收益：人民币 0.18 元(按 2018 年度经审计的扣除非经常性损益前后

归属于母公司股东的净利润的较低者除以本次发行后总股本计算)。

(6) 发行后市盈率：184.61 倍(按发行价格除以发行后每股收益计算)。

(7) 发行后市净率：2.10 倍(按发行价格除以发行后每股净资产计算)。

(8) 募集资金总额：人民币 194 395.50 万元。

(9) 每股发行费用：人民币 1.78 元。

(10) 募集资金净额：人民币 183 992.50 万元。

(11) 发行方式：本次发行采用向战略投资者定向配售、网下向符合条件的投资者询价配售与网上向持有上海市场非限售 A 股股份和非限售存托凭证市值的社会公众投资者定价发行相结合的方式进行。

(三) 同业竞争及关联交易情况

1. 同业竞争

优刻得经营范围广泛，包括网络科技、计算机技术领域内的技术开发等、计算机系统集成、云平台服务、大数据服务、新兴软件及服务、人工智能公共服务平台、人工智能基础资源与技术平台等。公司严格按照法律法规和相关规定开展业务活动。

共同控股股东及实际控制人投资并控制的 Tornado Investment Group Limited、Moxianfeng Investment Co., Ltd.、Liyunwei Investment Co., Ltd.、优刻得(开曼)、优刻得(香港)五家公司是为搭建 VIE(协议控制)架构而设立的各层级持股主体。报告期内，公司控股股东及实际控制人季昕华除持有发行人股份及控制上述境外公司外，还控制上海云兆投资管理有限公司(以下简称"上海云兆")、上海云航信息科技有限公司(以下简称"上海云航")和成都货通天下齐心科技中心(有限合伙)。上海云航和上海云兆原为优刻得子公司上海优铭云计算有限公司(以下简称"上海优铭云")的员工持股平台及员工持股平台的管理人，不从事实际业务运营，且上海优铭云已经重新搭建新的持股平台用以完成公司员工持股计划，季昕华不再作为新持股平台的合伙人或管理人。成都货通天下齐心科技中心(有限合伙)系成都货通天下科技有限公司的持股平台，不从事实际经营业务。除上述企业外，公司共同控股股东及实际控制人及其控制的其他公司不存在从事与发行人相同或相似业务的情形，不存在同业竞争情况。公司控股股东及实际控制人莫显峰和华琨除持有发行人股份及控制上述境外公司外，不存在控制其他公司的情形。

为了避免与公司及其控股子公司存在同业竞争关系，公司控股股东及实际控制人已经出具《关于避免同业竞争的承诺》，并愿意对因违反上述承诺及保证而给发行人造成的经济损失承担赔偿责任。

由此可见,公司控股股东、实际控制人投资并控制的公司所从事的业务均与公司不存在同业竞争关系,并且能通过承诺条款有效避免未来可能发生的同业竞争。

2. 关联交易

经常性关联交易包括:① 关联采购。向中国移动通信集团有限公司采购数据中心资源、CDN(内容发布网络)节点资源、办公通信服务,委托优刻得(香港)代采购境外数据中心资源,合资子公司上海优铭云 2016—2018 年度向 Mirantis Inc. 采购技术服务及考试认证服务,向上海珩宏科技有限公司采购 SDK(软件开发工具包)合作分成及向游族网络股份有限公司采购技术服务。② 关联销售。向关联方销售私有云及公有云服务。

偶发性关联交易包括:优刻得(香港)为发行人代垫对优刻得科技(香港)的成本支出,优刻得云计算和 UCloud (HK) Holdings Group Limited 为发行人提供担保,季昕华为发行人提供无息股东借款,以及优刻得(香港)向发行人转让优刻得云计算 100% 的股权,优刻得(开曼)将其所持有的 Dataman Inc. 的 400 000 股 B2 系列优先股转让给优刻得科技(香港), Mirantis Inc. 将其所持有的上海优铭云 40% 的股权转让给发行人等。

报告期内,上述关联交易均系公司正常经营活动所需,并严格依照法律规定及交易各方相关协议履行了相关程序,交易价格公允,不存在损害发行人和发行人股东利益的情形。

公司自整体变更为股份有限公司后,在关联交易的决策中严格遵守《中华人民共和国公司法》,符合《公司章程》《股东大会议事规则》《董事会议事规则》《监事会议事规则》《关联交易管理办法》《独立董事制度》等规章制度及决策程序,且独立董事对关联交易审议程序的合法性及交易价格的公允性发表了无保留意见。

(四) 募集资金方向及用途

此次募集资金在扣除发行费用后,将集中用于云计算相关技术的持续开发,此外,公司也将积极拓展私有云、混合云、大数据及人工智能等业务领域的技术和产品。按投资项目的轻重缓急,扣除发行费用后的募集资金净额将投资于以下项目:多媒体云平台项目、网络环境下应用数据安全流通平台项目、新一代人工智能服务平台项目及内蒙古乌兰察布市集宁区优刻得数据中心项目(一期和二期)。

三 案例分析

（一）公司的上市标准选择

优刻得具有表决权差异安排，其上市适用针对表决权差异安排的第二套标准：预计市值不低于50亿元，且最近1年营业收入不低于人民币5亿元。

根据《上海证券交易所科创板股票发行与承销实施办法》第十一条的规定，发行人预计发行后总市值不满足其在招股说明书中明确选择的市值与财务指标上市标准的，应当中止发行。预计发行后总市值是指初步询价结束后，按照确定的发行价格（或者发行价格区间下限）乘以发行后总股本（不含采用超额配售选择权发行的股票数量）计算的总市值。若公司初步询价结束后计算出的总市值低于50亿元，则存在发行被中止的风险。

优刻得选择第二套上市标准，而未选择第一套上市标准"预计市值不低于人民币100亿元"，是出于谨慎性考虑，因为一旦初步询价结束后计算出的总市值无法达到此标准，优刻得就会面临发行被中止的风险。根据前述资料的数据可以计算出，优刻得的市值远远超过了其选择的上市标准。

实践中，大多数企业都会出于谨慎性考虑而选择相对稳妥的上市标准。

（二）表决权差异安排可能对公司未来产生的影响分析

表决权差异安排是指发行人依照《中华人民共和国公司法》第一百三十一条的规定，在一般规定的普通股份之外，发行拥有特别表决权的股份。每一特别表决权股份拥有的表决权数量大于每一普通股份拥有的表决权数量，其他股东权利与普通股东相同。2018年，香港联合交易所开始允许上市公司采用特别表决权结构，如小米、美团就通过同股不同权的制度设计，使创始人团队实现了对决策权的控制。2019年，科创板允许具有表决权差异安排的企业上市。2020年，优刻得成为中国A股市场第一家同股不同权的上市公司。优刻得采用特别表决权结构，共同实际控制人季昕华、莫显峰及华琨持有的A类股份每股拥有的表决权数量为其他股东（包括本次公开发行对象）持有的B类股份每股拥有的表决权数量的5倍。表决权差异安排可能对优刻得未来产生如下影响：

1. 有利影响

（1）防止恶意收购。很多公司不愿意上市在很大程度上是出于控制权的考虑。

一旦上市,随着公司不断进行融资扩股,创始人持有的股权很可能被稀释,如果遭到"野蛮人入侵",创始人就会失去对公司的控制权。在特别表决权安排下,在二级市场流通的股票仅仅享有一票表决权,潜在收购方难以通过在市场上大肆收购分散的股份来争夺公司的控制权,大大降低了公司被恶意收购的风险。

(2) 维护创始人团队的控制权。上市后,随着公司发展所需资金逐渐增多,公司需要增发股份进行融资,这使得创始人团队的股权不断被稀释,表决权比例逐渐下降。而在特别表决权安排下,创始人团队拥有高表决权股份,从而实现了控制权的集中。创始人团队具备专业能力也更了解行业状况,能够更好地从公司长期利益出发进行考量和安排经营。这种安排有效地避免了创始人团队失去控制权后,由缺乏战略眼光的中小股东决定公司的运营,导致公司走向衰败。

2. 不利影响

(1) 中小股东话语权受限,监督不足。在特别表决权安排下,季昕华、莫显峰及华琨的表决权比例分别为 33.67%、15.52%、15.52%,因此季昕华、莫显峰及华琨对公司的经营管理以及对需要股东大会决议的事项具有绝对控制权。由于季昕华、莫显峰及华琨能够直接影响股东大会决策,中小股东的话语权将受到限制。一旦创始人和管理团队联合起来通过财务造假、隐瞒关联交易等手段侵吞公司资产,中小股东的利益就会遭到侵害。由于缺乏话语权,中小股东很难凭借自己的力量决定人事任免,内部监督和外部监督很难发挥应有的作用。

(2) 共同控制人与中小股东的利益可能存在冲突。创始人团队在做决策时,会更多地从公司长远发展的角度考虑,倾向于把更多的资金投向研发创新领域、营销活动、并购项目等,而不是向股东进行分配;中小股东投资的主要目的是获得投资回报,从而更关心公司的短期经营状况,也更希望从公司实现的利润中获得稳定的分红。由于创始人团队拥有绝对的话语权,在很大程度上能够主导公司的经营,因而很可能违背中小股东的意愿进行决策,这就产生了利益冲突,可能影响股东之间关系的和谐程度。

(3) 创始人经营能力可能下降。公司自创立以来,产品及服务不断受到市场认可,未来的业务规模将会继续扩大,这要求公司在资源整合、技术研发、质量管理、内部控制等方面更加严谨和高效,同时也更加强调部门之间的合作与协调。如果公司的管理水平无法与公司的规模扩张相适应,制度模式未随业务规模的扩大而进行相应的调整,则会影响公司的整体运营和在市场上的表现。公司创始人团队虽然具有一定的行业管理经验,但是核心管理人员大多为技术人员,创始人团队缺乏系统、专业的管理知识,在资本运营及市场风险把控方面存在一定不足,可能做出不合理的决策,且随着创始人团队年龄增大、思想退步,他们的能力很可能难以适应公司持续扩张的需求。差异化表决权安排可能放大这种风险对公司的不利影响。

(三) 募集资金的运用分析

募集资金对于公司的战略实施有着重要的意义。公司募集资金投入营运资金中,一方面可以有效降低公司的财务费用,降低资本成本及资产负债率,增强公司的财务弹性,降低财务风险;另一方面公司的股本规模扩大,其举债能力会得到提升。募集资金应本着规范、透明、注重效益的原则使用,用于指定用途。非经股东大会决议,任何人无权更改募集资金的用途。

近年来互联网产业的发展由消费互联网驱动逐步转向产业互联网驱动,为了适应行业及技术未来发展趋势,更好地服务企业客户,优刻得提出了由云计算(Cloud Computing)战略、大数据(Big Data)战略、人工智能(AI)战略共同组成的"CBA"发展战略。公司本次募集资金将应用于"CBA"发展战略的实施。

本次发行新股的实际募集资金扣除发行费用后,全部用于公司主营业务相关项目及主营业务发展所需的营运资金,资金将重点投放于科技创新领域。具体用途如下:第一,开展多媒体云平台项目。本项目依托现有的云计算服务平台,凭借多年的行业经验积累,在 5G 时代为新媒体和教育行业提供优质的计算、存储、多媒体服务等。本项目旨在通过建设多媒体中心节点机房,推动广电传统媒体向新媒体转型,推动教育行业向信息化转型。第二,用于网络环境下应用数据安全流通平台项目。本项目在公司现有核心技术的基础上,整合了基于云端的安全技术、计算技术和流通规则,实现了在不改变数据拥有者对数据所有权的情况下对数据使用权的流通共享。新项目的开发,将丰富公司现有的产品结构,增强公司的市场竞争力。第三,开展新一代人工智能服务平台项目。本项目是基于公司现有人工智能训练平台和在线服务平台而构建的云端人工智能服务体系。一方面,通过全面升级现有的基础设施及服务,提升计算、网络、存储能力,以满足人工智能业务的需求;另一方面,将对现有的人工智能训练平台和在线服务平台进行优化升级,全面升级现有产品。第四,进行内蒙古乌兰察布市集宁区优刻得数据中心项目(一期和二期)。本项目扩大了机柜规模,相比租赁机柜模式成本大大降低,整合难度也大大下降,能够更好地满足客户的规模化及定制化需求。本项目将增强公司在华北地区的客户服务能力,巩固公司在华北地区的市场地位。

四大项目环环相扣,推动"CBA"发展战略的顺利实施。项目运营后,公司产品结构更加多元化,市场范围更加广阔,业务规模迅速扩张,公司总体竞争力将全面提升。

（四）股票发行价格的确定

IPO定价是新股发行中最重要的环节之一，由于投资者对拟上市公司的信息掌握程度十分有限，因而IPO定价存在一定的困难。而IPO定价的高低直接影响发行的成败，也牵涉多方的利益。影响企业IPO定价的因素主要有经营业绩、发展潜力、发行数量、行业特点、资本市场状态等。经营业绩是投资者评价拟上市公司经营能力的直观指标，因而直接影响股票价格；发展潜力需要公司具备良好的前景，有较好的盈利趋势，未来盈利可能性越大，定价就越高；发行数量与IPO定价直接相关，是由供求关系决定的；一个公司所处行业的特点，影响公司的发展前景，新兴产业往往受到投资者热捧，因而定价相对较高；资本市场状态如市场效率、利率、通货膨胀等都会影响IPO定价。

IPO定价机制一般分为三类：固定价格定价机制，拍卖定价机制，累计投标定价机制。有时多种定价机制会结合使用，也被称为混合定价机制。2014年3月21日，中国证监会发布了最新的《证券发行与承销管理办法》，其中规定首次公开发行股票，可以通过向网下投资者询价的方式确定股票发行价格，也可以通过发行人与主承销商自主协商直接定价等其他合法、可行的方式确定股票发行价格。

考虑到科创板对投资者的投资经验、风险承受能力要求更高，科创板取消了直接定价方式，全面采用市场化的询价定价方式。发行人和主承销商可以通过初步询价确定发行价格，或者在初步询价确定发行价格区间后，通过累计投标询价确定发行价格。首次公开发行的询价对象限定在证券公司、基金管理公司、信托公司、财务公司、保险公司、合格境外机构投资者和私募基金管理人等七类专业机构投资者，并允许这些机构为其管理的不同配售对象填报不超过3档的拟申购价格。同时，主承销商应当向网下投资者提供投资价值研究报告。定价完成后，如果发行人总市值无法满足其在招股说明书中明确选择的市值与财务指标上市标准，则发行将中止。

根据《优刻得科技股份有限公司首次公开发行股票并在科创板上市发行安排及初步询价公告》，本次发行采用向战略投资者定向配售（以下简称"战略配售"）、网下向符合条件的投资者询价配售（以下简称"网下发行"）与网上向持有上海市场非限售A股股份和非限售存托凭证市值的社会公众投资者定价发行（以下简称"网上发行"）相结合的方式进行。本次发行的战略配售、初步询价及网上、网下发行由保荐机构（主承销商）中国国际金融股份有限公司负责组织实施。初步询价及网下发行通过申购平台实施；网上发行通过上交所交易系统进行。发行人和保荐机构（主承销商）将通过网下初步询价直接确定发行价格，网下不再进行累计投标询价。本次初步询价采取拟申购价格与拟申购数量同时申报的方式进行，网下投资者报价应当包含每股价格和该价格对应的拟申购数量。初步询价时,同一网下投资者填报的拟申购价格中,最高价格与最低价格的差额不得超过最低价格的20%。发行人与保荐机构(主承销商)协商确定本次发行股份数量为5850万股。其中,初始战略配售预计发行数量为1170万股,占本次发行总数量的20%。战略投资者承诺的认购资金已足额汇至保荐机构(主承销商)指定的银行账户,本次发行最终战略配售发行数量为1170万股,与初始战略配售股数相同。网上、网下回拨机制启动前,网下初始发行数量为3744万股,占扣除最终战略配售数量后发行数量的80%;网上初始发行数量为936万股,占扣除最终战略配售数量后发行数量的20%,优刻得和保荐机构根据初步询价结果,综合考虑基本面、市场情况、同行业上市公司估值水平、承销风险等因素,协商确定本次发行价格为33.23元/股,不再进行累计投标询价。

2020年1月20日上市首日,优刻得开盘价为72.00元/股。2月13日,优刻得盘中创下上市最高价126.00元/股。8月7日,优刻得的收盘价与上市最高价相比,已经跌去50.40%。优刻得是典型的科技创新企业,投资者对该类企业的投资热情很高。由于企业在初创时期需要大量资金去开展研发活动,而研发成果的取得具有一定的滞后性,这就意味着投资者可能需要较长时间才能取得回报,又或者研发失败形成巨额损失,因此投资者需要在风险和收益之间进行理性权衡,谨慎地做出投资决策。优刻得股价的巨幅波动,恰恰说明投资者在进行投资决策时存在较多的不理性因素。通过优刻得最近公布的季报和半年报数据可以知道,优刻得在上市之后业绩并不乐观,其真实业绩与招股时的承诺存在较大差异,因此股价也与最高时期差距较大。

讨论题

1. 从本案例出发,评价此次科创板IPO对优刻得会产生哪些影响。
2. 在IPO过程中,确定股票发行价格应该考虑哪些因素?
3. 你认为表决权差异安排对优刻得会产生哪些影响?

宏力达首次公开发行股票

2011年12月13日,上海宏力达信息技术股份有限公司(以下简称"宏力达")成立,注册资本为7500万元,注册地为上海市。宏力达于2020年9月24日在科创板首次公开发行股票,10月15日成功在科创板上市。宏力达在创立之初,就将自身定位于创新型、技术密集型的科技公司。公司先后荣获"国家工信部专精特新小巨人企业""上海市科技小巨人企业""高新技术企业""上海市专精特新企业"等称号,其技术及研发实力得到了相关行业主管部门的认可。

根据《上海证券交易所科创板股票发行上市审核规则》第二十二条,发行人选择的具体上市标准为"(一)预计市值不低于人民币10亿元,最近两年净利润均为正且累计净利润不低于人民币5000万元,或者预计市值不低于人民币10亿元,最近一年净利润为正且营业收入不低于人民币1亿元"。

公司主要从事配电网智能设备的研发、生产和销售,以及电力应用软件研发及实施等信息化服务,同时公司亦提供IoT通信模块、系统集成等产品和服务。经过多年发展,公司形成了较为丰富的技术储备。公司将传统柱上开关施以物联网智能感知、边缘计算和工业集成技术改造,成功地实现了柱上开关的物联化、智能化、集成化。

产品综合性能的竞争力较强,逐渐得到电网用户的认可。报告期内,公司经营业绩总体上呈快速增长趋势。公司主要产品和服务的最终用户主要为国家电网,国家电网对电力行业的投资政策与投资力度将影响公司产品和服务的销售,进而影响公司营业收入的实现。国家电网投资情况会受到国家宏观经济、行业发展态势等因素的影响,从而会出现周期性波动,其投资周期性波动也会影响公司营业收入的稳定性。公司IPO前3年的主要财务数据及财务指标如表6-7所示。

表6-7 公司IPO前3年主要财务数据及财务指标

项目	2019年	2018年	2017年
资产总计(万元)	104 032.42	89 861.20	53 400.03
归属于母公司股东权益合计(万元)	64 064.79	42 387.67	32 550.35
资产负债率(母公司)(%)	38.37	51.93	36.56
营业收入(万元)	70 512.96	41 477.64	25 246.42
营业利润(万元)	27 737.90	11 119.93	3 727.18
净利润(万元)	23 858.76	9 747.38	3 219.53
归属于母公司净利润(万元)	23 858.76	9 747.38	3 219.53
加权平均净资产收益率(%)	44.52	26.05	14.61
研发投入占营业收入的比例(%)	5.21	7.25	7.90
经营活动产生的现金流量净额(万元)	2 965.47	21 762.77	5 012.66

公司IPO前3年主营业务收入构成情况如表6-8所示。

表 6-8　公司 IPO 前 3 年主营业务收入构成

项目	2019 年		2018 年		2017 年	
	金额(万元)	占比(%)	金额(万元)	占比(%)	金额(万元)	占比(%)
配电网智能设备	66 476.89	94.83	34 419.41	82.99	16 366.63	64.91
配电网信息化服务	1 284.58	1.83	3 436.33	8.29	5 906.69	23.43
其他模块	2 343.59	3.34	3 617.10	8.72	2 941.02	11.66
合计	70 105.06	100.00	41 472.84	100.00	25 214.34	100.00

本次发行情况具体如下：

(1) 发行数量：2 500 万股。

(2) 发行价格：88.23 元。

(3) 发行方式：本次发行采用向战略投资者定向配售、网下向符合条件的投资者询价配售与网上向持有上海市场非限售 A 股股份和非限售存托凭证市值的社会公众投资者定价发行相结合的方式进行。

(4) 募集资金总额：220 575.00 万元。

(5) 发行费用总额：本次发行费用(不含税)合计 13 944.51 万元。

(6) 募集资金净额：206 630.49 万元。

(7) 本次发行后每股净资产：27.07 元(按 2019 年 12 月 31 日经审计的归属于母公司所有者权益加本次募集资金净额除以本次发行后总股本计算)。

(8) 本次发行后每股收益：2.10 元(按 2019 年经审计的扣除非经常性损益前后归属于母公司股东的净利润的较低者除以本次发行后总股本计算)。

(9) 发行市盈率：41.97 倍(按发行价格除以每股收益计算，其中每股收益按照发行前一年经审计的扣除非经常性损益前后归属于公司普通股股东的净利润的较低者除以本次发行后总股本计算)。

资料来源：宏力达首次公开发行股票并在科创板上市招股说明书[EB/OL]. (2020-09-30)[2021-03-15]. http://data.eastmoney.com/notices/detail/688330/AN202009291418214799,JUU1JUFFJThGJUU1JThBJTlCJUU4JUJFJUJF.html。

讨论题：此次 IPO 对宏力达将会产生怎样的影响？

21世纪经济与管理规划教材

财务管理系列

案例七

赛腾股份定向发行可转换公司债券

教学目的与要求

【学习目标】

通过本章的学习,你应该掌握:

1. 可转换公司债券的特点;
2. 定向发行可转换公司债券的含义;
3. 定向发行可转换公司债券的优势。

【素养目标】

通过本章的学习,领会定向发行可转换公司债券在并购重组交易中发挥利益协调工具的作用,认识到不同金融工具的背后代表了不同利益主体的利益诉求。

一 背景知识

(一) 定向可转换公司债券简介

可转换公司债券(以下简称"可转债")作为上市公司的一种融资工具由来已久,作为一种附有转股权的特殊债券,可转债具有债权和期权的双重特征。可转债在转换之前具备公司债券的特征,有规定的利率和期限,体现了持有人与公司的债权债务关系,持有人是债权人;在转换为股票后就具备了股票的一般特征,持有人与公司的关系转换为股权关系。可转债在使用时具有筹资成本低、灵活性高、有利于稳定股价等特点。

定向可转换公司债券(以下简称"定向可转债")是普通可转债的进一步延伸,是向指定的投资者定向发行可转债,主要用作并购重组中的支付工具。在可转债的条款类别方面,定向可转债与公募可转债并无明显区别,但在具体条款设置上更具特殊性和灵活性。同时,由于并购环节与融资环节的监管及目标不同,因此定向可转债在规模占比、初始转股价、利率等条款上存在明显差异。

在政策层面,2015年8月31日,证监会、财政部、国资委、银监会[①]联合发布《关于鼓励上市公司兼并重组、现金分红及回购股份的通知》(以下简称《通知》),《通知》中鼓励支付工具和融资方式创新,在现金支付、股份支付、资产置换等方式外,推出定向可转债作为并购支付工具。

(二) 定向可转换公司债券的优势

将可转债用作并购重组中的支付手段增加了交易双方的博弈空间,有利于更好地满足双方的利益诉求,为双方在支付方案的设计上提供了更多的选择。

对于并购方来说,定向可转债可以降低大股东股权稀释风险,降低上市公司的现金压力,较为简单的发行程序和审核流程也推动了交易快速完成。具体来看,定向可转债能较好地解决现金收购与发股收购的弊端。在可转债持有期间,如果股价上涨,则意味着上市公司以更少的股权完成了并购。当股价下跌而执行可转债的债务属性时,由于可转债的利息远低于普通债券,相当于降低了融资成本,只需支付更

---

① 2018年撤销银监会,设立中国银行保险监督管理委员会。

少的现金即可。

对于被并购方而言,定向可转债整体的灵活性更高,一方面,定向可转债债务属性保证了持有人获得的对价在下行的股票市场环境中免受损失,这种持有至到期而后变现的获利方式有利于提振被并购方在疲弱的市场环境中进行交易的积极性;另一方面,通过可转债交易条款的设计,如向下修正转股条款、提前回售条款等,持有人在保障自身利益的同时可以进一步分享并购后资本市场的红利,这部分潜在利益的存在也增加了并购交易成功的可能性。

二 案例资料

(一) 案例概况

1. 公司基本情况

苏州赛腾精密电子股份有限公司(以下简称"赛腾股份")成立于2002年,注册资本为170 036 624元人民币,总部坐落于中国苏州,2017年经中国证监会批准,于上海证券交易所上市。截至2019年12月31日,公司注册资本为176 090 417元,公司股份限售数量为135 073 117股,无限售流通股数量为41 017 300股。

赛腾股份系高新技术企业,主要从事智能制造装备的研发、设计、生产、销售及技术服务,为消费电子生产企业提供生产线上的组装机器人、治具(辅助工具)及检测设备。公司产品和服务广泛应用于消费电子、化妆品、日用品、食品、医疗、汽车等多个行业领域的产品生产,由于设备的功能、结构、技术参数等需要与不同行业客户的工艺要求相匹配,具有非标准化和定制化特征,因此自动化设备的制造主要为订货型生产。机器人应用产业具有典型的定制性,故而市场集中度较低,行业的周期性特点与下游客户行业的景气度紧密相关,受下游消费电子行业的销售计划和固定资产投入计划的影响,企业的经营业绩呈现一定的季节性。

公司的主要业务范围与产品情况如表7-1所示。

表7-1 赛腾股份主要业务范围与产品

业务范围	产品
消费电子行业	微小尺寸标签贴标机:设备高度集成,在紧凑的设备和产品空间里,贴合微小尺寸的标签,标签最小尺寸为1 mm×1 mm。主要有标签自动送料、自动剥离、自动吸附、自动贴合等功能

(续表)

业务范围	产品
化妆品行业	高档口红壳体组装:设备采用高精度的分割器传送线,实现高档口红壳体的组装
日用品行业	鞋类自动包装线:该包装线通用性强,适用于各种鞋类,完成鞋类包装工序
食品行业	冷冻食品包装线:该包装线直接连接冷冻设备,冷冻食品包装工序包括自动套袋、定量称重、打包等,该包装线可广泛应用于冷冻食品包装
医疗行业	流感检测棒组装线:自主研发设计高精度分割器传送链和高刚性耐磨链条,在传输系统上安装托盘,进行流感检测棒组装
汽车行业	整合汽车零部件组装工艺,对传感器的芯片剪切、折弯、压装实现机械自动化

2. 公司财务状况

赛腾股份于2018年11月2日发布《关于拟发行定向可转债及股份购买资产并配套融资的停牌公告》,正式进入方案设计实施阶段,因此在之后的分析中,我们将公司财务状况和控制权结构的数据选取时点控制在2018年第三季度。截至2018年第三季度,赛腾股份控制权结构与主要子公司情况如图7-1所示。

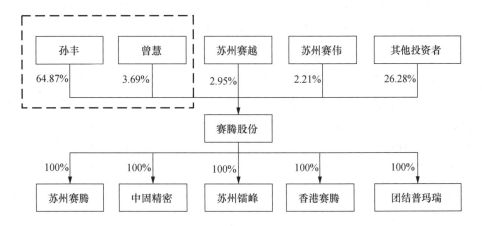

图7-1 赛腾股份控制权结构与主要子公司情况(截至2018年第三季度)

在发行定向可转债收购苏州菱欧自动化科技股份有限公司之前,孙丰和曾慧夫妇合计直接持有赛腾股份68.56%的股份,质押率近三成,大股东绝对控制的控制权结构较为稳定,在发行定向可转债之后,未来转换为股份的情况对控制权稀释的影响较小,更有利于整体方案和定向可转债的条款设计。

发行定向可转债对公司财务指标具有较高的要求,定向可转债发行主体的净资产收益率(ROE)在最近3个会计年度应不低于6%,而且发行后的累计债券余额不超过期末净资产的40%。赛腾股份发行定向可转债之前3年的净资产收益率分别为50.32%、14.95%、15.1%,2018年第三季度的净资产收益率为10.67%,均高于6%的控制要求,最近3年净资产收益率符合发行标准。

从表7-2中可以看出,虽然赛腾股份资产负债率略高于行业平均水平,但资本结构中仍是股权占主导地位,财务杠杆尚处于合理水平;离发行最近一期(2018年第三季度)期末净资产的40%为2.83亿元,大于本次拟发行定向可转债1.26亿元。这说明净资产可以在一定程度上保证债务的偿还。

表7-2 赛腾股份2018年第三季度资产负债率

	资产负债率
赛腾股份	45.76%
行业平均数	36.96%
行业中位数	36.77%

2018年9月30日,虽然赛腾股份货币资金余额有2.21亿元(见表7-3),但是其中近一半是IPO上市时募集的配套资金,剩余部分则用于日常经营活动支出,货币资金可动用余额较少。从现金流量表来看,经营活动产生的现金流量净额与投资活动产生的现金流量净额均为负数,说明公司正在进行大量的投资活动,且目前经营能力无法为投资活动提供现金,投资活动需要筹资活动支持。

表7-3 赛腾股份2018年第三季度主要财务数据

项目	金额
货币资金——期末余额	221 433 308.17
经营活动产生的现金流量净额	-196 132 405.85
投资活动产生的现金流量净额	-296 369 115.59
筹资活动产生的现金流量净额	206 416 112.56
现金及现金等价物净增加额	-288 664 125.36

3. 标的公司:菱欧科技简介

苏州菱欧自动化科技股份有限公司(以下简称"菱欧科技")前身为苏州京东盛电子科技有限公司,成立于2004年11月22日,于2015年12月23日完成整体变更,注册资本为2 000万元,张玺直接持有公司41%的股份,陈雪兴直接持有公司37.5%的股份,邵聪直接持有公司21.5%的股份,公司无控股股东。张玺、陈雪兴、邵聪签订了《一致行动协议》,故张玺、陈雪兴、邵聪三人为公司实际控制人。

菱欧科技的主营业务为自动化设备的设计、生产和销售。主要产品为各类自动化生产设备,如车载马达机壳、车载ABS(防抱死刹车系统)马达等设备的自动组装流水线,电池组装、密封、厚度检查设备等,产品技术含量较高,拥有近百项专利,广泛应用于汽车、电子、能源等行业的自动化生产。公司先后与日本电产、索尼(村田制作所)、斯丹德、康斯博格等国际知名客户建立长期业务关系并积极拓展新的优质客户群。

本次交易标的菱欧科技与赛腾股份同属于智能制造行业,菱欧科技下游客户所处行业包括汽车零部件、锂电池、医疗等多个领域,在优质客户、技术储备及销售渠道等方面具有资源优势,同时菱欧科技在产品结构、销售渠道等方面与赛腾股份形成较强的互补性。本次交易可以发挥协同效应,进一步拓展赛腾股份自动化设备的产品线及应用领域,增强上市公司的抗风险能力。

(二) 可转债发行过程

1. 可转债发行公告时间表

2018年11月1日,证监会发布消息称将积极推进以定向可转债为并购重组交易支付工具的试点,支持包括民营控股上市公司在内的各类企业通过并购重组做优做强,赛腾股份随即于11月2日发布公告称拟发行定向可转债及股份购买资产并配套融资。11月9日,赛腾股份发布《发行可转换债券、股份及支付现金购买资产并募集配套资金预案》,披露了本次发行定向可转债的诸多细节。表7-4中列示了赛腾股份发行定向可转债的公告时间表。

表7-4 赛腾股份发行定向可转债公告时间表

日期	公告名称
2018.11.02	《关于拟发行定向可转债及股份购买资产并配套融资的停牌公告》
2018.11.09	《发行可转换债券、股份及支付现金购买资产并募集配套资金预案》
2018.11.17	《发行可转换债券、股份及支付现金购买资产并募集配套资金预案(修订稿)》
2018.11.20	《发行可转换债券、股份及支付现金购买资产并募集配套资金报告书(草案)》
2018.11.20	《华泰联合证券有限责任公司关于苏州赛腾精密电子股份有限公司发行可转换债券、股份及支付现金购买资产并募集配套资金之独立财务顾问报告》
2019.03.02	《关于发行股份、可转换公司债券及支付现金购买资产并募集配套资金申请获得中国证监会核准批文的公告》
2019.05.30	《关于发行可转换债券、股份及支付现金购买资产并募集配套资金之标的资产过户完成的公告》
2019.12.04	《关于发行可转换债券、股份及支付现金购买资产并募集配套资金之发行股份购买资产发行结果暨股本变动公告》

2. 并购交易结构

本次交易中,赛腾股份拟通过发行可转债、股份及支付现金的方式购买张玺、陈雪兴、邵聪持有的菱欧科技100%的股权,交易结构如图7-2所示。截至2018年9月30日,菱欧科技100%股权的预估值为21 400万元。以上述预估值为基础,交易各方初步商定标的资产的交易金额为21 000万元。

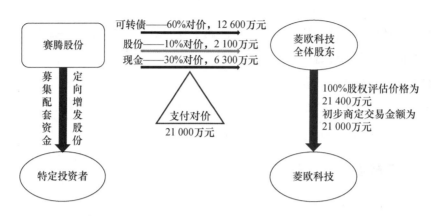

图7-2 交易结构

支付方式分为三种:① 以发行可转债的方式支付交易对价的60%,即12 600万元;② 以发行股份的方式支付交易对价的10%,即2 100万元;③ 以现金方式支付交易对价的30%,即6 300万元。

在方案设计中,资金来源主要有两部分:① 自有资金;② 赛腾股份拟通过询价方式向其他不超过10名特定投资者发行股份募集配套资金。募集配套资金总额不超过14 000万元,不超过本次交易中以发行可转债及股份方式购买资产的交易价格的100%;募集配套资金发行股份数量不超过本次交易前公司总股本的20%,即不超过32 552 780股;募集配套资金拟用于支付本次交易中的现金对价和重组相关费用,并用于公司补充流动资金及偿还银行借款,具体如表7-5所示。

表7-5 募集配套资金具体用途

序号	项目名称	拟投入募集配套资金金额（万元）	占募集配套资金总额的比例（%）	占交易总金额的比例（%）
1	支付本次交易中的现金对价	6 300	45.00	30.00
2	支付重组相关费用	1 700	12.14	8.10
3	补充流动资金及偿还银行借款	6 000	42.86	28.57
	合计	14 000	100.00	66.67

需要注意的是,本次募集配套资金以发行可转债、股份及支付现金购买资产为前提条件,募集配套资金成功与否并不影响发行可转债、股份及支付现金购买资产的实施,募集配套资金的最终发行数量将以公司股东大会批准并经中国证监会核准的发行数量为准。若募集配套资金未能实施,则公司将以自有资金支付现金对价及重组相关费用。

3. 交易条款设计

定价标准方面,在方案设计中,发行股份购买资产的发股价格为 19.30 元/股,不低于定价基准日前 60 个交易日公司股票交易均价的 90%,即 19.29 元/股,据此计算,赛腾股份拟向菱欧科技全体股东直接发行股份的数量为 1 088 081 股。同时,可转债的初始转股价格为 19.30 元/股,与发行股份定价标准相同。本次发行可转债的金额为 12 600 万元,按照初始转股价格转股后的股份数量为 6 528 495 股。募集配套资金发行股份的定价标准是前 20 个交易日公司股票交易均价的 90%,即 19.25 元/股。赛腾股份向菱欧科技三名股东分别支付对价的金额及具体方式如表 7-6 所示。

表 7-6 赛腾股份向菱欧科技三名股东分别支付对价的金额及具体方式

交易对方	所持菱欧科技股权比例	总对价（万元）	现金对价（万元）	可转债对价（万元）	发行可转债数量（万张）	可转债按初始转股价格可转股数（股）	股份对价（万元）	直接发行股份数量（股）
张玺	41.00%	8 610	2 583.00	5 166	51.66	2 676 683	861.00	446 113
陈雪兴	37.50%	7 875	2 362.50	4 725	47.25	2 448 186	787.50	408 031
邵聪	21.50%	4 515	1 354.50	2 709	27.09	1 403 626	451.50	233 937
合计	100.00%	21 000	6 300.00	12 600	126.00	6 528 495	2 100.00	1 088 081

同时,在方案设计中还规定了锁定期与业绩补偿条款:

根据交易协议,交易对方张玺、陈雪兴、邵聪于本次交易中直接获得的上市公司股份在 12 个月内不得转让("限制期"),在 12 个月限制期届满后,其所持的因本次交易获得的股份按照 30%、30%、40% 的比例分三期解除限售,具体情况如表 7-7 所示。

表 7-7 交易对方直接获得上市公司股份的解锁条件及解锁数量

期数	解锁条件	累计可解锁股份
第一期	赛腾股份在指定媒体披露标的公司 2018 年度盈利预测实现情况的专项审核报告且 12 个月限制期届满后,标的公司 2018 年的实际净利润达到 2018 年承诺净利润	可解锁股份=本次向交易对方发行的股份×30%
第二期	赛腾股份在指定媒体披露标的公司 2019 年度盈利预测实现情况的专项审核报告且 12 个月限制期届满后,标的公司 2019 年的实际净利润达到 2019 年承诺净利润	可解锁股份=本次向交易对方发行的股份×60%－累计已补偿的股份(如有)

（续表）

期数	解锁条件	累计可解锁股份
第三期	赛腾股份在指定媒体披露标的公司2020年度盈利预测实现情况的专项审核报告和承诺期间减值测试报告后，标的公司2018—2020年实际净利润之和达到2018—2020年承诺净利润之和，本次向交易对方发行的全部股份均可解锁	可解锁股份＝本次向交易对方发行的股份×100％－累计已补偿的股份（如有）－进行减值补偿的股份（如有）

据赛腾股份与业绩承诺人签署的交易协议，张玺、陈雪兴、邵聪作为补偿义务人，承诺如下：

补偿义务人向标的公司承诺在2018年度、2019年度、2020年度净利润分别不低于1500万元、1700万元、2100万元。业绩承诺中的净利润均指经具有证券业务资格的会计师事务所审计的扣除非经常性损益后的归属于母公司所有者的净利润。自本次资产重组实施完毕后，赛腾股份将聘请审计机构每年对标的公司在盈利预测补偿期间实际净利润与同期承诺净利润的差异情况进行专项审核（以下简称"专项审核"），并出具专项审核报告。实际净利润与承诺净利润的差额以审计机构的专项审核报告为准。

补偿时，先以补偿义务人因本次交易取得的可转债进行补偿，不足部分以本次交易取得的上市公司股份进行补偿，仍不足的部分由补偿义务人以现金补偿。

补偿缓冲期安排

若标的公司在盈利预测补偿期间前两个年度内实现的扣除非经常性损益后的累计净利润未达到当年累计承诺净利润但不少于当年累计承诺净利润的85％，则当年不触发补偿义务人的业绩补偿义务；若标的公司在盈利预测补偿期间内任一年度截至当年年末实现的扣除非经常性损益后的累计净利润小于当年累计承诺净利润的85％，则补偿义务人应就该累计未达成利润部分进行业绩补偿；已履行的业绩补偿行为不可撤销。

超额业绩奖励

根据赛腾股份与业绩承诺人签署的交易协议，盈利预测补偿期满，如果标的公司在盈利预测补偿期间累计实际净利润之和大于累计承诺净利润之和，则超过累计承诺净利润部分的50％作为超额业绩奖励支付给标的公司管理层和核心管理人员，但奖励安排的金额不超过本次赛腾股份购买标的公司100％股权交易总对价的20％（即4 200万元）。

本次交易前，孙丰、曾慧夫妇是赛腾股份的控股股东、实际控制人，两人直接持股比例为68.56％。如果考虑定向可转债转股，假设交易对方按照初始转股价格将全部可转债转股,则本次发行股份购买资产、发行股份募集配套资金及交易对方转股完成后,孙丰、曾慧夫妇将直接持有赛腾股份约 62.44%的股权,仍为赛腾股份控股股东及实际控制人。本次交易不会导致公司控制权的变化。具体情况如表 7-8 所示。

表 7-8 交易前后赛腾股份股东持股情况

股东姓名或名称	交易前		交易后		交易后（发行股份+可转债按初始转股价格全部转股）	
	股份数量（股）	股份比例（%）	股份数量（股）	股份比例（%）	股份数量（股）	股份比例（%）
孙丰	105 588 000	64.87	105 588 000	61.32	105 588 000	59.08
曾慧	6 012 000	3.69	6 012 000	3.49	6 012 000	3.36
孙丰、曾慧夫妇合计	111 600 000	68.56	111 600 000	64.81	111 600 000	62.44
张玺	—	—	446 113	0.26	3 122 796	1.75
陈雪兴	—	—	408 031	0.24	2 856 217	1.60
邵聪	—	—	233 937	0.13	1 637 563	0.92
配套融资方	—	—	8 328 376	4.84	8 328 376	4.66
其他股东	51 163 900	31.43	51 163 900	29.72	51 163 900	28.63
上市公司股本	162 763 900	100.00	172 180 357	100.00	178 708 852	100.00

三 案例分析

1. 初始转股价格

本次定向可转债的初始转股价格为 19.30 元/股,与发行股份购买资产部分的定价标准一致。

赛腾股份发行股份的价格不得低于市场参考价的 90%;市场参考价为本次发行股份购买资产的董事会决议公告日前 20 个交易日(17.70 元/股)、60 个交易日(21.43 元/股)、120 个交易日(25.90 元/股)的公司股票交易均价之一。

在本次方案设计中,交易双方选择了董事会决议公告日前 60 个交易日公司股票交易均价作为市场参考价,从股价走势来看,交易前半年赛腾股份的股价处于持续下行趋势,在停牌之前公司经历了一轮较大幅度的下跌,60 个交易日公司股票交易均价的 90%(19.30 元/股)比停牌日的收盘价 16.81 元/股还高出 14 个百分点。能接受较高的转股价格,一方面在一定程度上体现了被收购方对赛腾股份未来股价的看涨，另一方面可转债的债务属性也给予了被收购方的收益以基本保障。

《上市公司证券发行管理办法》第二十二条规定，转股价格应不低于募集说明书公告日前20个交易日该公司股票交易均价和前1个交易日的均价。定向可转债是一个新品种，作为交易对价的一部分，参照发行股份购买资产部分的股份价格确定初始转股价格具有一定的假设依据：如果在当下就已经转股，就相当于发行股份购买资产，也会按照同样的定价原则确定发股价格；使用可转债工具只是推迟了转股时点而已；在本例中，19.30元/股的转股价格也高于前20个交易日公司股票交易均价和前1个交易日公司股票交易均价。

2. 转股价格向下修正条款

在本次发行的可转债存续期间，当公司股票在任意连续30个交易日中至少有15个交易日的收盘价低于当期转股价格的90%时，公司董事会有权提出转股价格向下修正方案并提交公司股东大会审议表决。修正后的转股价格不得低于董事会决议公告日前20个交易日、60个交易日或120个交易日公司股票交易均价的90%，且不低于公司最近一期经审计的每股净资产值和股票面值。

转股价格向下修正条款属于可转债的常规条款，大多数公开发行的可转债都会通过向下修正的规定来保护债券持有人的利益，同时债券持有人选择转股也会减轻发行人还本的压力。在可转债工具的规定中，向下修正转股价格的同时债券持有人转股的数量也会增加，将会进一步摊薄上市公司原股东的持股比例。在本次发行中，发行的1.26亿元可转债如果按照19.30元/股的初始转股价格进行转换，那么将会增加652.84万股普通股；如果转股价格被修正到17.70元/股，那么将会增加711.86万股普通股，较下调转股价格前多增加59.02万股。在本次发行中，可转债规模相较于公司净资产规模较小，公司股权集中程度较高，转股价格的略微下调对总股本的摊薄影响不大。

在当前的交易模式下，转股价格向下修正是一种选择修正条款，而不是当然修正条款。启动修正的选择权在上市公司的股东大会和董事会手中，即债券持有人是没有权利要求向下修正的。因此，在第一批定向可转债解禁之前，即使股价触及向下修正条件，上市公司也没有必要进行修正；同样的，在可转债解禁之后，即使股价触及向下修正条件，但未触及强制回售条件，上市公司由于并没有实际的还款压力，启动下调转股价格的概率也不大。

3. 转股价格向上修正条款

在本次发行的可转债存续期间，当交易对方提交转股申请日前20日赛腾股份股票交易均价不低于当期转股价格的150%时，当次转股应按照当期转股价格的

130%进行转股,但当次转股价格最高不超过初始转股价格的130%。

这个条款是本次定向可转债方案的一大创新,一方面有利于保障上市公司及中小股东利益;另一方面限定了转股价格上调的上限,对债券持有人也有所保障。

与向下修正转股价格的选择修正属性不同,向上修正转股价格是一种当然修正条款,当债券持有人提交转股申请时,只要触及了相关条件,不需要履行任何额外程序,转股价格就当然修正。在触发向上修正条款的情况下,债券持有人转股将会损失23%的股份,该项条款可以督促债券持有人在公司股价上涨时及时转股。对于包含锁定期的定向可转债,并购中被并购方的业绩承诺约束和双方产生的协同效应很可能促使公司股价大幅上涨,出现触发向上修正条款的情况,此时债券持有人并不会注定损失这部分股票,他可以等待股价下调之后再酌情转股。

4. 有条件强制转股条款

当公司股票连续30个交易日的收盘价格不低于当期转股价格的130%时,公司董事会有权提出强制转股方案,并提交股东大会表决。公司有权行使强制转股权,将满足解锁条件的可转债按照当时有效的转股价格强制转化为赛腾股份普通股股票。

有条件强制转股条款充分体现了发行可转债工具的灵活性,如果未来公司股价上涨超过130%,则当可转债解锁后,上市公司可以通过实施有条件强制转股条款来避免兑付可转债,从而减轻偿债压力。值得注意的一点是,有条件强制转股条款虽然在名字中带有"强制"二字,但是依然是一个选择性条款,董事会可以选择是否执行。同时,由于是董事会发起,而不是债券持有人提出,因此强制转股时不会叠加向上修正条款。

5. 提前回售条款

当交易对方所持可转债满足解锁条件时,如公司股票连续30个交易日的收盘价格均低于当期转股价格的80%,交易对方有权行使提前回售权,将满足解锁条件的可转债全部或部分以面值加当期应计利息的金额回售给公司。自各年度首次达到提前回售权行使条件时起,交易对方的提前回售权进入行权期,行权期长度为10个交易日,如果交易对方在行权期内未行使提前回售权,则交易对方至下一考核期审计报告出具前不应再行使提前回售权。行权期满后,交易对方所持满足解锁条件的可转债中未回售的部分,自行权期满后第1日起,按照0.5%的年利率计算利息。

提前回售条款是对交易对方即债券持有人的一个保护性条款,如果股票价格持续下跌,则债券持有人的利益将会受到损失,通过给债券持有人增加锁定交易对价的回售条款,使得其有权要求上市公司按照面值加利息先行回购,从而锁定交易对价;此外,在达到相关条件有部分未行权回售的情况下,这部分债券年息将会上调至0.5%,并且依然有转股权,进一步保护了债券持有人的利益。

从理论上说,发行方并不一定会面临刚性兑付的压力,由于向下修正转股价格的触发点是公司股票在任意连续30个交易日中至少有15个交易日的收盘价格低于当期转股价格的90%,如果上市公司不断向下修正转股价格,则可以避免债券持有人行使提前回售条款,同时债券持有人转股数量上升,起到了保护其权益的目的。

从上述条款的分析中我们可以看出,定向可转债工具在设计中具有诸多可选择的条款,这种可选择性极大地增添了谈判的弹性,给予了交易双方充分的博弈空间,使得双方不同的利益诉求可以更充分地通过条款的选择和设计加以实现,丰富的谈判筹码有利于交易双方更好地达成共识,进而促成并购重组交易。

当然,定向可转债的风险也不容忽视,对于上市公司来说,如果交易完成后的整合效果显著,则公司股价上涨使得交易双方均获利;但如果在可转债工具执行期间公司股价低迷,则发行方会承担可转债到期没有转股而是要求现金偿债的付现压力,或者执行转股价格向下修正从而支付更多的股份,使得公司原股东持股比例进一步摊薄。综合来看,可转债用于并购重组交易相较于直接发行股份购买资产而言对被并购方更为有利。

讨论题

1. 定向可转债给予交易对方的弹性表现在哪些方面?
2. 定向可转债有利于降低上市公司的商誉吗?

新劲刚定向可转债的落地实施

(一) 主要交易方基本情况

1. 并购方

广东新劲刚新材料科技股份有限公司(以下简称"新劲刚")是一家专业从事高性能金属基复合材料及制品的研究、开发、生产和销售的高新技术企业,为下游客户提供高效节能的加工工具和具有个性化性能的关键部件,致力于成为国内领先的高性能金属基复合材料及制品供应商。公司于2017年3月在深圳证券交易所上市。公司全资子公司佛山市康泰威新材料有限公司是目前国内为数不多的拥有军工资质及军品供应能力的民营企业之一。

公司主导产品金属基超硬材料制品及配套产品,已经在建筑、陶瓷领域得到广泛应用且奠定了较为领先的市场地位。公司近年来重点研发的金属基耐磨复合材料及制品得到了国内知名工程机械厂商的认可,并在军用航空领域得到了拓展,随着技术的不断成熟以及市场推广的有效突破,该产品类别有望成为公司新的利润增长点。同时,公司还根据武器装备承制单位的需求,研发、生产和供应金属基轻质高强复合材料制品、电磁波吸收材料、防腐导静电材料、热障涂层等其他高性能复合材料及制品。

2. 被并购方

广东宽普科技有限公司(以下简称"宽普科技")始建于2001年,为国家高新技术企业,下设广东省射频微波工程技术研究开发中心。公司专业从事射频微波功放及滤波、接收、变频等相关电路模块、组件、设备与系统的设计、开发、生产和服务,重点关注相关技术在多种武器平台上的应用。宽普科技的产品主要为通信、对抗、雷达、导航、指挥自动化、压制等设备/系统提供配套,是国内射频微波功放领域的领先企业。2019年9月23日,宽普科技完成工商变更登记手续,并取得佛山市市场监督管理局核发的营业执照。目前,宽普科技成为新劲刚的全资子公司,新劲刚现持有宽普科技100%的股权。

(二)交易方案简介

2019年4月,新劲刚发布了对宽普科技的并购方案。本次交易方案包括发行股份、可转换公司债券及支付现金购买资产和募集配套资金两部分。

1. 发行股份、可转换公司债券及支付现金购买资产

上市公司拟向文俊、吴小伟、朱允来等16名自然人股东及佛山市圆厚投资服务企业(有限合伙)以发行股份、可转换公司债券及支付现金的方式,购买其持有的宽普科技100%股权。根据重组协议,本次交易金额暂定为65 000万元,最终的交易金额将在标的公司经具有证券、期货相关业务资格的会计师事务所、评估机构进行审计和评估后,由交易双方协商确定。上市公司拟以股份支付的比例为50%,以可转换公司债券支付的比例为10%,以现金支付的比例为40%。

2. 募集配套资金

上市公司在发行普通股及支付现金购买资产的同时,拟向不超过5名投资者非公开发行可转换公司债券及普通股募集配套资金,募集配套资金总额预计不超过

30 000万元，不超过拟以发行股份方式购买资产交易价格的100%，且发行股份数量（含募集配套资金部分发行可转换公司债券初始转股数量）不超过上市公司本次交易前总股本的20%。

本次发行股份、可转换公司债券及支付现金购买资产不以发行可转换公司债券及普通股募集配套资金的成功实施为前提，最终募集配套资金发行成功与否不影响本次发行股份、可转换公司债券及支付现金购买资产行为的实施。

（三）重组的关键事项及相关数据

1. 本次交易预计构成重大资产重组

根据重组协议，本次交易金额暂定为65 000万元，最终的交易金额将在标的公司经具有证券、期货相关业务资格的会计师事务所、评估机构进行审计和评估后，由交易双方协商确定。上市公司2017年经审计的合并财务报表期末资产总额为48 471.42万元，资产净额为34 959.50万元，2018年9月30日未经审计的合并财务报表期末资产总额为50 301.94万元，资产净额为35 502.20万元，本次交易预计金额将超过上述指标的50%，根据《上市公司重大资产重组管理办法》第十二条及第十四条的规定，本次交易预计构成重大资产重组。

上市公司本次交易前后股权结构变化情况如表7-9所示。

表7-9 上市公司本次交易前后股权结构变化情况

股东名称	本次交易前		本次交易后（转股前）		本次交易后（转股后）	
	持股数量（股）	持股比例（%）	持股数量（股）	持股比例（%）	持股数量（股）	持股比例（%）
王刚	36 035 454	36.04	36 035 454	29.72	36 035 454	28.71
雷炳秀	8 522 409	8.52	8 522 409	7.03	8 522 409	6.79
王婧	2 080 079	2.08	2 080 079	1.72	2 080 079	1.66
小计	46 637 942	46.64	46 637 942	38.46	46 637 942	37.16
文俊	—	—	4 463 406	3.68	5 356 087	4.27
吴小伟	—	—	4 370 008	3.60	5 244 010	4.18
朱允来	—	—	2 520 064	2.08	3 024 079	2.41
胡四章	—	—	2 205 556	1.82	2 646 667	2.11
张文	—	—	1 251 074	1.03	1 501 289	1.20
张天荣	—	—	1 120 029	0.92	1 344 031	1.07
徐卫刚	—	—	1 031 925	0.85	1 238 308	0.99
伍海英	—	—	794 267	0.66	953 122	0.76
周光浩	—	—	753 250	0.62	903 897	0.72
薛雅明	—	—	653 004	0.54	783 605	0.62
毛世君	—	—	653 004	0.54	783 605	0.62
圆厚投资	—	—	471 878	0.39	566 246	0.45

续表

股东名称	本次交易前		本次交易后(转股前)		本次交易后(转股后)	
	持股数量(股)	持股比例(%)	持股数量(股)	持股比例(%)	持股数量(股)	持股比例(%)
李冬星	—	—	457 103	0.38	548 522	0.44
葛建彪	—	—	195 901	0.16	235 083	0.19
向君	—	—	148 074	0.12	177 688	0.14
欧秋生	—	—	119 414	0.10	143 298	0.11
王安华	—	—	47 766	0.04	57 321	0.05
小计			21 255 723	17.53	25 506 858	20.32
其他股东	53 362 108	53.36	53 362 108	44.01	53 362 108	42.52
合计	100 000 050	100.00	121 255 773	100.00	125 506 908	100.00

2. 对上市公司财务数据的影响

军工电子信息产业在我国正处于快速发展阶段，具有广阔的市场前景。报告期内，标的公司业绩增长较快，本次交易完成后，标的公司将成为上市公司的全资子公司，上市公司的产业布局将得到进一步的完善和优化，业务类型将更加丰富，同时上市公司与标的公司的整合优化将会打造新的利润增长点，有助于增强上市公司的盈利能力和综合竞争力，给投资者带来持续稳定的回报。

根据天职国际出具的《备考审阅报告》，上市公司本次交易前后每股净资产及每股收益指标如表7-10所示。

表7-10 上市公司本次交易前后每股净资产及每股收益指标　　单位：元

项目	2019年1—3月			2018年度			2017年度		
	交易前	交易后	变动	交易前	交易后	变动	交易前	交易后	变动
每股净资产	3.51	6.29	2.78	3.51	6.19	2.68	5.24	5.86	0.62
基本每股收益	0.00	0.09	0.09	0.08	0.34	0.26	0.26	0.28	0.02
稀释每股收益	0.00	0.09	0.09	0.08	0.34	0.26	0.26	0.28	0.02

3. 上市公司股权结构变化情况

本次交易前，王刚先生持有上市公司36 035 454股股份，占公司总股本的36.04%，为公司第一大股东。王刚先生的母亲雷炳秀女士持有上市公司8 522 409股股份，占公司总股本的8.52%，为公司第二大股东。王刚先生的胞妹王婧女士持有上市公司2 080 079股股份，占公司总股本的2.08%。王刚先生、雷炳秀女士和王婧女士三人合计持有上市公司46 637 942股股份，占公司总股本46.64%，为公司的实际控制人。鉴于本次交易价格暂定为65 000万元，以股份支付的比例为50%，以可转换公司债券支付的比例为10%，以现金支付的比例为40%，发行股份购买资产发行价格为15.30元/股，则本次发行股份购买资产对应发行股份数量为21 241 830股。

由于本次交易完成后,在不考虑募集配套资金发行股份的情况,考虑交易对方获得的可转换公司债券全部转股的情况下,王刚、雷炳秀、王婧直接控制上市公司股权比例为37.16%,仍为上市公司的实际控制人,本次交易不会导致上市公司控制权的变化,本次交易不构成《上市公司重大资产重组管理办法》第十三条规定的重组上市情形。

4. 条款设置

(1) 转股价格:本次购买资产发行的可转换公司债券初始转股价格参照本次购买资产发行股份的标准定价。

(2) 转股期限:本次发行的可转换公司债券的转股期自发行结束之日起满12个月后第一个交易日起至可转换公司债券到期日止。

(3) 锁定期安排:交易对方承诺其因本次发行取得的可转换公司债券及可转换公司债券转股形成的股份(含因上市公司送红股、转增股本等而新增获得的上市公司股份)自发行结束之日起至36个月届满之日及业绩承诺补偿义务履行完毕之日前(以较晚者为准)不得转让,包括但不限于通过证券市场公开转让或者通过协议方式直接或间接转让,亦不得设定质押或其他任何第三方权利。

(4) 有条件强制转股条款:当可转换公司债券持有人所持可转换公司债券满足解锁条件后,在本次发行的可转换公司债券存续期间,如果上市公司股票连续30个交易日的收盘价格不低于当期转股价格的130%,则上市公司董事会有权提出强制转股方案,并提交股东大会审议表决。该方案须经出席股东大会的股东所持表决权的三分之二以上通过方可实施,股东大会进行表决时,持有本次发行的可转换公司债券的股东应当回避。通过上述程序后,上市公司有权行使强制转股权,将满足解锁条件的可转换公司债券按照当时有效的转股价格强制转换为上市公司普通股股票。

(5) 回售条款:在本次发行的可转换公司债券最后两个计息年度,当可转换公司债券持有人所持可转换公司债券满足解锁条件后,如果上市公司股票连续30个交易日的收盘价格均低于当期转股价格的70%,则可转换公司债券持有人有权行使提前回售权,将满足解锁条件的可转换公司债券全部或部分以面值加当期应计利息的金额回售给上市公司。如果出现转股价格向下修正的情况,则上述"连续30个交易日"须从转股价格调整之后的第1个交易日起重新计算。

(6) 转股价格向下修正条款:在本次发行的可转换公司债券存续期间,当上市公司股票在任意连续30个交易日中至少有15个交易日的收盘价格低于当期转股价格的90%时,上市公司董事会有权提出转股价格向下修正方案并提交股东大会审议表决。该方案须经出席会议的股东所持表决权的三分之二以上通过方可实施。

修正后的转股价格应不低于上市公司最近一期经审计的每股净资产值和股票面值，不低于前项规定的股东大会召开日前20个交易日公司股票交易均价的90%或者前1个交易日公司股票交易均价的90%。

（7）转股价格向上修正条款：在本次发行的可转换公司债券存续期间，当可转换公司债券持有人提交转股申请日前20个交易日上市公司股票交易均价不低于当期转股价格的200%时，当次转股应按照当期转股价格的130%进行转股，且当次转股价格最高不超过初始转股价格的130%。

（8）业绩补偿措施：如果标的公司第一年实现净利润已达到当年承诺净利润的90%，则当年不触发补偿程序；如果第一年及第二年累计实现净利润已达到两年承诺净利润的90%，则第二年不触发补偿程序；如果标的公司2019年度、2020年度及2021年度累计实现净利润达到三年承诺净利润的100%，则不触发补偿程序。除前述情形外，则均应补偿。

（9）超额业绩奖励：在圆满完成业绩承诺的前提下，如果标的公司2019年度、2020年度和2021年度实际实现的经审计的合并报表口径下归属于母公司所有者的净利润之和超过承诺净利润之和，则业绩承诺期满后，上市公司同意标的公司将其在承诺期实际实现的合并报表口径下的净利润之和超过约定的承诺期交易对方承诺累计净利润部分的30%（上限为本次标的资产交易价格总额的20%）作为奖金奖励给届时仍于标的公司任职的核心管理团队成员。

资源来源：广东新劲刚新材料科技股份有限公司发行股份、可转换公司债券及支付现金购买资产并募集配套资金报告书（修订稿）[EB/OL]，(2019-06-27)[2021-06-28]．https://q.stock.sohu.com/newpdf/201936653060.pdf．

讨论题：新劲刚定向可转债条款设计中的博弈空间表现在哪些方面？

案例八

美的集团营运资金策略

教学目的与要求

【学习目标】

通过本章的学习,你应该掌握:
1. 营运资金的含义与特点;
2. 营运资金管理的核心问题;
3. 现金周转期的计算与含义;
4. 营运资金与企业风险之间的关系。

【素养目标】

通过本章的学习,领会营运资金与企业风险之间关系,理解营运资金管理对产业链上下游企业之间利益格局的影响。良好的营运资金管理应推动产业链全局实现互利共赢。

一 背景知识

(一) 营运资金与净现金需求的基本理论

营运资金是指企业流动资产减去流动负债后的余额。如果流动资产等于流动负债,即营运资金为零,表明企业占用在流动资产上的资金是由流动负债融资;如果流动资产大于流动负债,此时营运资金为正值,则与此相对应的"净流动资产"要以长期负债或所有者权益的一定份额为其资金来源;反之,如果流动资产小于流动负债,此时营运资金为负值,则说明企业将流动负债投资到长期资产中,一般而言财务风险较高。

与营运资金密切相关的概念是流动比率,它是流动资产与流动负债的比值,有财务常识的都会熟知该指标通常有大于1.5或2倍的数值要求,这是基于流动性和偿债能力的考察。如果从融资规划分析,这个2倍比率的要求实质就是短期负债融资必须全部用于流动资产投资,而且有1/2的流动资产资金需求应该由长期负债融资解决。换言之,企业随时做好了以流动资产打五折的安排以应对流动负债的支付压力,这种固化的比率要求是财务稳健的标志。

营运资金持有量的确定,实质上也是企业的财务政策在收益与风险之间的权衡。持有较高的营运资金被认为是企业采用宽松的营运资金政策;而持有较低的营运资金被认为是企业采用紧缩的营运资金政策。前者营运资金的收益性、风险性均较低;而后者的收益性、风险性均较高。介于两者之间的,称为适中的(中庸的)营运资金政策。在适中的(中庸的)营运资金政策下,营运资金的持有量不过高也不过低,现金恰好足够满足支付所需,存货足够满足生产和销售所用。

在营运资金规模上,还有一个概念是净现金需求。该需求并不是一般意义上的流动资金需求,它是生产经营上存货、应收款等流动资产占用所需资金以应付款等而不是短期借款的流动负债满足之后,仍然不足而需要企业另行筹集的那部分现金需求。它等于企业生产经营过程中的资金占用(流动资产的部分项目)与生产经营过程中的资金来源(结算性流动负债的部分项目)的差额。决定企业生产经营过程现金需求的因素主要是存货(包括原材料、在产品、产成品等)、预付款项、应收票据、应收账款,而决定企业生产经营过程结算性资金来源的因素有预收款项、应付票据、应付账款等。因此,净现金需求的计算公式表示如下:

净现金需求＝存货＋预付款项＋应收账款＋应收票据－预收款项－应付账款－应付票据

净现金需求为正（负）数，表明企业在存货和应收款上被"客户"占用的资金超过（低于）企业占用供应商的资金。这是善于利用供应商或客户在货款结算上的商业信用政策的财务反映，这个指标的正或负是考察企业运营管理、供应链设计、财务风险与经营业绩一个很重要的视角。

与净现金需求相近的一个财务概念是"现金周转期"。现金周转期即从支付货款到应收款收到现金的周期。现金周转期越长，企业短期筹资需求量越大。对现金周转期的分析可以帮助我们分析企业营运资金的形成，现金周转期的计算公式如下：

现金周转期＝经营周期－应付账款周转期
　　　　　＝存货周转期＋应收账款周转期－应付账款周转期

无论何种行业或何类公司都要不断改进运营管理，改善现金周转期，在改进供应商关系、客户关系管理中提高营运资金效率。

（二）营运资金结构与风险

一般来说，营运资金管理的核心问题是企业在风险与收益之间的权衡，高营运资金意味着低风险与低收益策略，而低营运资金意味着高风险与高收益策略。但是，这个结论并非所有情况都适用，有时候高营运资金并非企业的主动选择，而是市场环境恶化的被动结果，主要表现在存货和应收账款迅速上升，上升速度远超过营业收入的增长速度。这种高营运资金带来的结果是高风险、低收益。企业长期盈利能力存在重大风险，在营运资金分析时需要注意区分这种情况。对于这种市场竞争加剧导致的高营运资金现象，企业应根据其长期市场战略，调整营运资金结构。如果企业对长期市场走势乐观，并且存货具有增值潜力，则可以保持高营运资金政策，但是需要付出较高的资金成本；如果存货属于快速贬值商品，如休闲服装、IT产品、食品等，则应快速变现存货，增加货币资金的持有量。

具体而言，营运资金与风险的关系可以从两个方面把握：一是营运资金较高的企业，短期偿债风险相应较小，这使企业在与供应商的合作关系中处于产业价值链的有利位置，并且可以利用这一优势和关键性资源与供应商建立战略合作伙伴关系，充分利用供应商的资金。可见，营运资金规模对企业的产业价值链关系会产生影响。二是较高的营运资金可能是企业的销售不畅导致存货大量囤积引起的，或者企业管理层对市场未来预期并不看好，从而保留大量货币资金而不进行扩大投资。此时，较高的营运资金可能蕴藏着企业长期经营风险的增加。

二 案例资料

(一) 美的集团基本情况

美的集团(SZ.000333)是一家覆盖消费电器、暖通空调、机器人与自动化系统、数字化四大业务板块的全球科技集团,提供多元化的产品种类与服务,包括以洗衣机、冰箱、厨房家电及各类小家电为核心的消费电器业务;以家用空调、中央空调、供暖及通风系统为核心的暖通空调业务;以库卡集团、美的机器人产业发展有限公司等为核心的机器人与自动化系统业务;以智能供应链、工业互联网和芯片等业务为核心的数字化业务。2013年9月18日,美的集团在深圳证券交易所上市。经过不断调整、发展与壮大,美的集团已成为主要产品品类皆占据领导地位的全球家电行业龙头。

2014年,美的集团提出以"智慧家居+智能制造"为核心的"双智"战略,发布M-Smart智慧家居战略,积极与互联网领域电商开展战略合作:美的集团分别与小米、京东签订战略合作协议,通过定向增发等方式拟在智能家居、移动互联网和电商渠道等方面有深度合作。2015年,美的集团与安川电机成立合资公司,开辟工业和服务业机器人新领域,以"智能制造+工业机器人"全面提升美的智能制造水平。为了实现国际化发展规划,美的集团进一步推进海外并购的国际化战略。2016年和2017年,美的集团分别完成对东芝家电股权和德国机器人巨头库卡集团的收购,持续推动其全球化业务布局与业务增长。

美的集团自2013年整体上市以来,公司盈利能力稳步提升。2019年,美的集团实现营业收入2782亿元,同比增长7.14%,居中国家电行业第1位;实现归属于母公司股东净利润242.11亿元,同比增长19.67%;同时,整体实力和行业竞争力明显增强,小家电销量增速乐观,产品结构优化,毛利率、净利率稳步提升,营运能力提升。在整体竞争力不断加强的同时,美的集团品牌影响力也获得了全面提升。2020年,美的集团居《财富》世界500强榜单第307位,品牌价值1315.20亿元,居中国最有价值品牌第5位。

(二)美的集团主要财务数据与指标

1. 美的集团2017—2019年资产与负债构成

美的集团2017—2019年资产与负债构成如表8-1所示。

表 8-1 美的集团 2017—2019 年资产与负债构成

项目	2019年12月31日 金额(亿元)	2019年12月31日 占比	2018年12月31日 金额(亿元)	2018年12月31日 占比	2017年12月31日 金额(亿元)	2017年12月31日 占比
货币资金	709.17	23.48%	278.88	10.58%	482.74	19.46%
应收票据	47.69	1.58%	125.56	4.76%	108.54	4.37%
应收账款	186.64	6.18%	193.90	7.35%	175.29	7.06%
预付款项	22.46	0.74%	22.16	0.84%	16.72	0.67%
其他应收款	27.13	0.90%	29.71	1.13%	26.58	1.07%
存货	324.43	10.74%	296.45	11.24%	294.44	11.87%
其他流动资产	650.11	21.53%	764.74	29.00%	468.47	18.88%
流动资产合计	2 056.13	68.09%	1 713.61	64.98%	1 576.32	63.53%
长期股权投资	27.91	0.92%	27.13	1.03%	26.34	1.06%
固定资产净额	216.65	7.17%	224.37	8.51%	226.01	9.11%
在建工程	11.95	0.40%	20.78	0.79%	8.80	0.35%
非流动资产合计	963.42	31.91%	923.40	35.02%	904.75	36.47%
资产总计	3 019.55	100.00%	2 637.01	100.00%	2 481.07	100.00%
短期借款	57.02	1.89%	8.70	0.33%	25.84	1.04%
应付票据	238.92	7.91%	233.25	8.85%	252.08	10.16%
应付账款	425.36	14.09%	369.02	13.99%	351.45	14.17%
预收款项	162.32	5.38%	167.82	6.36%	174.09	7.02%
应交税费	50.96	1.69%	38.75	1.47%	35.44	1.43%
其他流动负债	390.75	12.94%	313.19	11.88%	262.58	10.58%
流动负债合计	1 443.18	47.79%	1 302.31	49.39%	1 190.92	48.00%
负债合计	1 944.59	64.40%	1 712.47	64.94%	1 651.82	66.58%
营运资金	612.95	20.30%	411.30	15.60%	385.40	15.53%

2. 美的集团 2017—2019 年营业收入及利润构成

美的集团 2017—2019 年营业收入及利润构成如表 8-2 所示。

表 8-2 美的集团 2017—2019 年营业收入及利润构成　　　　　　　单位:亿元

项目	2019年	2018年	2017年
营业收入	2 782.16	2 596.65	2 407.12
营业成本	1 979.14	1 881.65	1 804.61
税金及附加	17.21	16.18	14.16
销售费用	346.11	310.86	267.39
管理费用	95.31	95.72	147.80
财务费用	−22.32	−18.23	8.16
营业利润	296.83	255.64	216.28
净利润	252.77	216.50	186.11

3. 美的集团 2017—2019 年现金流量构成

美的集团 2017—2019 年现金流量构成如表 8-3 所示。

表 8-3　美的集团 2017—2019 年现金流量构成　　　　　单位：亿元

项目	2019 年	2018 年	2017 年
经营活动产生的现金流量净额	385.90	278.61	244.43
投资活动产生的现金流量净额	−231.08	−186.42	−347.40
筹资活动产生的现金流量净额	−32.74	−133.87	196.52

4. 美的集团 2018—2019 年财务指标

美的集团 2018—2019 年财务指标如表 8-4 所示。

表 8-4　美的集团 2018—2019 年财务指标[①]

项目	2019 年	2018 年	项目	2019 年	2018 年
每股收益（元）	3.60	3.08	总资产报酬率（%）	8.94	8.46
每股净资产（元）	15.42	13.88	存货周转率（次）	6.38	6.37
净资产收益率（%）	26.43	25.66	存货周转期（天）	57.25	57.31
扣除后每股收益（元）	3.38	3.05	应收款项周转率（次）	9.30	8.09
流动比率（倍）	1.42	1.32	应收款项周转期（天）	39.25	45.12
速动比率（倍）	1.20	1.09	应付款项周转率（次）	2.48	2.43
资产负债率（%）	64.40	64.94	应付款项周转期（天）	147.18	150.21
净利润率（%）	9.09	8.34			

5. 美的集团 2018—2019 年存货结构

美的集团 2018—2019 年存货结构如表 8-5 所示。

表 8-5　美的集团 2018—2019 年存货结构　　　　　单位：亿元

项目	2019 年年末账面余额			2018 年年末账面余额		
	金额	跌价准备	账面价值	金额	跌价准备	账面价值
原材料	50.09	0.68	49.41	51.82	0.61	51.21
委托加工材料	2.20	—	2.20	2.40	—	2.40

---

① 本表中的应收款项周转率和应收款项周转期的计算包含了应收账款、应收票据和预付账款，应收款项周转率等于营业收入除以应收账款、应收票据和预付账款之和的年平均数；应付款项周转率和应付款项周转期的计算包含了应付账款、应付票据和预收账款，应付款项周转率等于营业成本除以应付账款、应付票据和预收账款之和的年平均数。

(单位:亿元)(续表)

项目	2019年年末账面余额			2018年年末账面余额		
	金额	跌价准备	账面价值	金额	跌价准备	账面价值
低值易耗品	0.38	—	0.38	0.39	—	0.39
在产品	15.96	—	15.96	20.40	—	20.40
库存商品	220.47	4.08	216.39	186.00	3.20	182.80
合计	329.19	4.76	324.43	300.26	3.81	296.45

三 案例分析

(一) 净现金需求问题分析

通过数据计算，美的集团2017—2019年的净现金需求总额分别为—183亿元、—132亿元、—245亿元。越小的净现金需求意味着企业从上下游占用的资金越能满足其日常经营需要。美的集团负的净现金需求表明公司从其与上下游的商业往来中获得了"净现金"，无须公司另行筹集资金或补充现金来维持公司运营。

理论上，如果一家企业净现金需求为负数，则在财务战略上被称为实施OPM (Other People's Money)战略。这种OPM战略指企业占用供应商的资金超过企业在存货和应收账款上的资金，也就是善于利用供应商货款结算上的商业信用政策，即用供应商的钱实现自己的经营。尽管企业采用OPM战略也隐含供应商挤兑的财务风险，但是这无疑是一种低成本的商业经营策略。美的集团的净现金需求为负数，表明公司一直实施OPM战略。

(二) 营运资金周转速度(现金周转期)分析

根据美的集团的历史资料，计算其现金周转期如表8-6所示。

表8-6 美的集团2017—2019年现金周转期　　　　　单位:天

项目	2017年	2018年	2019年
存货周转期	46	57	57
应收款项周转期	40	45	39
应付款项周转期	133	150	147
现金周转期	—47	—48	—51

计算结果表明,美的集团现金周转期在逐年缩短,从2017年的-47天缩短至2019年的-51天,表明其营运资金的使用效率在不断提高。对比分析美的集团2017年和2019年的现金周转结构可以发现,其现金周转期缩短,主要得益于应付款项周转期的延长,其应付款项周转期由2017年的133天延长至2019年的147天,说明美的集团大幅利用了贸易融资政策,长期、大额"占用"供应商资金补充自身运营所需。

美的集团积极利用商业信用政策延长应付款项周转期,得益于公司在同业中较高的品牌声誉。美的集团是国内唯一拥有全产业链、全产品线的家电生产企业,这一特点一方面使公司的产品组合更全面、更具竞争力,另一方面也使公司在品牌效应、渠道议价上实现协同效应。这有助于提高公司对供应商资金的占用水平和使用效率,从而提高现金周转速度。

(三) 营运资金的结构分析

通过对美的集团2019年的资产结构进行深入分析,发现本年度流动资产占总资产的68.09%,其中应收项目(应收账款+应收票据+其他应收款)占总资产的8.66%,占流动资产的12.72%。存货占总资产的10.74%,占流动资产的15.77%。这正是美的集团优化库存结构和供货机制的体现。近年来,家电零售行业存在残酷的市场竞争,美的集团提出战略转型升级。2019年,美的集团提出推动T+3业务模式变革和全价值链卓越运营,改善产品结构,做好高端产品。存货占总资产的比例由2017年的11.87%下降至2019年的10.74%,存货占流动资产的比例由2017年的18.68%下降至2019年的15.77%。2019年,美的集团全年营业收入实现7.14%的上涨,从应收项目分析,美的集团并没有过度放宽信用政策以促进销售。2019年,美的集团应收项目占流动资产的比重相比2017年下降了6.97%。

应收项目的结构可以反映公司与销售渠道之间谈判力量的变化情况。从美的集团应收项目的结构来看,2017—2019年美的集团应收账款占总资产的比例保持基本稳定,维持在6.18%—7.35%的水平;而应收票据占总资产的比例明显下降,从2017年的4.37%下降至2019年的1.58%,金额从2017年的108.54亿元下降至2019年的47.69亿元。应收票据的明显减少表明美的集团在优化库存结构的过程中,对销售渠道做了一定程度的让步,减少了票据结算的交易规模和比重。但是,从美的集团应收项目整体占比降低的态势可以看出,美的集团对下游销售渠道依然具有较强的谈判能力。

应付项目的结构可以反映公司与上游供应商之间谈判力量的变化情况。从美的集团的财务数据来看,其流动负债中应付账款和应付票据所占的比例最大。2019年,美的集团应付账款和应付票据分别占流动负债的 29.48%、16.55%。应付票据从 2017 年的 252.08 亿元下降至 2019 年的 238.92 亿元,两年间降低了 5.22%;而应付账款则从 2017 年的 351.45 亿元上升至 2019 年的 425.36 亿元,两年间增长了 21.03%。这表明美的集团对供应商的谈判能力增强。且从前文营运资金周转速度分析中可以看出,美的集团利用商业信用融资的能力在逐步增强。

从存货结构来看,美的集团存货金额存在小幅上涨主要是源于库存商品的账面价值有所增长,但原材料、在产品的账面价值有所下降。尽管美的集团存货账面价值逐年上涨,但存货占总资产或流动资产的比例呈逐年下降的趋势,说明存货增长的速度低于资产增长的速度。

2019 年,美的集团其他流动资产占总资产的比例超过 21%,占流动资产的比例超过 31%,成为营运资金的重要组成部分。其他流动资产主要由套期工具和一年内到期的保本或非保本理财产品等金融资产组成。将大量货币资金投资于短期金融资产用以保值并保持流动性,体现了美的集团短期理财经营的精准布局安排。

(四) 营运资金与经营现金流量的相关分析

美的集团经营活动产生的现金流量净额从 2017 年的 244.43 亿元增长至 2019 年的 385.90 亿元,增长了 57.88%。这体现出美的集团强大的"造血功能",其短期和长期偿债能力都比较乐观。经营活动现金流量大幅增长主要系销售商品、提供劳务收到的现金增加所致,亦得益于公司产品结构的优化及高毛利率产品销量的提升。此外,美的集团 2019 年全年营业收入较上年增长 7.14%,净利润表现为 16.75%的高速增长,毛利率上涨 1.33 个百分点,保持了经营稳定与竞争能力提升。美的集团产业结构调整和渠道变革有助于公司未来盈利能力的进一步提升与公司的良性发展。

(五) 营运资金的经营绩效与风险分析

越来越多的企业极力推行"零资本运营"(企业流动资产减去流动负债后的余额为零)策略。这也是对固化的"2 倍流动比率"经营理念的挑战。显然这种"流动资产与流动负债"的匹配要求具有极高的风险性,也就是说对物流、资金流、信息流的速度提出了极高的挑战和要求。"零资本运营"或 OPM 战略既是一个融资问题,又是一个用资问题;既是一个涉及企业盈利模式的战略方针问题,又是一个涉及需要"持续改进"的执行能力问题。

美的集团流动比率在 1.3—1.5 倍,在传统意义上完全符合稳健的财务要求。但关注美的集团负债的构成我们发现,美的集团资产负债率为 64%—65%,有息负债率为 15%—17%,负债绝大部分由无息负债(应付账款、应付票据、预收账款等)构成。由前文的分析可知,美的集团现金周转速度快,货币资金储备在 10%—25%,相对充沛,因此采用 OPM 战略适当放宽流动比率有助于美的集团充分运用产业价值链关系,灵活处置公司富余的营运资金。美的集团承担的有息负债少,富余的营运资金多用于套期保值等短期金融工具,因此在财务费用的构成上,利息收入高于利息支出,在不考虑汇兑损益的情况下,财务费用为负。

面对近年来家电行业的残酷竞争,美的集团通过构建产品领先优势、优化产品结构、深化渠道变革转型,降低了存货比例、提高了毛利率、缩短了现金周转期。充沛的营运资金也帮助公司在上下游合作中建立了良好的关系。应收项目整体比例降低和应付款项周转延长体现了公司很好地利用客户与供应商的资金维持自身的经营。因此,扩张的营运资金策略为公司的良性发展提供了保障和基础。

随着美的集团海外布局的深入,公司产品出口收入已占公司整体收入的 40%以上,若汇率大幅波动,则不仅可能对公司产品的出口带来不利影响,还可能造成公司汇兑损失,增加财务成本。因此,汇率波动造成的产品出口与汇兑损失风险成为美的集团应该关注的问题。

讨论题

1. 如何评价企业营运资金策略的有效性?为什么营运资金管理也是企业战略议题?
2. 什么是 OPM 战略?企业运用 OPM 战略如何控制风险?
3. 企业净现金需求规模安排如何嵌入企业供应链金融中?

青岛啤酒的营运资金状况

自 2013 年以来,中国啤酒产量不断呈下降趋势。2017—2019 年中国啤酒行业产量分别为 440.15 亿升、381.22 亿升和 376.53 亿升。啤酒作为酒水行业中成熟度最高的品种,行业整体需求疲软,竞争格局已经稳定,啤酒企业微利生存。行业的增长方式处于转型期,结构性增长和精细化管理成为啤酒企业转型的重点。

2019年,青岛啤酒股份有限公司(以下简称"青岛啤酒")实现净利润19.29亿元,主营业务收入增长率为5.30%,净利润增长率为23.57%。总体来说,2019年青岛啤酒业绩靓丽,营业额和净利润双双走高。然而,虽然2019年青岛啤酒营运资金达到76.48亿元,但净现金需求依旧为正值。青岛啤酒内部营运资金管理的深入分析也许可以为找到公司净现金需求较高的原因提供一条思路。

青岛啤酒2017—2019年资产与负债构成如表8-7所示。

表8-7 青岛啤酒2017—2019年资产与负债构成

项目	2019年12月31日		2018年12月31日		2017年12月31日	
	金额(亿元)	占比	金额(亿元)	占比	金额(亿元)	占比
货币资金	153.02	41.01%	125.36	36.79%	98.05	31.66%
应收票据	0.75	0.20%	0.54	0.16%	0.42	0.14%
应收账款	1.51	0.40%	1.11	0.32%	1.41	0.46%
预付款项	1.17	0.31%	1.74	0.51%	1.16	0.36%
其他应收款	0.86	0.23%	2.98	0.87%	2.62	0.85%
存货	31.82	8.53%	26.51	7.78%	23.93	7.73%
其他流动资产	5.65	1.51%	7.35	2.16%	10.96	3.54%
流动资产合计	210.01	56.28%	177.60	52.12%	140.73	45.43%
长期股权投资	3.77	1.01%	3.70	1.09%	3.76	1.21%
固定资产净额	102.22	27.40%	103.27	30.31%	109.91	35.49%
在建工程	1.79	0.48%	3.80	1.11%	2.00	0.65%
非流动资产合计	163.11	43.72%	163.15	47.88%	169.02	54.57%
资产总计	373.12	100.00%	340.75	100.00%	309.75	100.00%
短期借款	2.71	0.73%	2.96	0.87%	2.83	0.91%
应付票据	2.21	0.59%	3.26	0.96%	2.89	0.93%
应付账款	21.67	5.81%	22.46	6.59%	20.84	6.73%
预收款项	—	—	—	—	11.78	3.80%
应交税费	5.13	1.38%	6.91	2.03%	4.01	1.29%
其他流动负债	0.004	0.00%	0.002	0.00%	0.001	0.00%
流动负债合计	133.54	35.79%	102.87	35.47%	104.52	33.74%
负债合计	173.99	46.63%	153.85	45.15%	132.00	42.62%
营运资金	76.48	20.50%	56.73	16.65%	36.21	11.69%

青岛啤酒、燕京啤酒2019年营运资金及相关指标的比较如表8-8所示。

表 8-8　青岛啤酒、燕京啤酒 2019 年营运资金及相关指标比较

项目	青岛啤酒	燕京啤酒
流动资产(亿元)	210.02	71.80
流动负债(亿元)	133.54	42.82
营运资金(亿元)	76.48	28.98
财务费用(亿元)	−4.84	−0.27
净现金需求(亿元)	11.37	23.55
存货周转期(天)	62	203
应收款项周转期(天)	4	13
应付款项周转期(天)	53	96
现金周转期(天)	13	120

资料来源:编者根据网上公开资料整理。

讨论题:通过分析青岛啤酒营运资金结构、营运资金周转速度、净现金需求等情况,说明青岛啤酒营运资金的特点及对经营业绩的影响。

21世纪经济与管理规划教材

财务管理系列

案例九

中国石油股利政策

教学目的与要求

【学习目标】

通过本章的学习,你应该掌握:

1. 公司股利政策的主要理论;
2. 常见的股利政策类型;
3. 各类股利政策的优缺点;
4. 不同股利政策对公司的影响。

【素养目标】

通过本章的学习,领会股利政策不仅通过现金流量直接影响公司价值,也通过信号作用、治理作用等间接影响公司价值,进一步反映出公司对社会公众股东负责任的一种态度。

一 背景知识

(一) 公司股利政策的理论基础

作为公司重要的财务政策之一,股利政策会影响公司长期、重复性的现金流出规模,进而影响公司的长期投融资决策与公司价值。针对股利政策如何影响公司价值这一问题,学术界从理论和实证角度对股利政策进行了大量的研究,形成了不同的理论观点。

现代股利政策理论以弗兰科·莫迪利亚尼(Franco Modigliani)和默顿·米勒(Merton Miller)的股利无关论(MM 理论)为开端,此后,众多经济学家沿着莫迪利亚尼和米勒的框架进行了更为深入的研究,通过放松 MM 理论的假设条件从不同角度提出了各自的股利政策理论观点。

1. MM 理论

莫迪利亚尼和米勒的 MM 理论认为,在完美的市场条件下,公司价值与公司的股利政策无关。股利政策不可能创造超过公司投资决策创造的价值。

根据 MM 理论,在完美的市场、无公司和个人所得税、投资者行为理性、投资者对未来投资机会和利润完全有把握等假定条件下,公司价值与公司的股利政策无关。一个公司的价值完全取决于其投资决策所决定的公司预期盈利能力,而不是公司的利润分配方式(即股利政策)。MM 理论认为,通过套利行为可以使公司的价值在不同的资本结构和股利政策条件下实现无差异化。该理论的缺点在于忽视了资本市场的交易费用、资本市场的信息不对称、股东与管理层的利益分歧等因素。根据 MM 理论:股利支付率不影响公司价值。即使公司有理想的投资机会且支付了高额的股利,也可以通过发行新股募集资金,新投资者会认可公司的投资机会。

2. 股利相关理论

(1)"在手之鸟"理论。股东的投资收益来自当期股利和资本利得两个方面,股利政策的核心问题是在当期股利收益与未来资本利得之间进行权衡。Gordon(1963)提出,由于公司在经营过程中存在诸多的不确定因素,股东会认为现实的现金股利要比未来的资本利得更为可靠,会更偏好于确定的股利收益。因此,资本利得就好比林中之鸟,虽然看上去很多,但不一定抓得到;而现金股利则好比在手之鸟,是股东有把握得到的现实收益。根据"一鸟在手"理论所体现的风险与收益选择偏好,股东更偏好于现金股利而非资本利得,倾向于选择股利支付率高的股票。所以,为实现股东价值最大化的目标,公司应实行高股利分配的股利政策。

(2) 信号传递理论。信号传递理论认为,在信息不对称的环境下,股利的发放可以向市场传达管理层对公司目前或未来预期现金流的信息,从而引起股价的变化。在实证研究领域,很多学者发现公司增加股利和首次发放股利会使公司股价分别上升约1%、3%,而降低股利或取消发放股利会引起公司股价下降6%—10% (DeAngelo and DeAngelo,2006)。这种现象用 MM 理论难以解释,但是信号传递理论可以很好地解释,即投资者将股利的变化视为一种未来盈余会增加或减少的信号。在信息不对称的情形下,公司可以通过股利政策的内容向投资者传递有关公司未来经营能力、盈利能力的信息。如果管理层预计公司的发展前景良好,未来业绩有大幅增长,就会通过增加股利的方式将这一信息及时告诉股东和潜在投资者,反之亦然。

(3) 代理理论。代理理论认为,股利政策有助于减缓股东与管理者之间以及股东与债权人之间的代理冲突,是协调股东与管理者之间代理关系的一种约束机制。按照代理理论,股利政策可以从三个方面影响公司价值:一是现金股利可以给管理层以更大的压力去提升盈利能力;二是促使管理层增加外部筹资,引入新的外部监督人,减少经理人在投资项目上对现金流量的浪费;三是对于有自由现金流量的公司,股利支付有助于降低管理层控制的自由现金流量,从而降低代理成本。因此,从代理理论的角度,股利政策有利于提升公司价值。

(4) 税差理论。在大部分国家,红利税要大于资本利得税,因此从节税角度而言,公司应尽量避免支付现金股利。Farrar and Selwyn(1967)提出的税差理论认为,一般情形下,为了维护投资者的利益,维持资本市场的有效运转,股利收益的税率大于资本利得的税率。如果假定股票交易成本为零,则股利支付率越高,投资者的股利收益税负越重,会高于资本利得的税负,因此公司应降低现金股利支付率。

(5) 客户效应理论。客户效应理论认为,由于投资者对当期股利收益和资本利得的偏好不同,公司的股利政策会考虑这种投资者需求的差异,为公司的投资者群体"定制"股利政策。引起投资者对股利收益和资本利得偏好不同的原因有很多,其中一个重要因素是个人边际税率的不同。收入高的投资者因其拥有较高的税率表现出偏好低股利支付率的股票,而收入低的投资者及享有税收优惠的养老基金投资者表现出偏好高股利支付率的股票,希望获得较高且稳定的现金股利。

(6) 股利迎合理论。Baker and Wurgler(2004)通过放松 MM 理论的有效市场假定提出股利迎合理论。他们认为，投资者对股利政策的偏好时常会发生变化，导致股利支付公司和非支付公司股票价格的相对变化，经理人会迎合投资者的需要，根据投资者风险偏好情况调整公司的股利支付行为。当投资者倾向于风险回避时，管理者倾向于支付股利；反之，管理者将不愿意支付股利。

（7）股利生命周期理论。DeAngelo and DeAngelo(2006)首次提出了股利生命周期理论，该理论将公司本身特性、外部经营环境及股东预期相结合，对股利支付行为进行研究。股利生命周期理论认为，处于成长阶段的公司更愿意将盈余留存进行再投资，而处于成熟阶段的公司更倾向于发放现金股利。DeAngelo and DeAngelo(2006)通过将公司留存收益与公司所有者权益的比值作为衡量公司生命周期的代理变量，实证检验发现，低 RE/TE（留存收益/所有者权益）的公司处于成长阶段，公司倾向于不发放现金股利，而高 RE/TE 的公司处于成熟阶段，有较多的积累可以进行内部融资，因此更倾向于支付股利。

综合现有研究文献，股利政策与公司价值之间的关系是建立在 MM 理论基础上的，即公司价值的最基本决定因素来自投资决策所决定的公司预期盈利能力。影响股利政策市值效果的因素，如信号传递理论、客户效应理论，其影响往往是短期性的。从长期来看，股利政策的市值效果离不开公司资产质量的提升，公司应通过优化业务布局和业务结构、培育效益增长点、深化改革创新等，提升公司长期可持续发展能力和盈利能力，为投资者创造更多的回报。

（二）常见的股利政策类型

常见的股利政策主要包括四种类型：固定或持续增长的股利政策，固定股利支付率政策，低正常股利加额外股利政策，剩余股利政策。

1. 固定或持续增长的股利政策

公司每年派发的股利金额稳定保持在某一特定水平，或是保持股利支付金额逐年稳定增长。其优点是：稳定的股利向市场传递公司正常发展的信息，有利于树立良好的公司形象，增强投资者对公司的信心，稳定股价；并有利于投资者安排股利收入和支出。其缺点在于股利支付与盈利脱节，可能导致公司资金紧缺，财务状况恶化；也无法像剩余股利政策那样保持较低的资本成本。

2. 固定股利支付率政策

公司确定一个股利占净利润的比率（即股利支利率），长期按此比率支付股利。其优点是能使股利与公司盈利紧密地结合，以体现多盈多分、少盈少分、无盈不分的原则。其缺点是收益不稳定导致股利波动，容易形成公司发展不稳定的感觉，不利于稳定股票价格。

3. 低正常股利加额外股利政策

公司事先设定一个较低的正常股利额,每年除按正常股利额向股东发放股利外,还在公司盈余较多、资金较为充裕的年份,向股东发放更多的股利。其优点是赋予公司较大的灵活性,使公司在股利发放上留有余地,并具有较大的财务弹性。公司可根据每年的具体情况,选择不同的股利发放水平,以稳定和提高股价,进而实现公司价值最大化;并使一些依靠股利度日的股东每年至少可以得到虽然较低但比较稳定的股利收入,从而留住这部分股东。其缺点是由于不同年份公司盈利的波动,额外股利会不断变化,造成分派的股利不同,容易给投资者以收益不稳定的感觉;且公司在较长时间持续发放额外股利后,额外股利可能被股东误认作"正常股利",一旦取消,传递出的信号就可能使股东认为这是公司财务状况恶化的表现,进而导致股价下跌。

4. 剩余股利政策

当公司有良好的投资机会时,公司需要根据目标资本结构测算出投资所需的权益资本额,净利润首先要满足公司的权益资金需求,如果有剩余,就派发股利;如果没有剩余,则不派发股利。其优点是可以保持理想的资本结构,使公司加权平均资本成本最低。其缺点是股利波动较大,投资者无法对股利形成稳定的预期。

以上四种股利政策各有利弊,公司需要统筹考虑历史沿革、上市承诺、章程规定、行业特点、发展阶段、资金需求、资本市场等因素,选择适合的股利政策。

二 案例资料

(一) 中国石油的股利政策

中国石油天然气集团公司(以下简称"中石油集团")成立于1998年7月。公司历史可以追溯到1955—1970年的石油工业部,1970—1975年间改组为燃料化学工业部,1975—1978年间成立石油化学工业部,之后的1978—1988年间重新成立石油工业部。从1988年开始,在原来石油工业部的基础上成立中国石油天然气总公司,一直到1998年正式成立现在的中国石油天然气集团公司。

1999年11月5日,由中石油集团发起成立控股公司中国石油天然气股份有限公司(以下简称"中国石油")。2000年4月6日,中国石油在纽约证券交易所发行托管股份(ADR),ADR代码为PTR;2000年4月7日,在香港联合交易所挂牌上市,H股代码为00857,每股ADR代表100股H股;2007年11月5日,在上海证券交易所挂牌上市,股票代码为601857。中国石油在上海证券交易所上市当天即超越埃克森美孚成为全球市值最大的上市公司。

截至2019年12月31日,中国石油的股权结构如图9-1所示。

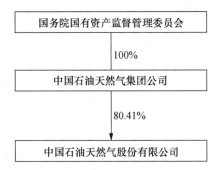

图 9-1 中国石油的股权结构

注:80.41%这一比例在计算时考虑了中石油集团通过境外全资附属公司Fairy King Investments Limited 持有的291 518 000股H股。

(二) 公司章程中规定的股利政策条款

中国石油公司章程中关于股利政策的条款包括以下内容:

"(一)公司应充分考虑对投资者的合理投资回报,兼顾公司的长远利益、全体股东的整体利益及公司的可持续发展,保持利润分配政策的连续性和稳定性。

(二)公司可以以现金、股票或者法律法规许可的其他方式分配股利。公司优先采用现金方式分配股利。

(三)在当年实现的归属于母公司净利润及累计未分配利润为正,且公司现金流可以满足公司正常经营和可持续发展情况下,公司应进行现金分红。现金分红的比例不少于当年实现的归属于母公司净利润的百分之三十。

(四)公司出于特殊原因需要调整或变更本条第(二)款和第(三)款规定的利润分配政策的,应由公司独立董事发表意见,经董事会审议通过后提交股东大会审议。股东大会的召开方式应当符合公司上市地的监管要求。"

中国石油2017—2019年的财务指标如表9-1所示。

表 9-1　中国石油 2017—2019 年的财务指标

项目	2019 年	2018 年	2017 年
营业收入（百万元）	2 516 810	2 374 934	2 032 298
营业利润（百万元）	115 520	136 382	60 389
归属于母公司股东的净利润（百万元）	45 677	53 030	23 532
归属于母公司股东的扣除非经常性损益的净利润（百万元）	53 485	66 645	27 529
经营活动产生的现金流量净额（百万元）	359 610	353 256	368 729
加权平均净资产收益率（％）	3.7	4.4	2.0
期末总股本（亿股）	1 830.21	1 830.21	1 830.21
基本每股收益（元）	0.25	0.29	0.13
稀释每股收益（元）	0.25	0.29	0.13

（三）股利分配情况

自上市以来，中国石油每年保持现金股利的发放，股利支付情况如表 9-2 所示。

表 9-2　中国石油的股利支付数据

年度	净利润（亿元）	股利金额（亿元）	股利支付率（％）	每股股利（元）	股利收益率
2007	1456.25	655.31	45.00	0.36	1.17％
2008	1144.31	514.95	45.00	0.28	2.77％
2009	1033.87	465.24	45.00	0.25	1.84％
2010	1399.92	629.96	45.00	0.34	3.07％
2011	1329.61	598.31	45.00	0.33	3.36％
2012	1153.26	518.97	45.00	0.28	3.14％
2013	1295.99	583.20	45.00	0.32	4.13％
2014	1071.72	482.28	45.00	0.26	2.44％
2015	355.17	159.83	45.00	0.09	1.05％
2016	78.57	108.56	138.16	0.06	0.75％
2017	227.98	237.93	104.36	0.13	1.61％
2018	525.91	327.24	62.22	0.18	2.51％
2019	456.77	262.93	57.56	0.14	2.53％

注：中国石油每年支付两次股利，表中股利金额为全年的股利支付总额。股利收益率为每股股利除以年末的每股价格。

三 案例分析

（一）行业背景分析

石油公司的业绩在很大程度上受到国际油价的影响。从石油价格的走势来看，在经历了20世纪90年代的长期稳定、21世纪初期的稳定上升两个阶段以后，2008年的全球金融危机给石油价格带来了一波短期的巨大冲击，石油价格一度从2008年最高的147.27美元/桶快速下跌至2009年年初的33美元/桶，之后的10年间石油价格大幅波动，如图9-2所示。

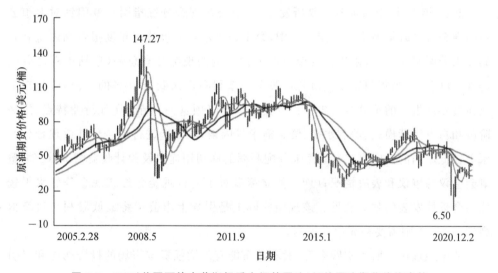

图9-2　WTI（美国西德克萨斯轻质中间基原油）纽约原油期货价格走势

自2014年美国页岩油产业革命和全球经济增速放缓以来，原油的供需缺口放大，国际油价在2014年后期不断下跌，2016年2月降至30美元/桶左右，各大石油公司的业绩均受到巨大冲击。自2016年年初起，国际油价开始震荡上行，2018年10月布伦特油价一度突破86美元/桶的高点，但之后2019年又经历了一轮快速下滑，最低跌至2020年4月的6.5美元/桶。下跌幅度大、影响时间长、周期波动明显是现阶段石油价格变化的典型特征。这些特征对石油行业的整体盈利能力产生了巨大影响。埃森克美孚的每股收益从2014年的7.6美元下降至2019年的3.36美元。雪佛龙公司的每股收益从2014年的10.21美元下降至2019年的1.55美元。盈利能力的整体大幅下滑使得石油行业的股利支付面临更大的压力。

（二）政策背景分析

出于对保护中小股东利益的重视,证券监管部门对上市公司股利政策的管理愈加严格。从 2006 年开始,中国证监会为引导上市公司加强现金分红,在相关的政策法规中陆续引入一系列对股利政策的半强制性规定。

早期对股利政策的要求主要体现在再融资政策上。2006 年中国证监会发布的《上市公司证券发行管理办法》规定,企业公开发行证券的条件之一是最近 3 年以现金或股票方式累计分配的利润不少于最近 3 年实现的年均可分配利润的 20%。这一规定在 2008 年改为:最近 3 年以现金方式累计分配的利润不少于最近 3 年实现的年均可分配利润的 30%。通过与再融资挂钩来鼓励上市公司以现金方式进行分红,这被学术界称为"半强制性"分红政策。这一规定是为了防止上市公司只圈钱而不分红或少分红,从而损害社会公众投资者的利益。

2013 年 1 月,上海证券交易所发布《上市公司现金分红指引》,专门针对上市公司的现金分红政策做出了规定。其中,第十条规定:"上市公司年度报告期内盈利且累计未分配利润为正,未进行现金分红或拟分配的现金红利总额（包括中期已分配的现金红利）与当年归属于上市公司股东的净利润之比低于 30%的,公司应当在审议通过年度报告的董事会公告中详细披露以下事项:（一）结合所处行业特点、发展阶段和自身经营模式、盈利水平、资金需求等因素,对于未进行现金分红或现金分红水平较低原因的说明;（二）留存未分配利润的确切用途以及预计收益情况;（三）董事会会议的审议和表决情况;（四）独立董事对未进行现金分红或现金分红水平较低的合理性发表的独立意见。"该规定实际上是引导上市公司将最低股利支付率提高到 30%,否则需要补充信息披露。

从金融理论和监管实践来看,股利政策能有效增强资本市场的投资功能和吸引力。现金分红作为回报投资者的重要方式,在成熟市场中往往占据主导地位。纵观各国实践,成熟市场大多实施公司自治型股利政策。我国资本市场目前尚不完善,从政策制定上为保护中小投资者的利益,防止"铁公鸡"现象的发生,实行"半强制性"股利政策。股利政策的要求从早期的再融资引导到现在制定专门的现金分红指引,从早期的 3 年累计分红不低于年均可分配利润的 30%到上交所目前建议的每年现金分红不低于 30%,股利支付率的最低要求明显提高。

（三）中国石油的股利政策分析

通过对历年来中国石油的实际股利支付情况进行分析发现,中国石油的股利政策具有以下特点:

(1) 从股利支付率来看,中国石油执行"固定股利支付率加额外股利"政策。中国石油上市后,每年按照45%的股利支付率派发股息,在利润出现大幅下滑的时期,为了保障股利的平稳会增加额外股利。如图 9-3 所示,中国石油的股利支付率在 2016 年之前稳定在 45% 的水平,2016 年公司净利润从 2015 年的 355.17 亿元下降至 78.57 亿元,降幅达到 77.88%,为了避免同期股利也出现大幅下滑,公司增加了额外股利,股利支付率提高至 138.16%,股利支付额下降 32.08%。之后,中国石油的股利支付每年均会增加一部分额外股利,以避免股利出现大幅下滑。

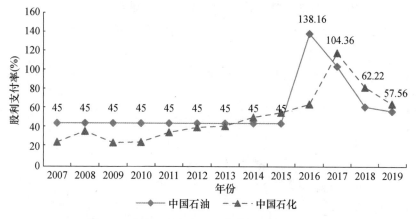

图 9-3 中国石油和中国石化的股利支付率走势

(2) 从股利支付水平来看,中国石油每股股利呈波动性下滑的趋势。如图 9-4 所示,2007—2019 年,中国石油的每股股利呈现波动性下滑,从 2007 年的 0.36 元最低跌至 2016 年的 0.06 元。主要原因在于石油价格大幅波动,导致公司净利润在 2007 年之后出现了明显的下滑趋势。2017 年、2018 年公司每股股利有所回升,2018 年每股股利回升至 0.18 元,2019 年又降至 0.14 元。从与中国石化的对比来

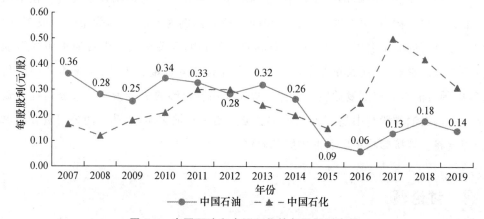

图 9-4 中国石油和中国石化的每股股利走势

看,2015年以前,公司的股利水平一直高于中国石化,但是2015年之后开始低于中国石化。

(3) 从股利收益率来看,中国石油股利收益率在0.5%—4.5%的区间波动。图9-5列示了中国石油股利收益率的变化情况。股利收益率计算公式为:每股股利/年末每股价格,代表了投资者从现金股利上获取的投资收益高低。中国石油的股利收益率在0.5%—4.5%的区间波动,最高为2013年的4.13%,最低为2016年的0.75%,自2011年以来,股利收益率相对低于中国石化的股利收益率水平。与国际平均水平相比,国际上石油天然气公司的股利收益率通常在1%—4%的区间波动,中国石油的股利收益率水平大部分年份处于正常区间范围。

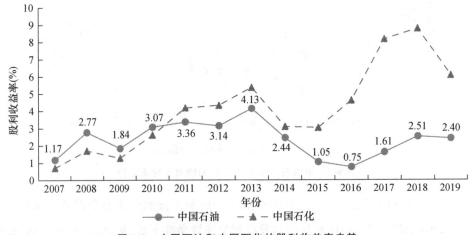

图 9-5 中国石油和中国石化的股利收益率走势

(四) 股权结构的考虑

中国石油的股权结构比较集中,股利政策受到大股东的影响程度较大。在中国石油的股权结构中,中石油集团直接和间接持股比例为80.41%,为第一大股东,因此集团公司的资金需求对中国石油股利政策的影响至关重大。中石油集团受石油价格下跌的影响,下属大量非上市公司需要补充营运资金。因此,从集团公司的角度,中国石油需要定期发放股利以保证集团公司有足够的资金为非上市公司提供资金。中国石油的股利中超过80%的部分分配给中石油集团,因此集团公司资金需求的程度将会直接影响中国石油的股利政策。

讨论题

1. 企业在选择股利政策时需要考虑哪些因素?

2. 选择不同的股利政策会对企业产生什么影响？
3. 你认为中国石油的股利政策是否需要修改？为什么？

小案例

万科企业股份有限公司股利政策

万科企业股份有限公司（以下简称"万科"）于1988年进入房地产行业，经过三十余年的发展，已成为国内领先的城乡建设与生活服务商，业务聚焦全国经济最具活力的三大经济圈及中西部重点城市。2016年公司首次跻身《财富》世界500强，居榜单第356位，2017—2019年接连上榜，分别居榜单第307位、第332位和第254位。2017—2019年，公司主要会计数据和财务指标如表9-3所示。

表9-3　2017—2019年万科主要会计数据和财务指标　　　　金额单位：元

项目	2019年	2018年	2017年
营业收入	367 893 877 538.94	297 679 331 103.19	242 897 110 250.52
营业利润	76 613 136 041.54	67 498 612 522.27	50 812 916 408.40
利润总额	76 539 289 517.59	67 460 201 390.98	51 141 952 665.41
归属于上市公司股东的净利润	38 872 086 881.32	33 772 651 678.61	28 051 814 882.36
经营活动产生的现金流量净额	45 686 809 515.08	33 618 183 388.52	82 322 834 216.50
基本每股收益	3.47	3.06	2.54
稀释每股收益	3.47	3.06	2.54
全面摊薄净资产收益率	20.67%	21.68%	21.14%
加权平均净资产收益率	22.47%	23.24%	22.80%

2019年度，经审计师分别按照中国会计准则和国际财务报告准则审计，公司合并报表口径归属于母公司股东的净利润均为人民币388.7亿元，母公司净利润均为人民币360.5亿元。

根据财政部《关于编制合并会计报告中利润分配问题的请示的复函》（财会函〔2000〕7号）的要求，公司利润分配及分红派息基于母公司的可分配利润。

根据有关法规及公司章程的规定，综合考虑股东利益及公司长远发展需求，董事会向股东大会提交2019年度利润分配方案如下：

（1）母公司公积金已超过公司股本的50%，本年不计提法定公积金；

（2）按照母公司净利润的65%计提任意公积金，共计23 433 008 059.24元；

（3）按照母公司净利润的35%和2018年度未分配利润共同作为分红基金的来

源,共计 12 912 439 727.77 元。

公司 2019 年度分红派息方案如下:2019 年度拟合计派发现金股息 11 810 739 436.05 元(含税),占公司 2019 年合并报表中归属于上市公司股东的净利润的比例为 30.38%,不送红股,不以公积金转增股本。如以 2019 年年末公司总股份数 11 302 143 001 股计算,每 10 股派送人民币 10.45 元(含税)现金股息。

2013—2019 年公司股利分配情况如表 9-4 所示。

表 9-4　2013—2019 年万科股利分配情况

年份	10 股分红（元）	现金分红（万元）	母公司净利润（万元）	合并报表中归属于母公司股东的净利润（万元）	占母公司净利润的比例	占归属于母公司股东的净利润的比例
2019	10.45	1 181 074	3 605 078	3 887 209	32.76%	30.38%
2018	10.45	1 181 189	2 298 635	3 377 265	51.39%	34.97%
2017	9.00	993 524	1 343 722	2 805 181	73.94%	35.42%
2016	7.90	872 093	1 277 715	2 102 261	68.25%	41.48%
2015	7.20	794 819	994 995	1 811 941	79.88%	43.87%
2014	5.00	552 440	1 188 673	1 574 545	46.48%	35.09%
2013	4.10	451 614	779 590	1 511 855	57.93%	29.87%

资料来源:万科股份有限公司 2019 年年报。

讨论:你认为万科的股利政策属于哪种类型？这种股利政策的优缺点是什么？

案例十

聚美优品私有化

教学目的与要求

【学习目标】

通过本章的学习,你应该掌握:
1. 上市公司私有化的主要类型;
2. 上市公司私有化的动机;
3. 企业私有化的经济后果。

【素养目标】

通过本章的学习,认识企业财务行为背后均体现了其长期战略考虑。私有化退市不一定意外着企业经营的失败,从长期来看可能是企业进行战略转型的一种理性选择。

一 背景知识

（一）上市公司私有化分类与动机

上市公司私有化（Going-Private）是指已经上市的公司被收购进而退出资本市场的交易，即退市。现有研究认为，企业退市是对成本和收益的权衡，当退市的收益超过成本时，企业就会选择退市。上市公司私有化是成熟资本市场中较为普遍的一种现象。

1. 上市公司私有化分类

按照不同的分类标准，上市公司私有化可以分为多种类型。

（1）按照私有化手段的不同，上市公司私有化可以分为通过要约收购实现的私有化、通过吸收合并实现的私有化和通过卖壳实现的私有化。其中，通过要约收购实现的私有化是指控股股东或其一致行动人通过向目标公司的全体独立股东发出收购要约，将上市公司私有化。控股股东或其一致行动人还可以通过吸收合并目标公司实现该公司的私有化，即与目标公司（被合并方）签署公司合并协议进行私有化。通过卖壳实现的私有化是指将上市公司的资产置换出来，同时将壳资源出售的一种私有化方式。

（2）按照实施者的不同，上市公司私有化可以分为控股股东私有化、外部接管者私有化和管理层私有化。其中，控股股东私有化是指上市公司的控股股东通过向目标公司的全体独立股东发出收购要约，将上市公司私有化；外部接管者私有化是指由上市公司以外的接管方发出收购要约，最终实现私有化；管理层私有化是指由上市公司的管理层主导收购要约，将上市公司私有化。

（3）按照私有化意图的不同，上市公司私有化可以分为主动私有化和被动私有化。其中，被动私有化又被称为强制退市，是指上市公司因经营不善、业绩不佳，不再满足《中华人民共和国证券法》和《中华人民共和国公司法》中相关的上市条件而被迫退市。主动私有化作为资本运营的一种手段，有利于企业更好地整合资源，提升企业价值，实现战略目标。

2. 企业私有化动机

关于企业私有化动机的研究有很多，我们将企业私有化的动机归纳为税收假说、代理成本假说、交易成本假说、抵御收购假说、股票价值低估假说、财富转移假说和企业战略假说七个方面。

(1) 税收假说。税收假说认为，私有化将提高企业负债水平，进而产生节税效应。目前实证研究可以证实的节税效应主要产生于私有化交易引起的企业财务结构的变化。在欧美，绝大多数上市公司私有化都会采取杠杆收购（LBO），即融资收购的方式。税法规定，利息费用可以在税前抵扣，股利却不能，因此大幅增加的贷款利息支出可以从企业当期应纳税额中扣减，从而为企业节省大量的纳税支出。私有化带来的这种节税效应十分显著。

(2) 代理成本假说。代理成本假说主要基于代理理论，包括利益协调假说、控制权假说和自由现金流假说。利益协调假说认为，私有化会提高管理层的持股比例，降低代理成本。控制权假说认为，私有化有利于股权集中，降低代理成本。自由现金流假说认为，私有化将使得企业更依赖债务融资，从而减少企业的自由现金流。

(3) 交易成本假说。交易成本假说认为，股票上市的成本过高是导致企业私有化的重要原因。例如，一家市值达到1亿英镑的上市公司，交给伦敦证券交易所的会员费是43 700英镑，每年的上市费是6 280英镑。2002年《萨班斯-奥克斯利法案》通过后，在美国上市的企业维持上市地位的成本增加，这主要是由于《萨班斯-奥克斯利法案》的核心是通过立法加强对财务制度和企业内部的控制、提高企业财务的透明度以及及时对各种缺陷进行修复，这意味着在美上市企业建立内部控制体系的治理成本、审计及咨询成本、法律及诉讼成本等将随之增加。因此，企业私有化的现象更为明显。

(4) 抵御收购假说。抵御收购假说认为，管理层为了避免企业被敌意收购后丧失工作，会将企业私有化。为了防范来自资本市场的收购，特别是对原大股东和管理层不友好的敌意收购，一些企业会选择私有化。实证研究表明，控制权考虑逐渐成为企业私有化的重要因素。

(5) 股票价值低估假说。股票价值低估假说认为，股东和管理层存在信息不对称，而信息不对称程度高的企业对于机构投资者或基金经理缺乏吸引力，进而导致股票缺乏流动性、企业股价被低估。IPO的一个重要功能就是确定企业的市场价格/价值，从而为其股票提供流动性。如果企业的流动性下降，则企业更有可能私有化。

(6) 财富转移假说。财富转移假说认为，由于私有化会使企业的债务大幅增加，这会导致现有债权人的利益受到损失，从而将债权人的财富转移到股东那里。实证研究表明，私有化交易会引起企业债券评级的下降。

(7) 企业战略假说。企业战略假说认为，企业退市作为一项资本战略，要服从于企业的产业战略，为企业未来经营发展布局。企业不论是上市还是私有化，都是基于当前所处的发展阶段和战略需要做出的选择，符合资本战略服从于企业整体战略的要求。

(二) 企业私有化的经济后果

关于企业私有化经济后果的研究主要是分析企业宣布私有化时的股票市场反应和企业私有化以后的经营业绩。当企业宣布私有化时企业会获得显著的正回报,其普通股股价会提高;而当企业宣布撤销私有化的议案时,其股价会下跌。但是,企业所具有的不同特征也会显著影响企业宣布私有化时的股票市场反应。研究表明,内部持股比率高的小企业宣布私有化时,其股票回报更高,原因是《萨班斯-奥克斯利法案》使得小企业的成本增加得更多。企业私有化以后经营业绩会显著提升,经营现金流增加。由于缺少企业私有化以后的财务数据和股价数据,关于企业私有化以后的研究成果相对较少,而且多数研究集中在20世纪八九十年代。还有研究发现,企业私有化以后并不会一直保持私有化状态,企业可以选择再上市或被其他企业收购。但是,研究表明,私有化以后再上市的企业依然会保持企业在私有化状态下的某些财务特征,例如较高的负债水平。

二 案例资料

(一) 聚美优品的成立

2010年3月主打"化妆品团购"的团美网(即聚美优品前身)成立,创始人陈欧、戴雨森、刘辉三人的想法非常简单,致力于为用户创造简单、有趣、值得信赖的化妆品购物体验。同年9月,团美网正式全面启用"聚美优品"新品牌,延续了"化妆品团购"的模式,就这样,中国第一家专业化妆品团购网站诞生了。

(二) 聚美优品的迅速发展

2011—2013年,聚美优品的主营业务全面开花,用户规模急剧扩大,公司进入高速成长阶段,2013年全年销售额突破60亿元大关,创下新高。由表10-1可知,2011—2013年,聚美优品营业收入增长约21.2倍,年复合增长率约为471.3%;成功实现扭亏为盈,净利润增长约7.3倍。

表 10-1　聚美优品上市前三年的财务数据　　　　　单位:亿元

项目	2011 年	2012 年	2013 年
营业收入	1.37	14.70	30.43
营业利润	−0.28	0.64	2.41
净利润	−0.25	0.51	1.58
总资产	—	4.47	12.28

资料来源:聚美优品招股说明书。

快速上升的聚美优品也成功赢得了各路资本的青睐,在上市之前共获得多轮融资。2010 年,成立不满一年的聚美优品便获得了来自知名投资机构真格基金、险峰长青、万嘉创投的数百万美元天使轮融资,此外真格基金创始人徐小平还以个人身份参投。次年,险峰长青继续加码,沈南鹏代表的红杉资本中国基金入局,聚美优品共获得 1 000 万美元 A 轮融资。2012 年,聚美优品进行 B 轮融资,红杉资本中国基金加码投资,Ventech China 等机构跟投。聚美优美上市前融资大事件具体如表 10-2 所示。有了资金方面的保障,聚美优品的经营也迎来了大爆发。

表 10-2　聚美优品上市前融资大事件

时间	轮次	金额	机构
2010 年	天使轮	金额未透露	真格基金、险峰长青、万嘉创投
2011 年	A 轮	1000 万美元	红杉资本中国基金、险峰长青
2012 年	B 轮	金额未透露	红杉资本中国基金、Ventech China

资料来源:编者根据公开资料整理。

(三) 聚美优品赴美上市

2014 年 5 月 16 日,聚美优品登陆纽约证券交易所,正式挂牌上市,股票代码为 JMEI。聚美优品此次共发行约 1 114 万股美国存托凭证(ADS),发行价格为 22 美元/ADS(1 股 ADS 代表 1 股 A 类普通股股票),承销商被授予超额配售选择权(也称"绿鞋机制"),可以超额认购至多 167.1 万股 ADS。

聚美优品开盘报价为 27.25 美元/ADS,较发行价 22 美元/ADS 上涨超过 20%,报收于 24.18 美元/ADS,较发行价上涨近 10%,市值约 34.33 亿美元。走高的股价在一定程度上反映了资本市场对聚美优品发展前景的看好。

IPO 之后,聚美优品总股数由发行前的 125 170 199 股增加至 143 128 381 股,新增约 1 795.82 万股,融资总额约为 4.3 亿美元①。由表 10-3、表 10-4 可知,聚美优品上市前后,以陈欧、戴雨森为首的管理层均保持对公司的控制。

---

① 泛大西洋投资以 22 美元/ADS 的价格认购约 681.82 万股 ADS,总价值为 1.5 亿美元。

表 10-3　聚美优品上市前股权结构

股东	股票类别	股份数量	股份占比	投票权占比
陈欧	B类股	50 892 198	40.70%	77.80%
戴雨森	B类股	7 912 642	6.30%	12.10%
红杉资本中国基金	A类股	23 400 000	18.70%	3.60%
陈科屹	A类股	12 954 951	10.30%	2.00%
徐小平	A类股	11 054 339	8.80%	1.70%
其他股东	A类股	18 956 069	15.20%	2.80%
合计		125 170 199	100.00%	100.00%

资料来源：聚美优品招股说明书。
注：每1股B类股拥有10份投票权，每1股A类股拥有1份投票权。

表 10-4　聚美优品上市后股权结构

股东	股票类别	股份数量	股份占比	投票权占比
陈欧	B类股	50 892 198	35.56%	75.69%
戴雨森	B类股	7 912 642	5.53%	11.77%
红杉资本中国基金	A类股	23 400 000	16.35%	3.48%
陈科屹	A类股	12 954 951	9.05%	1.93%
徐小平	A类股	11 054 339	7.72%	1.64%
泛大西洋投资	A类股	6 818 182	4.76%	1.01%
其他股东	A类股	30 096 069	21.03%	4.48%
合计	A类股	143 128 381	100.00%	100.00%

资料来源：聚美优品招股说明书。

（四）聚美优品退市

1. 美国资本市场的中概股遭遇危机

自2010年起，在浑水公司的带动下，做空机构如雨后春笋般诞生，做空案例也频频爆出，而各路做空机构的做空对象大多直指中概股。一时间，不少中概股公司陷入被做空的泥沼，从借壳上市的小公司到上市多年的明星企业分别遭到不同程度的财务质疑。愈演愈烈的中概股做空风潮，最终导致投资者对中概股公司失去信心，中概股公司股价严重下跌，有的公司甚至被摘牌。2015年12月31日，道琼斯工业指数收盘于17 425.03点，相较于年初的17 832.99点，跌幅达2.29%；标准普尔500指数收盘于2 043.94点，相较于年初的2 058.90点，跌幅达0.73%；纳斯达克综合指数收盘于5 007.41点，相较于年初的4 760.24点，涨幅达5.73%，较2010—2014年平均涨幅（21.28%）有所下降；而反映中概股走势的纽约梅隆银行中国ADR指数收盘于375.08点，相较于年初的454.08点，跌幅达17.40%。整个中概股板块陷入前所未有的危机。聚美优品作为中概股的典型企业,虽然没有公开资料显示其被做空,但聚美优品时刻面临被做空的威胁,而且聚美优品的股价长期被低估,交易量不活跃,很难达到再次融资的目的。

2. 资本市场的业绩压力

聚美优品上市后不久便开始被假货问题困扰,陷入品牌信任危机。此外,综合电商发展迅猛、市场份额不断扩大,作为垂直电商代表的聚美优品业务发展陷入瓶颈。2015—2018 年,聚美优品营业收入分别为 73.4 亿元、62.8 亿元、58.2 亿元、42.9 亿元,同期用户数分别为 1 610 万、1 540 万、1 510 万、1 070 万。关键业绩指标的不断下滑使得资本市场对聚美优品的未来发展持较为悲观的态度。2016 年 2 月 16 日,即聚美优品首次提出私有化的前一交易日,聚美优品收盘价为 5.84 美元/ADS,相较于历史最高点 39.45 美元/ADS,跌幅超过 85%。资本市场向来注重企业的业绩与利润,聚美优品短期内难以扭转垂直电商业务的颓势,而影视投资、共享充电宝等新的业务板块又无法迅速带来利润增长,诸多事宜都是资本市场无法长期容忍的。

3. 聚美优品的退市选择

(1)第一次私有化尝试。2016 年 2 月,陈欧认为聚美优品价值被市场严重低估,于是联同联合创始人戴雨森、大股东红杉资本中国基金等,向其他股东提出了非约束性私有化要约,计划以 7 美元/ADS 的价格收购聚美优品股票。然而本次私有化并未如想象的那样顺利开展,其原因众多,但归根结底还是由于私有化价格仅为 IPO 发行价 22 美元/ADS 的 1/3,价格远低于股东的心理价位,许多中小股东难以接受上市不到两年时间损失接近 2/3。各方利益难以协调一致,2017 年 11 月,陈欧等人撤回了 2016 年 2 月发布的私有化要约,聚美优品谋求私有化一事暂告一段落。

(2)第二次成功退市。尽管私有化一事暂告一段落,但是聚美优品的大股东和管理层并未就此打消私有化的念头。2020 年 1 月 12 日,创始人陈欧等人再次提出非约束性私有化要约,计划以 20 美元/ADS 的价格对聚美优品股票进行收购。20 美元/ADS 的价格相当于合股①前 2 美元/ADS,相较于聚美优品首次提出私有化时 7 美元/ADS 的要约价格降低了超过 70%,更远低于其 22 美元/ADS 的 IPO 发行价。消息一出私有化要约的提议便遭受部分小股东的阻挠,表示对价格不满。但随着新冠肺炎疫情的扩散,全球资本市场波动剧烈,美股 10 天内经历 4 次熔断,投资

---

① 2020 年 1 月 10 日,聚美优品进行反向分割操作,以 10 股 A 类普通股合并成 1 股 ADS。

者避险情绪升温。不少专业人士预测买方团①将终止私有化,待股价跌至冰点时重启以降低收购成本。但买方团未搁置收购计划,收购价仍保持 20 美元/ADS,使得多数小股东对私有化的态度纷纷转为认可和支持。2020 年 4 月 9 日,买方团成功以要约收购的方式回购了聚美优品超 4 000 万股 A 类普通股股票,回购完成后,买方团合计持有聚美优品约 96% 的投票权。4 月 15 日,聚美优品发布公告宣布成为买方团拥有的私人控股公司,正式从纽约证券交易所退市。至此,聚美优品结束了接近 6 年的美股上市之旅。

两次私有化交易对比如表 10-5 所示。

表 10-5 两次私有化交易对比

项目	首次私有化	第二次私有化
发起日期	2016 年 2 月 17 日	2020 年 1 月 12 日
联合要约人	陈欧、戴雨森、红杉资本中国基金	Super ROI Global Holding Limited、Jumei Investment Holdings
要约收购价格	7 美元/ADS	20 美元/ADS
普通股:存托凭证(ADS)	1 股:1 ADS	10 股:1 ADS
溢价率	较前 1 日股价溢价 19.9% 较前 10 日均价溢价 26.6%	较前 1 日股价溢价 14.7% 较前 10 日均价溢价 7.5%
私有化结果	失败,于 2017 年 11 月 27 日撤回私有化要约	成功,于 2020 年 4 月 15 日摘牌

资料来源:编者根据公开资料整理。

三 案例分析

(一) 企业私有化动机的理论解释

首先主要从财务和战略两方面对聚美优品的私有化动机进行分析,并检验相关理论是否适用于其私有化。

1. 代理成本假说

聚美优品的股权较为集中,第一大股东是陈欧,截至聚美优品退市前,陈欧持股

---

① 买方团由 Super ROI Global Holding Limited 发起,Super ROI Global Holding Limited 为创始人陈欧全资拥有。

比例约为45%。根据聚美优品的年报整理,其第一大股东的持股比例如表10-6所示。与唯品会、京东、携程、阿里巴巴等未进行私有化的同行业公司相比,2019年聚美优品第一大股东的持股比例处于较高水平,接近45%,而可比公司处于10%—25%的区间范围内。根据代理成本假说,聚美优品私有化的完成使得公司股权由分散走向集聚状态,现存股东持股比例更高、更集中,较公开上市时话语权更强,从而能更有效地监督管理层,协调股东和管理层的利益冲突,有效降低代理成本。

表10-6 聚美优品与主要可比公司第一大股东的持股比例

公司	2014年	2015年	2016年	2017年	2018年	2019年
聚美优品(JMEI)	35.05%	35.03%	34.71%	33.99%	42.92%	44.58%
唯品会(VIPS)	14.32%	14.13%	14.10%	12.65%	12.66%	12.70%
京东(JD)	20.12%	18.19%	18.08%	18.02%	17.74%	17.88%
携程(TCOM)	13.61%	23.04%	21.60%	20.49%	19.44%	11.75%
阿里巴巴(BABA)	32.70%	32.20%	29.91%	29.07%	28.89%	25.01%

资料来源:Wind。

2. 交易成本假说

上市公司的成本主要包括上市费用、审计费用、法律顾问费用、投资者关系维护费用及信息披露费用等。美国证券交易委员会(SEC)在安然事件后通过了《萨班斯-奥克斯利法案》,该法案的目的是提高财务报表质量,以法律形式规范上市公司披露的准确性和可靠性,从而更好地保护投资者利益。但是该法案对上市公司的管理也提出了更高的要求,直接结果是提高了企业在美上市的成本。聚美优品自上市以来每年支付的审计费用如表10-7所示。2014—2018年,聚美优品的审计费用从约666万元提高至880万元,增长超过30%,年复合增长率为7.23%。另外,根据周煊和申星(2012)的统计,一家企业在纳斯达克上市的首次上市费用占到融资额的9%—16%,每年支付投资者关系维护费用约630万元、上市费用17万—63万元、法律顾问费用160万元、信息披露费用50万—100万元。因此,可以认为,聚美优品选择私有化的动机之一是避免高额的上市和维护费用,尤其是在经营陷入瓶颈、业绩增长乏力时,降低上述成本可以在一定程度上缓解公司的资金、业绩压力,同时这也符合交易成本假说。

表10-7 聚美优品的审计费用 单位:元

项目	2014年	2015年	2016年	2017年	2018年	2019年
审计费用	6 656 795	10 508 792	11 300 000	7 500 000	8 800 000	—

资料来源:编者根据聚美优品年报整理。
注:公司未披露2019年年报。

3. 股票价值低估假说

在美国资本市场上市的聚美优品,其市盈率指标一直较低。2014—2018年,聚美优品的市盈率分别为143.57倍、40.67倍、36.72倍、34.05倍和-9.28倍,而同属于互联网零售行业的美国上市公司的市盈率远高于聚美优品,例如亚马逊2015—2018年的市盈率分别为528.04倍、149.67倍、185.04倍和72.68倍,奈飞2014—2018年的市盈率分别为11.10倍、429.21倍、267.09倍、148.81倍和105.46倍。因此,相较于同行业美国上市公司,聚美优品的市盈率处于相对较低的水平。而阿里巴巴、携程等同行业中概股2014—2018年的市盈率水平也远低于同行业美国上市公司,说明中概股被低估的现象普遍存在。此外,对比A股同行业上市公司,聚美优品估值并不具备优势。以A股可比公司跨境通为例,2014—2018年跨境通的市盈率分别为19.88倍、60.85倍、62.38倍、36.52倍和25.78倍,多数年份高于聚美优品,相比之下,不论是收入规模还是用户数都更胜一筹的聚美优品,股价明显呈现被低估之势。因此,基于股票估值的视角,聚美优品的私有化对其是有利的。

表10-8 聚美优品与同行业可比公司的市盈率数据　　　　单位:倍

类别	公司	2014年	2015年	2016年	2017年	2018年
—	聚美优品	143.57	40.67	36.72	34.05	-9.28
同行业美国上市公司	亚马逊	—	528.04	149.67	185.04	72.68
	奈飞	11.10	429.21	267.09	148.81	105.46
同行业中概股	阿里巴巴	10.33	29.07	17.52	25.06	33.95
	携程	25.85	5.59	—	10.86	13.33
A股可比公司	跨境通	19.88	60.85	62.38	36.52	25.78

资料来源:Wind。

注:① 2018年聚美优品净利润为负数。② 2014年亚马逊净利润为负数。③ 2016年携程净利润为负数。

4. 企业战略假说

聚美优品私有化是出于企业战略转型的需要,符合企业战略假说的基本观点。自2014年上市以来,聚美优品一直处于高速发展期,不断进行对外扩张,积极涉足新领域、拓展新业务。2016年1月,陈欧高调宣布聚美优品将进入影视文化产业,计划在3年内打造出中国影响力最大的颜值经济公司。2017年4月,聚美优品发布了独立品牌Reemake,主打空气净化器,宣布正式进军智能家居领域。同年5月,聚美优品宣布将斥资3亿元投资深圳街电科技有限公司(以下简称"街电"),占股60%,入局共享充电宝领域。

但是,公司新扩张的业务领域需要持续的资本投入,且新业务在初期往往处于亏损状态,盈利前景不明朗,难以支撑公司整体盈利水平,还可能拖累主业,因此常面临来自资本市场较大的压力。2017年,聚美优品首次出现亏损,主要系共享充电宝业务发生大幅亏损,贡献约1%总收入的同时,却创造了340%的净亏损(聚美优品2011—2018年各部分营业收入如表10-9所示)。聚美优品一系列的"跨界"收购似乎脱离了以电商为核心的布局,更像是在谋求新的增长点。资本市场对聚美优品的一系列转型操作并不买账,公司不断高涨的转型热情与股价形成鲜明对比,为了更好地实现业务战略的转型,聚美优品最终选择了私有化。

表10-9 聚美优品2011—2018年各部分营业收入　　　　　　　　　　单位:亿元

项目	2011年	2012年	2013年	2014年	2015年	2016年	2017年	2018年
营业收入	1.37	14.70	29.45	38.73	73.43	62.77	58.17	42.89
其中:商品	1.37	14.70	29.45	38.73	73.43	62.77	56.34	33.59
市场服务							1.82	9.30

资料来源:编者根据聚美优品年报整理。

注:根据聚美优品年报,2017年、2018年公司市场服务收入主要来自共享充电宝业务。

聚美优品的战略变迁具体如图10-1所示。

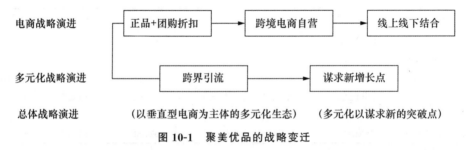

图10-1 聚美优品的战略变迁

资料来源:编者根据公开资料整理。

综上所述,聚美优品私有化一方面体现了企业私有化服从于企业整体战略的思想,另一方面其实质是企业的资本战略服从于企业的经营战略,为企业未来产业发展布局。

(二) 企业私有化的经济后果

1. 股票市场的检验

依据现有文献的通行做法,我们采用事件研究法来分析聚美优品私有化过程中几个关键时点的股票市场反应。超额回报的具体计算公式为:超额回报=个股回报－市场回报,由于聚美优品在美股上市,市场回报选取的是美国纳斯达克指数市场回报。① 我们采用[-1,1]和[-3,3]两个事件窗口来分析私有化信息对上市公司股价的影响。由表10-10可知,无论是陈欧等人再次提出非约束性私有化要约(2020年1月12日[-1,1]窗口的超额回报为7.97%),还是私有化方案的正式确定(2020年2月25日[-1,1]窗口的超额回报为28.69%),股票市场都给予了积极的反应,这说明聚美优品私有化对现有股东价值的提高是有积极意义的。

表10-10 聚美优品私有化的事件研究

事件	股票市场回报	
	[-1,1]	[-3,3]
2020年1月12日 陈欧等人再次提出非约束性私有化要约	7.97%	2.54%
2020年2月25日 聚美优品宣布与买方团达成私有化要约协议	28.69%	30.77%

资料来源:编者根据公开资料整理。

2. 聚美优品私有化与企业战略

过去若干年中,聚美优品涉足了多个领域,欲谋求战略转型、开辟新的增长点。而入局备受市场争议的共享充电宝业务,或许只是聚美优品一系列转型布局中的一部分。战略转型的最终目的,是将聚美优品从原来的垂直电商平台打造成一家多元化的时尚科技集团。其实陈欧的多元化转型布局由来已久,早在2015年7月,聚美优品就领投了宝宝树——一家专做母婴家庭服务的平台。2018年11月,宝宝树赴港上市,聚美优品通过股权转让使投资增值超过6亿元人民币。随后,聚美优品又发力影视文化行业,投资1亿元拍摄影视剧《温暖的弦》,并从中获利。

面对这一系列举动带来的质疑,陈欧曾在微博正面回应,他表示,聚美优品投资影视和街电的根本目的都是获得流量。未来互联网行业的发展趋势是,流量向超级App(手机软件)聚集,流量价格变得越来越贵。以更低成本的途径获取流量,是一家企业的运营逻辑所在。②

不难看出,陈欧如此重视流量的背后,是对互联网下半场严峻形势的判断。或许聚美优品早已知道,现在及未来很长一段时间的风口不是电商,而是人工智能(AI)、5G;而垂直电商也不可能成为电商的主航道,主航道是像阿里巴巴、京东、拼多多这样的综合电商。因此,聚美优品必须转型。

---

① 如果采用市场调整模型来计算个股的超额回报,研究结论保持不变。其中,β值的估算期间为事件日前120天到前11天[-120,-11]。

② 资料来源:聚美优品进击下半场,陈欧多元化战略初显成效[EB/OL].(2019-10-06)[2021-03-15]. https://www.sohu.com/a/345248814_99974896。

如今,经过几年的布局,聚美优品多元化转型的成果已经初步显现。例如,2019年上半年,街电以40.5%的市场份额稳坐共享充电宝行业第一的宝座,累计用户数超过1亿人次,成为共享充电宝行业累计用户数首个突破亿级别的平台。

曾经,聚美优品致力于发展成为一家化妆品类垂直电商公司,发展成为美妆电商领域的佼佼者。如今,聚美优品不断涉足美妆电商以外的业务板块,全面转型为多元化的时尚科技集团。由此可见,聚美优品私有化只是其战略转型过程中的某一过程,服从于企业整体战略的需要。

讨论题

1. 聚美优品为什么要私有化?
2. 聚美优品的私有化是如何服务于企业整体战略的?

晶澳太阳能私有化案例

晶澳太阳能有限公司(以下简称"晶澳太阳能")成立于2005年,主要从事高性能太阳能产品的设计、开发、生产和销售,产业链覆盖硅片、电池、组件及光伏电站。2007年2月7日,晶澳太阳能以晶澳太阳能控股有限公司(以下简称"晶澳控股")为主体在美国纳斯达克证券交易所挂牌上市(交易代码:JASO)。2011年,晶澳太阳能销售额近107亿元人民币,全年组件和电池片出货量为1.69吉瓦,位列全球太阳能光伏制造商销售量前三,中国电池片制造商销售量第一,是全球最大的太阳能电池制造商之一。

1. 私有化方案

2015年6月5日,晶澳太阳能实际控制人靳保芳及靳保芳所控制的晶龙集团(BVI)组成了买方团,并向晶澳控股的董事会提交了私有化要约。晶澳控股对外声称,公司董事会有意组成特别委员会来考虑这一提议,但随着时间的流逝,私有化事宜似乎一直被束之高阁,迟迟没有下文。直到2017年6月,买方团调整了私有化要约收购价格,以及黄金典、黄志峰及黄伯惠三人加入买方团,私有化方案才重新提上日程。

私有化采用境外收购常见的合并模式,即由晶澳控股与JASO Holdings、JASO

Parent、JASO Acquisition① 签订《合并协议》,JASO Acquisition 与晶澳控股合并,合并完成后,JASO Acquisition 停止存续,晶澳控股作为存续主体成为 JASO Parent 的全资子公司。

此外,在私有化过程中,晶龙集团(BVI)、黄金典、黄志峰、黄伯惠持有的晶澳控股流通股或 ADS 将被直接注销,JASO Holdings 以 1 美元/股的价格向其发行相应数量的股份;JASO Acquisition 以 1.51 美元/股(折合 7.55 美元/ADS)的价格收购剩余股东持有的流通股或 ADS;JASO Acquisition 合并生效前已发行的股票全部转换为合并生效后晶澳控股的股票且构成晶澳控股的全部股票。

由图 10-2 可知,私有化完成之后,靳保芳通过 JASO Top 持有 JASO Holdings 74% 的股份,为晶澳控股实际控制人,晶龙集团(BVI)持有 16.6% 的股份,黄金典、黄志峰、黄伯惠合计持有 9.4% 的股份。

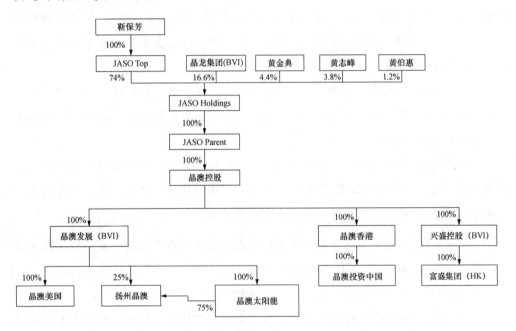

图 10-2　私有化完成后晶澳控股与晶澳太阳能的控制关系

资料来源:《秦皇岛天业通联重工股份有限公司重大资产出售及发行股份购买资产暨关联交易报告书》。

2018 年 7 月 16 日,晶澳控股向 SEC 报备相关文件,注销了晶澳控股的股份登记,完成了从美股退市的程序。

---

① JASO Holdings、JASO Parent、JASO Acquisition 仅为私有化目的设立。

2. VIE架构拆除和资产注入

为了谋求在A股上市,晶澳太阳能拆除了VIE架构并进行资产整合。首先,晶泰福(实际控制人为靳保芳,控股比例为95%)和其昌电子(实际控制人为黄金典,控股比例为90%)受让晶澳发展(BVI)持有的晶澳太阳能100%的股权,晶澳太阳能由外商独资企业变更为内资企业。在变更为内资企业后,晶澳太阳能收购了晶澳投资中国、晶澳香港、晶澳美国100%的股权以及扬州晶澳25%的股权,将原属于境外上市架构内与主营业务相关的公司整合到其架构下,从而完成标的公司境内外架构的调整。

3. 借壳上市

2019年1月20日,天业通联、晶澳太阳能全体股东、华建兴业、何志平、中国华建①共同签署了《重大资产出售及发行股份购买资产协议》。根据协议,本次交易包括两部分:① 天业通联将其拥有的截至2018年12月31日的全部资产、负债转让给华建兴业;② 天业通联以发行股份方式购买晶澳太阳能全体股东持有的晶澳太阳能100%的股权。

协议显示,置出资产交易总对价12.72亿元,由华建兴业以现金方式向天业通联支付;晶澳太阳能100%股权作价75亿元,由天业通联通过发行股份方式购买,发行股份总数为952 986 019股。

交易完成之后,晶泰福持有晶澳太阳能801 177 333股股份,持股比例达84.07%,为上市公司控股股东,靳保芳成为晶澳太阳能的实际控制人。经过一系列操作和调整,晶澳太阳能重回国内资本市场的怀抱。

资料来源:秦皇岛天业通联重工股份有限公司重大资产出售及发行股份购买资产暨关联交易报告书[EB/OL](2019-11-07)[2021-06-28]. https://pdf.dfcfw.com/pdf/H2_AN201911061370460893_1.PDF.

讨论题:晶澳太阳能控股股东与社会公众股东的权益在私有化和借壳上市的过程中分别受到了怎样的影响?

---

① 何志平为本次交易前天业通联的实际控制人,华建兴业、中国华建为何志平的控股公司。

21世纪经济与管理规划教材

财务管理系列

案例十一

汇川技术并购贝思特

教学目的与要求

【学习目标】

通过本章的学习,你应该掌握:
1. 企业并购的主要动机;
2. 企业并购的常见类型;
3. 对目标企业的定价方法;
4. 并购中的融资渠道分析;
5. 并购交易对商誉的影响分析。

【素养目标】

通过本章的学习,领会互利共赢的交易结构是企业并购交易成功的基础,而达成互利共赢的前提是企业之间具有某种协同效应。

一 背景知识

（一）并购动机与类型

并购是兼并（Merger）和收购（Acquisition）的简称。兼并又称吸收合并，是指两家或更多的独立企业、公司合并组成一家企业，通常由一家占优势的公司吸收一家或多家公司；收购是指一家企业用现金或有价证券购买另一家企业的股票或资产，以获得对该企业全部资产或某项资产的所有权，或者获得对该企业的控制权。从兼并和收购的含义来看，二者形式虽有不同，但实质上都涉及企业控制权的转移，因此通常统称为并购。

1．并购动机

企业进行并购的动机主要表现为以下几种：

（1）获得协同效应。通过并购实现"1＋1＞2"的效果。从效率上讲，并购的协同效应可以简单地分为管理、经营及财务三大类。管理上的协同效应体现为管理效率的提升，即具有较高管理效率的企业并购管理效率较低的企业并通过提高目标企业的管理效率而获得收益，其方式是合并方利用自身的能力充分发挥被合并方原本没有被充分利用的管理资源；经营上的协同效应主要体现为规模经济性和范围经济性，规模经济性的并购动机主要体现在横向并购中，范围经济性的并购动机则主要体现在纵向并购和混合并购中；而财务上的协同效应主要体现为并购后企业通过税法、会计处理及证券交易等途径产生效益。

（2）降低代理成本。外部合并方的接管会导致被合并方现有经理和董事会成员改选，进而解决被合并方可能存在的代理问题，降低代理成本。

（3）获得特殊资产。对于某些存在行政垄断或技术壁垒的行业而言，获得特殊资产往往是其重要的并购动机。特殊资产是指对企业获得核心竞争力至关重要的专门资产，例如土地、专业人才梯队、专有技术、品牌、商标等。

（4）实现战略重组，开展多元化经营。企业若想实现多元化经营，则可以通过内部积累或外部直接并购两种途径实现，但是在多数情况下，由于企业内部积累的速度通常而言比较慢，而企业面临的市场竞争环境却是快速变化的，因此企业往往选择并购途径快速进入快速增长的行业，并利用被合并方在市场中的市场份额和战略资源实现盈利。

2. 并购类型

按照不同的分类标准,并购可以分为多种类型。

(1) 按照并购双方所处的行业进行分类,并购可分为:① 横向并购。横向并购是指并购方与被并购方处于同一行业、生产或经营同一种产品,并购可以使资源或市场份额集中于某一领域的企业并购。② 纵向并购。纵向并购是指并购方与被并购方处于同一产业链的上下游,是交易中互为购买者和销售者的企业并购。③ 混合并购。混合并购是指并购方与被并购方的产业领域、产品属于不同的市场,且其生产不存在特殊生产技术联系的企业并购。

(2) 按照并购的实现方式进行分类,并购可分为:① 现金购买式并购。现金购买式并购可以分为两种情况:第一,并购方通过现金购买被并购方所有资产,使得被并购方除现金以外没有其他使其继续经营下去的生产资料,成为只有资本结构的空壳。第二,并购方通过在资本市场上以现金收购方式买入被并购方的股票,达到可以控制被并购方的比例。② 股份交易式并购。股份交易式并购同样可以分为两种情况:第一,以股权换股权。并购方通过发行本公司的股票来换取被并购方的股票,达到控股比例,进而控制被并购方。操作完成后,被并购方成为并购方的子公司。第二,以股权换资产。并购方通过发行本公司的股票来换取被并购方的特定资产。

(二) 目标公司的定价方法与影响因素

1. 目标公司的定价方法

目前目标公司的定价方法主要有以下三种:

(1) 现金流折现法(收益法),指通过一定的折现率将目标公司资产未来预期现金流入折算成现值,进而确定资产价格。现金流折现法考虑了企业未来风险和收益的价值,是一种比较主流的资产评估方法。

(2) 资产基础法,指以目标公司资产在市场上的重置价值为基础来对目标公司的资产进行评估,进而确定资产价格。重置价值的确定有很多种,包括账面价值、市场价值、清算价值、持续经营价值等。这种方法的优点是简单、直观。

(3) 市盈率比较法,指以目标公司的股票市价为基础,与资本市场上同行业类似企业的市盈率进行比较,进而确定目标公司资产价格。

2. 目标公司定价的影响因素

目标公司定价的影响因素不仅包括企业的内在价值,在实践中还要综合以下因素来确定目标公司的资产价格:

(1) 并购双方在此次并购谈判中所处的地位。如果目标公司处于经营困境阶段,更需要通过被并购来盘活资产、打破经营困境,那么此时并购方相较于被并购方会具有更高的议价能力。

(2) 产权市场的供给情况。如果被并购方的资产质量非常优良,那么就会吸引多家并购方对其进行并购,进而推高被并购方资产的价格;反之,如果被并购方的资产无人问津,那么被并购方资产的价格将会进一步下跌。

(3) 其他附加条件。在并购谈判中双方通常会就一些并购条件进行协商,而并购的附加条件往往会对并购价格产生影响。例如,若目标公司的原股东愿意对并购后的未来业绩做出承诺,则并购价格往往会提高。

二 案例资料

(一) 并购方汇川技术的基本情况

深圳市汇川技术股份有限公司(以下简称"汇川技术")成立于2003年4月10日,注册地为深圳市龙华新区观澜街道高新技术产业园汇川技术总部大厦,主要经营工业自动化产品、新能源产品、新能源汽车、自动化装备、机械电子设备、物联网产品、机电产品和各种软件的生产。2010年9月28日,汇川技术在深圳证券交易所创业板上市,股票代码300124。汇川技术是国内工业自动化控制领域的领军企业,是国内最大的中低压变频器供应商、市场占有率第一的电梯一体机供应商和最大的新能源汽车电机控制器供应商。2017—2019年公司具体的财务指标如图11-1所示。

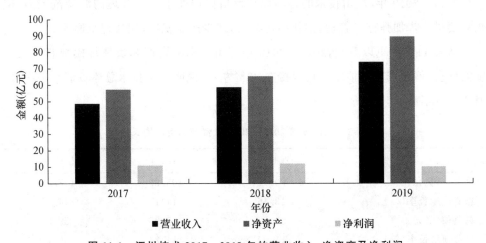

图 11-1 汇川技术 2017—2019 年的营业收入、净资产及净利润

从图 11-1 中可以看到,2017—2019 年汇川技术的营业收入实现了每年约 15%

的连续增长,净资产也以每年16%的增长率稳定增长。与此同时,净利润保持在高位,总体上展现了良好的增长势头及优良的业绩表现。相关财务指标的具体分析如表11-1所示。

表11-1 汇川技术2017—2019年相关财务指标

财务指标	2017年	2018年	2019年
年末现金及现金等价物(亿元)	2.36	7.56	18.60
流动比率(倍)	2.24	2.19	1.81
速动比率(倍)	1.91	1.83	1.48
资产负债率(%)	36.71	36.74	36.71
总资产周转率(次)	0.56	0.61	0.59
存货周转率(次)	5.36	5.12	4.97
应收账款周转率(次)	3.75	3.47	3.36
权益净利率(%)	19.04	18.52	11.30
总资产净利率(%)	12.06	11.71	6.78
毛利率(%)	45.12	41.81	37.65
净利率(%)	22.84	20.58	13.67

从表11-1中可以看到,2017—2019年汇川技术的现金及现金等价物有着较大幅度的增长,现金流十分充裕。在汇川技术收购贝思特的2019年,其流动比率与速动比率较之前两年均有所下降,但仍在1以上,短期内不存在较大的偿债压力。

2017—2019年,汇川技术分别实现净利润10.90亿元、12.10亿元和10.10亿元,净利润一直保持在高位;但是,其毛利率、权益净利率和总资产净利率呈下降趋势,反映出公司业绩增长乏力,市场竞争逐渐激烈。

2017—2019年,汇川技术的各项周转率指标均处于一个合理的波动范围内,但仍需要进一步加强存货管理,创新销售模式,减少产品积压,加快现金回笼。

从表11-2中可以看到,2017—2019年汇川技术的资产和负债规模都有较大幅度的增长,但是资产负债率一直保持在36%左右,说明汇川技术总体负债水平尚可,财务杠杆不高。

表11-2 汇川技术2017—2019年资产和负债增长情况

项目	2017年	2018年	2019年
总资产(亿元)	90.47	103.29	148.86
总资产增长率(%)	13.46	14.17	44.12
总负债(亿元)	33.22	37.95	59.50
总负债增长率(%)	11.03	14.24	56.79

(二) 被并购方贝思特的基本情况

上海贝思特电气有限公司(以下简称"贝思特")成立于2003年5月19日,由贝思特电子部件、朱小弟、丁志明共同出资设立;设立时注册资本为1000万元。贝思特的产品包括人机界面、门系统、线束电缆、井道电气及其他(控制系统等)电梯电气部件,涵盖了较为完整的电梯电气系统产品系列。其中,人机界面产品处于行业领先地位,人机交互系统收入占其总收入的50%左右。同时,贝思特专注于电子和结构结合类电梯配套产品的研发、生产与销售,致力于为电梯客户提供全方位的电梯电气部件产品和服务,包括从需求方案形成、研发设计、生产制造、工程应用、现场支持到持续改进的产品全生命周期服务。截至2019年3月末,贝思特的股东为赵锦荣(持股84%)、朱小弟(持股8%)、王建军(持股8%)三人。

(三) 并购交易方案概述

本次交易总体方案是:汇川技术拟分别向贝思特的股东赵锦荣、朱小弟、王建军发行股份及支付现金购买其合计持有的贝思特100%的股权。贝思特100%的股权估值为24.87亿元。具体包括:支付现金购买贝思特51%的股权,发行股份购买贝思特49%的股权,募集配套资金。

(1) 汇川技术先以支付现金方式购买交易对方合法持有的贝思特51%的股权,在股东大会审议通过及反垄断审查通过后实施。

(2) 汇川技术以发行股份方式购买交易对方合法持有的贝思特49%的股权,在取得中国证监会核准后实施。汇川技术以现金方式购买贝思特51%的股权是发行股份购买贝思特49%的股权的前提;后续发行股份购买贝思特49%的股权是否被证券监管部门核准不作为以现金方式购买贝思特51%的股权的前提条件。本次交易的发行股份价格为21.49元/股,不低于定价基准日前120个交易日上市公司股票交易均价的90%。发行股数为56 715 504股。

(3) 汇川技术拟通过询价发行方式向其他不超过5名特定投资者发行股份募集配套资金,募集配套资金总额不超过32 000万元。本次募集配套资金的生效和实施以本次发行股份购买贝思特49%的股权的生效和实施为条件,但最终募集配套资金发行成功与否不影响发行股份购买资产的实施。

本次非公开发行股份募集配套资金的定价基准日为发行期首日,即2019年11月13日。本次发行价格为22.60元/股。本次发行股份14 159 292股,共募集配套资金总额(含发行费用)319 999 999.20元。拟用于支付本次交易中介机构费用以及补充上市公司流动资金,其中用于补充上市公司流动资金的金额不超过本次交易作价的 25%。

(四)汇川技术并购贝思特的主要程序

汇川技术并购贝思特的全过程回顾如表 11-3 所示。

表 11-3 汇川技术并购贝思特全过程

时间	事件
2019 年 3 月 21 日	汇川技术在深圳证券交易所发布停牌公告,提出正式并购贝思特的计划
2019 年 4 月 2 日	汇川技术董事会通过本次并购的相关议案
2019 年 6 月 14 日	汇川技术股东大会通过本次并购的相关议案
2019 年 6 月 28 日	通过国家市场监督管理总局反垄断审查
2019 年 7 月 9 日	汇川技术以支付现金方式购买贝思特 51% 的股权
2019 年 10 月 18 日	中国证监会《关于核准深圳市汇川技术股份有限公司向赵锦荣等发行股份购买资产并募集配套资金的批复》(证监许可〔2019〕1934 号)核准了本次发行
2019 年 11 月 5 日	贝思特其余 49% 股权的工商过户完成
2019 年 11 月 26 日	完成定向增发和配套融资,并购交易完成

(五)资产评估方法与估值

根据天健兴业出具的《资产评估报告》,截至评估基准日 2018 年 12 月 31 日,贝思特 100% 股权市场价值的评估值为 249 389 万元(采用收益法作为评估方法),增值率为 433.94%。以此为基础,经交易各方协商确定本次交易价格为 248 738 万元。

(六)业绩承诺情况

交易双方同意将贝思特承诺期间内的跨国企业业务与海外业务累计毛利润、大配套中心、核心人员离职率作为考核指标,交易对方(赵锦荣、朱小弟、王建军)对上市公司(汇川技术)做出相应业绩承诺。

(1)跨国企业业务与海外业务累计毛利润方面。跨国企业业务是指贝思特在中国境内销售给跨国企业客户(国际品牌电梯厂商在全球范围内的电梯行业的独资或合资公司)及与其相关联的所有业务;海外业务是指贝思特所有的直接对外出口业务。业绩承诺期间为 2019—2021 年。交易对方承诺,在行业电梯产量 2019—2021 年的年复合增长率(R)≥-7% 的情况下,标的公司的跨国企业业务与海外业务经审计的 2019—2021 年毛利润的年复合增长率>5%;在行业电梯产量 2019—2021 年的年复合增长率(R)≥-12% 且<-7% 的情况下,标的公司的跨国企业业

务与海外业务经审计的2019—2021年毛利润的年复合增长率＞0%。

（2）大配套中心方面。业绩承诺期间为自第二次交割日起6个月届满后的12个月内。交易对方承诺，标的公司成立大配套中心，并明确大配套中心内生产的产品结构、生产模式、客户需求，且具备以下能力：一是平均交货期，不超过5个工作日；二是平均交货质量，一次开箱合格率不低于95%。

（3）核心人员离职率方面。业绩承诺期间为自2019年1月1日起至36个月届满之日止。交易对方承诺，在业绩承诺期间内，标的公司核心人员离职率低于10%，标的公司核心人员名单由交易双方签署书面文件予以确认。

如果交易对方在业绩承诺期间内没有达成上述业绩承诺，则补偿义务人应对上市公司进行补偿。补偿金额由双方约定的计算公式确定。

三 案例分析

（一）汇川技术实施并购的动机分析

从并购双方所处的行业来看，汇川技术并购贝思特属于横向收购。基于并购交易方案及未来电梯行业发展情况，汇川技术实施并购的动机主要表现在以下几个方面：

1. 产品优势互补，技术实力提升

在产品和技术方面，汇川技术现有的电梯一体化产品和贝思特的产品共同构成了完整的电梯电气产品线，但汇川技术与贝思特的主要产品和核心优势并不相同，各自在其主要业务领域均处于行业领先地位。贝思特在电气、钣金、模具类等产品设计、生产制造上，以及多品种、小批量、参数化产品的柔性化、精益制造及管理等方面具有成熟经验和独到优势。并购双方根据优势互补、资源最优化配置的原则进行全方位协同整合，将大大促进整体生产、技术、运营管理等综合能力和营运效率的提升。

2. 拓展客户资源，增强市场竞争力

在客户和市场方面，汇川技术客户主要为国产品牌电梯企业，贝思特客户则主要为国际品牌电梯企业；在海外市场，汇川技术产品在亚太地区相对具有优势，贝思特产品则在欧洲地区相对具有优势。双方客户群体、销售市场具有很强的互补性，本次并购交易完成后通过客户覆盖率、市场渗透率的叠加效应，有助于进一步提升各自公司产品市场开拓效率及市场占有率,双方将积极开发并进入拥有更多国际品牌及海外客户的供应链体系。

3. 拓宽销售渠道,打通地域限制

在营销和渠道方面,汇川技术生产基地设在江苏,产品销售主要以经销为主,部分大型、战略客户则采取直销方式。汇川技术在华东、华南、西南和华北等地区建立了二十多家电梯产品经销商体系。贝思特则在上海、浙江设有生产基地,在天津、广东拥有组装和物流基地,产品销售采取直销方式。并购交易完成后,汇川技术生产及销售辐射区域覆盖了长江三角洲、珠江三角洲和环渤海地区等国内主要电梯生产基地,同时双方的营销体系和渠道资源也具有很好的协同互补性。

(二) 对标的公司贝思特的选择分析

汇川技术在选择贝思特作为并购目标时,主要考虑了如下因素:

1. 战略上可实现"1+1>2"的协同效应

现有资料显示,标的公司贝思特与奥的斯、通力、蒂森克虏伯、迅达等绝大多数国际品牌电梯厂商,以及康力、江南嘉捷、广日等国内知名电梯厂商均形成了长期、稳定的合作关系,且已进入其中部分厂商的全球供应商体系。此外,贝思特曾先后获得通力颁发的全球质量奖、最佳合作伙伴奖等奖项,2017—2019年连续3年获得通力的金牌供应商奖,说明贝思特的技术能力在电梯行业中得到了相当的认可,汇川技术并购贝思特后可以将贝思特的优势资源与自身优势互相叠加,实现"1+1>2"的协同效应。

2. 贝思特拥有优质的海外客户资源

汇川技术未来准备进军海外市场,而贝思特拥有丰富的海外客户资源,这对于汇川技术未来的战略发展起着至关重要的作用。在目前业绩增长乏力的情况下,拓展海外客户资源有可能成为汇川技术业绩增长的"强心剂"。

3. 贝思特拥有行业先进技术

贝思特向来重视对技术研发的投入,作为高新技术企业,公司拥有先进、齐全的实验室设备,实验室通过了国家CNAS(中国合格评定国家认可委员会)认证;此外,拥有丰富的电梯配件领域的多元化人才和技术储备。截至并购时,贝思特拥有405项专利技术,其中发明专利19项,实用新型专利289项,外观设计专利97项;并取得28项软件著作权;RS 485通信电梯总线系统被列入国家火炬计划产业化示范项目。在电梯行业逐渐进入白热化竞争的阶段,贝思特掌握的行业先进技术无疑可以使汇川技术拔得头筹。

(三) 对汇川技术并购融资方式的分析

在本案例中,汇川技术采用了现金收购＋股份收购＋募集配套资金的组合方式。本次交易对价合计为 24.87 亿元,其中 51% 由现金支付,剩余 49% 由汇川技术发行股份收购,同时通过非公开发行股份募集配套资金 3.2 亿元。

由于并购交易涉及的金额大,组合方式对并购交易的顺利完成起着举足轻重的作用。在本次交易中,汇川技术现金收购贝思特 51% 的股权需支付 12.68 亿元。截至 2018 年年末,汇川技术合并报表中货币资金、以公允价值计量且其变动计入当期损益的金融资产、封闭式理财产品和封闭式结构性存款(其他流动资产)合计达 28.40 亿元,资产负债率仅为 36.74%,具备通过使用自有资金或申请银行并购贷款等方式支付本次交易现金对价的能力。通过后期募集配套资金 3.2 亿元,也在一定程度上缓解了公司自身的现金压力。

由于采用发行股份购买资产的并购方式需要取得中国证监会的核准,因此本次并购采用先现金收购后定向增发的形式进行一揽子并购计划。这样既可以保证并购交易能够顺利完成,又可以降低中国证监会对并购的审批风险。此外,先收购 51% 的股权可以达到将被并购方并表的目的,这样有利于公司的总体业绩表现,吸引投资者投资,为未来继续发行股份进行收购打下坚实的基础。

在发行股份的过程中,发行股份购买资产的定向增发与募集配套资金的定向增发由于适用不同的规章制度,因此发行股份的定价方式有所不同。前者适用《上市公司重大资产重组管理办法》的规定,后者适用《创业板上市公司证券发行管理暂行办法》(汇川技术是创业板上市公司)的规定;前者属于并购交易的支付方式,后者属于上市公司再融资的一种形式。

从对公司股权结构的影响来看,本次并购交易的现金(51%)＋股份(49%)对价支付方式有利于保持公司的控制权稳定。本次交易前,汇川技术实际控制人朱兴明及其一致行动人深圳市汇川投资有限公司合计持有汇川技术 24.23% 的股份。本次交易完成后(不考虑募集配套资金),实际控制人持有汇川技术股份的比例将下降至 23.43%,若本次交易全部采用股份对价支付或设置更大比例的股份对价,则汇川技术的股权结构会发生较大变化。因此,本次交易设置现金对价支付比例,可以在一定程度上降低对汇川技术实际控制人持股比例的稀释,有利于保障汇川技术控制权的稳定性。

(四) 商誉减值的风险

本次交易为非同一控制下的企业合并。交易完成后,汇川技术将新增大约 17

亿元的商誉。根据《企业会计准则》的规定，商誉需在未来每年年度终了进行减值测试。

采用收益法估值往往会导致标的公司估值较高，从而产生较高的商誉。若贝思特未来期间经营业绩未达到本次交易中以收益法估值所依据的各期净利润预测值，则可能导致商誉减值测试时，与贝思特商誉相关的资产组或资产组组合可收回金额低于其账面价值，汇川技术将会因此而产生商誉减值损失，对公司的经营业绩产生不利影响。

为防止贝思特并购后业绩下滑的风险，在本次交易中，交易对方对汇川技术做出了相应的业绩承诺。与一般企业的业绩承诺不同的是，汇川技术并没有选择常见的营业收入或净利润作为考核指标，而是采用标的公司跨国企业业务与海外业务累计毛利润、大配套中心、核心人员离职率等作为考核指标，这主要是综合考虑了标的公司业绩驱动因素、并购目的等。本次交易完成后，汇川技术将根据优势互补、资源最优化配置的原则，对双方业务体系进行有效整合，通过集约化、协同化运营管理，相互导入资源，相互促进带动。如果简单地采取营业收入、净利润等整体业绩指标作为考核标准，则将难以核算并剔除因并购协同给标的公司带来的经营效益，整体业绩指标作为考核标准存在失真及不合理。本次交易采用的跨国企业业务与海外业务累计毛利润、大配套中心、核心人员离职率等指标将能更相关地反映出本次交易的效果。

汇川技术并购贝思特主要是为了在电梯行业能够更进一步发展。电梯行业受国家宏观政策与社会固定资产投资增速的影响非常大，并且近年来房地产行业一直受到国家政策监管，因此电梯行业整体增速也回落不少。此外，汇川技术一直心心念念的贝思特海外客户资源，由于中美贸易摩擦的加剧，不排除跨国企业业务与海外业务受到政策波动的影响，一旦并购没有达到预期，就很可能导致未来的亏损。

（五）应对策略及战略选择

1. 人才管理战略

汇川技术要想在电梯行业内一直保持领先地位，关键在于掌握行业内的核心技术，而要想获得核心技术，就必须保有一支核心技术人才团队。在本次汇川技术并购贝思特的对赌条件中规定核心人员离职率不得高于10%，如果汇川技术想要继续保持强大的竞争力，就必须充分发挥贝思特核心技术人才的优势。

2. 产品差异化战略

汇川技术在通用的标准化的工业自动化产品之外，还推出了许多专门化产品，例如电梯专用驱动器、起重专用驱动器和注塑机专用驱动器等，这些专门化产品使得汇川技术与同行业其他企业形成了差异,进而降低了公司产品的可替代性,使得公司的议价能力得到了提升,进而提升了公司整体产品的毛利率。

3. 业务整合战略

本次汇川技术并购贝思特主要是看中了贝思特所拥有的丰富的海外客户资源,在国内电梯市场比较饱和的状态下,开拓海外市场将会成为汇川技术的下一个业务增长点。而如何将国内成功的经验复制到海外业务上,就需要汇川技术管理层考虑国内外业务的异同点,参考管理咨询专家的意见,更好地整合不同地区的业务。

讨论题

1. 汇川技术并购贝思特会给汇川技术的财务状况带来哪些影响?
2. 汇川技术为何对贝思特"情有独钟"?汇川技术选择贝思特作为并购对象是否是汇川技术实现公司战略的合理决策?
3. 汇川技术并购完成后,如何实现有效整合以实现协同效应?

盈峰环境收购中联环境

2018年7月17日,盈峰环境科技集团股份有限公司(以下简称"盈峰环境")宣布重大资产重组事项,公司拟以152.50亿元收购长沙中联重科环境产业有限公司(以下简称"中联环境")。其收购方式为盈峰环境通过发行股份的方式收购包括中联重科、宁波盈峰、宁波盈太、宁波中峰等在内的8家企业共同持有的中联环境100%股权,同时盈峰环境还与这8位交易方签订了对赌协议,协议内容主要是8位交易方承诺2018—2020年中联环境的累计净利润不低于37.22亿元,否则需要进行利润补偿。2018年11月27日,中联环境正式成为盈峰环境的全资子公司,此次并购也是中国国内环保行业历史上最大的并购案。

主并企业盈峰环境是国内领先的环保+高端装备方案提供商。公司前身是创办于1974年的上虞风机厂,经过19年发展,于1993年正式成立浙江上风实业股份有限公司,并于2000年3月30日在深圳证券交易所上市,股票代码000967,注册资本为3.07亿元。公司坐落于中国风机产业基地浙江上虞,系国内最大的研制、开发、生产通风机、水冷、风冷、空调设备、环保设备、制冷速冻设备及模具,电机,金属及塑钢复合管材、型材的生产企业。公司主要生产并销售各类轴流风机、离心风机、冷却塔专用风机等高新技术产品,业务主要面向核电、地铁、隧道、石油化工和大型工业民用建筑等诸多领域。目前公司拥有员工2 000多人,年销售额达30亿元。2015年,公司并购意大利LADURNER(纳都勒)公司,结合国内外技术与项目优势,环境装备研制与治理工艺技术提升至国内一流水平,产品在市场上保持高占有率。

目标企业中联环境是中联重科旗下的三大业务板块之一,其成立于2012年,主要专注于环境清洁设备的研发与设计,旗下主要产品包括清扫车、垃圾处理车、除雪车、垃圾填埋场渗滤液处理设备、村镇污水处理设备等,拥有"国内最大的环卫装备制造商"称号。

盈峰环境收购中联环境的动机主要有以下两个方面:一是获取协同效应。盈峰环境一直将打造"全产业链的环境综合服务商"作为公司的战略目标,收购完成后中联环境可以打造从前端的环卫设备制造到中端的环卫服务再到终端的垃圾处置的上下游互补产业链;此外,盈峰环境也在大力发展环保机器人设计,加上中联环境的科技技术,盈峰环境力图实现"服务+装备"的双路径发展,以继续巩固盈峰环境在中国国内环保行业的龙头地位。二是增强公司的整体盈利能力。截至2017年12月,盈峰环境的净利润刚刚达到3.53亿元,相应的市值也仅有100亿元,而并购市值达152.5亿元、净利润达7.5亿元的中联环境可以帮助公司增强盈利能力以及给资本市场投资者更多的想象空间,提升公司在资本市场的形象与价值。

通过表11-4可以看到,盈峰环境2015—2017年的财务状况与经营成果表现良好,营业收入保持较高比例的增长,2016年营业收入同比增长11.96%,2017年增长率达到43.76%;公司获利水平较高,毛利和净利润同步稳定增长。

表11-4 盈峰环境2015—2017年财务数据　　　　　　　　单位:亿元

财务数据	2015年	2016年	2017年
流动资产	39.58	36.61	45.01
流动负债	18.94	19.86	30.61
应收账款	2.50	1.41	1.78
总资产	54.58	60.28	81.47
总负债	20.15	25.88	36.96
营业收入	30.43	34.07	48.98
毛利	4.69	6.57	9.23
净利润	1.12	2.46	3.53

资料来源:盈峰环境2015—2017年财务报告。

通过计算盈峰环境2015—2017年的财务指标可以看到(见表11-5),盈峰环境具备良好的短期和长期偿债能力,流动比率与资产负债率也在合理区间,但在逐年下降,说明公司资债管理需要加强;总资产周转率和应收账款周转率保持稳中有升的趋势,说明公司的营运能力不断加强,资金回收速度不断加快;毛利率和净利率一直处在一个比较稳定的水平,总体说明公司盈利能力较强。

表 11-5　盈峰环境 2015—2017 年财务指标

财务指标	2015 年	2016 年	2017 年
流动比率(%)	2.09	1.84	1.47
资产负债率(%)	36.92	42.94	45.37
应收账款周转率(次)	1.89	1.89	3.48
总资产周转率(次)	0.76	0.59	0.69
毛利率(%)	15.41	19.28	18.84
净利率(%)	3.68	7.22	7.21

资料来源:盈峰环境 2015—2017 年财务报告。

在环卫装备方面,中联环境 2017 年环卫车辆市场占有率约为 13.71%。2017 年三家同行业上市公司龙马环卫、启迪桑德、航天晨光环卫业务营业收入合计为 49.90 亿元,小于中联环境的 59.64 亿元。在 PPP(政府和社会资本合作)方面,中联环境在 2016 年年初至 2018 年 4 月城乡环卫一体化 PPP 项目中中标数量及合同总金额排名均为行业前十。不可忽视的是,中联环境之前的母公司中联重科业绩表现一直不佳,2015—2017 年其扣非后归母净利润均为负数,同时现金流压力巨大,"借旧还新"的模式遇到当时"去杠杆"的大背景,中联重科急需出售核心资产来换取现金流。在这种形势下,盈峰环境收购中联环境无疑是一个明智之举。在收购完成后,盈峰环境 2018 年的总资产达到 244.41 亿元,营业收入达到 130.45 亿元,均有较大幅度的增长。

资料来源:盈峰环境科技集团股份有限公司发行股份购买资产暨关联交易报告书(草案)(修订稿)[EB/OL].(2018-10-18)[2021-03-15]. http://data.eastmoney.com/notices/detail/000967/AN201810171215369577,JWU3JTliJTg4JWU1JWIzJWIwJWU3JThlJWFmJWU1JWEyJTgz.html。

讨论题:上述并购交易对盈峰环境会产生怎样的影响?

案例十二

微创医疗分拆上市①

教学目的与要求

【学习目标】

通过本章的学习,你应该掌握:

1. 分拆上市的含义与动机;
2. 分拆上市的制度背景;
3. 分拆上市对公司产生的影响。

【素养目标】

通过本章的学习,领会分拆上市是公司对未来业务布局的一种财务安排,并从宏观证券市场和微观企业两个角度认识分拆上市所产生的经济后果。

---

① 本案例参考了刁成伟申请硕士学位的论文《科创板制度创新背景下企业分拆上市动机与绩效研究》,对外经济贸易大学,2021年。

一 背景知识

（一）分拆上市定义

分拆上市是指一家上市公司将其下属资产或子公司独立出来并将其上市的资本运作方式。这一概念与境外成熟资本市场中的 Equity Carve-out 含义相近。一般而言，分拆上市可以视为重组方式与融资方式的结合，一方面子公司面向市场公开发行股份，使得公司股权结构发生变化；另一方面子公司在发行股份的同时实现资金募集，也会带来公司整体财务结构的调整，如图 12-1 所示。

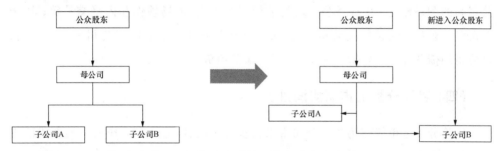

图 12-1 分拆上市示意图

（二）分拆上市的动机与绩效影响

现有研究表明，若分拆上市得以顺利实施，将会为母子公司在市值管理、管理层激励、业务协同等方面带来较多益处。

对于子公司而言，分拆上市打通了子公司在一级市场的融资渠道，降低了对母公司的融资依赖，除首次公开发行募集资金外，上市后子公司还能够通过再融资、股票质押等多种途径从市场融资；分拆上市后，子公司需要独立编制财务报告、披露重大事项等，这将减少投资者与子公司间的信息不对称，有助于子公司获得更为合理的市场估值；分拆上市后，子公司能够对其管理层实行股权激励，通过设立形式多样的股权激励工具，激发管理层的经营积极性，提升公司经营管理的效率；子公司将聚焦主业，提升公司核心竞争力，从而获取投资者的认可。

对于母公司而言，将子公司分拆上市能够进一步优化母公司集团内部的治理结构，缓解管理层与股东利益分歧所引起的代理问题，从而提高公司自身的竞争力，为公司股东创造价值;分拆上市后将缓解子公司对母公司的资金依赖,进而减轻母公司的融资压力,使得其偿债能力得以提升;将业务关联性较低的子公司分拆之后,母公司将更聚焦主业、定位更明确,业务架构得以理顺;分拆上市后,母公司将受益于子公司业务快速发展所带来的利润分配和股利分红;分拆上市后,母公司将享受子公司股价上涨所带来的股权溢价,获得较高的投资收益,进而增强母公司的经营实力和抗风险能力。

(三) 分拆上市的缺点及风险

分拆上市在为母子公司股东创造价值的同时,也为集团公司、实际控制人及大股东通过利益输送掏空上市公司、违规从事关联交易侵占公司资产提供了机会,这将严重损害中小股东的合法权益。主要表现包括:① 分拆上市后,子公司经营缺乏独立性,继续依赖与母公司的交易往来,非公允的交易定价及交易条款将构成母子公司间的利益输送;② 母子公司之间进行资产买卖、市场炒作和内幕交易等;③ 子公司资金被母公司及集团公司侵占,进而导致资产被掏空;④ 子公司为集团公司、母公司的债务提供连带责任保证,从而转嫁费用负担、增大财务风险。

(四) 我国分拆上市制度演进

尽管分拆上市能够为母子公司带来较多益处,且作为资本运作的常见方式已成为境外成熟资本市场众多企业实现规模扩张的重要手段,然而我国分拆上市制度的建立与探索可谓一波九折。2000 年 10 月,北京同仁堂成功分拆同仁堂科技在香港联合交易所上市,由此开启了我国上市公司境外分拆上市的道路。随后中国证监会于 2004 年 7 月发布指导文件,进一步明确上市公司境外分拆上市应当满足的八项实质性条件。

然而上市公司在我国境内分拆上市的指导文件迟迟没有颁布,证监会仅提出六条框架性规定。① 随后刘永泽等(2012)指出,由于我国资本市场起步时间较晚,发展尚不成熟,市场操纵情形严重,如果轻易放开分拆上市限制,则在巨大的利益诱惑面前,上市公司凭借自身信息优势很有可能做出损害中小投资者利益的行为,这将严重冲击资本市场的稳定发展。基于此,证监会对分拆上市的态度急转直下,此后近

---

① 资料来源:李有星.中国证券非公开发行融资制度研究[D].浙江大学,2007。六条规定分别为:第一,上市公司最近 3 年连续盈利,业务经营正常;第二,上市公司与发行人之间不存在同业竞争且出具未来不竞争承诺;第三,上市公司及发行人的股东或实际控制人与发行人之间不存在严重关联交易;第四,上市公司公开募集资金未投向发行人业务;第五,发行人净利润占上市公司净利润不超过 50%,发行人净资产占上市公司净资产不超过 30%;第六,上市公司及下属企业的董事、监事、高级管理人员及亲属持有发行人发行前股份不超过 10%。

十年,我国资本市场未有分拆上市的成功案例。这一状况直到科创板推出和注册制改革才有所转变。2019年1月,证监会发布的《关于在上海证券交易所设立科创板并试点注册制的实施意见》明确:"达到一定规模的上市公司,可以依法分拆其业务独立、符合条件的子公司在科创板上市。"2019年8月23日,证监会发布境内分拆上市征求意见稿。四个月后正式稿出炉,明确了境内分拆上市应当满足的财务条件、信息披露和决策程序等。

《上市公司分拆所属子公司境内上市试点若干规定》对上市公司分拆的条件做出了明确规定,具体如下:

"上市公司分拆原则上应当同时满足以下条件:① 上市公司股票境内上市已满3年。② 上市公司最近3个会计年度连续盈利,且最近3个会计年度扣除按权益享有的拟分拆所属子公司的净利润后,归属于上市公司股东的净利润累计不低于6亿元人民币。③ 上市公司最近1个会计年度合并报表中按权益享有的拟分拆所属子公司的净利润不得超过归属于上市公司股东净利润的50%;上市公司最近1个会计年度合并报表中按权益享有的拟分拆所属子公司净资产不得超过归属于上市公司股东的净资产的30%。④ 上市公司不存在资金、资产被控股股东、实际控制人及其关联方占用的情形,或其他损害公司利益的重大关联交易。上市公司及其控股股东、实际控制人最近36个月内未受到过中国证监会的行政处罚;上市公司及其控股股东、实际控制人最近12个月内未受到过证券交易所的公开谴责。上市公司最近一年及一期财务会计报告被注册会计师出具无保留意见审计报告。⑤ 上市公司最近3个会计年度内发行股份及募集资金投向的业务和资产,不得作为拟分拆所属子公司的主要业务和资产,但拟分拆所属子公司最近3个会计年度使用募集资金合计不超过其净资产10%的除外;上市公司最近3个会计年度内通过重大资产重组购买的业务和资产,不得作为拟分拆所属子公司的主要业务和资产。所属子公司主要从事金融业务的,上市公司不得分拆该子公司上市。⑥ 上市公司董事、高级管理人员及其关联方持有拟分拆所属子公司的股份,合计不得超过所属子公司分拆上市前总股本的10%;上市公司拟分拆所属子公司董事、高级管理人员及其关联方持有拟分拆所属子公司的股份,合计不得超过所属子公司分拆上市前总股本的30%。⑦ 上市公司应当充分披露并说明:本次分拆有利于上市公司突出主业、增强独立性。本次分拆后,上市公司与拟分拆所属子公司均符合中国证监会、证券交易所关于同业竞争、关联交易的监管要求,且资产、财务、机构方面相互独立,高级管理人员、财务人员不存在交叉任职,独立性方面不存在其他严重缺陷。"

二 案例资料

(一) 微创医疗与心脉医疗的基本情况

微创医疗科学有限公司(以下简称"微创医疗")是一家专注从事高端医疗器械研发、生产及销售的高新技术企业。依赖内生发展及外延并购,公司产品覆盖血管介入及骨科介入领域全部高值医疗器械耗材,是国内产品布局最广、市值规模最大的综合型医疗器械集团之一,业务涵盖心血管介入产品、骨科医疗器械等十大领域。公司 2010 年 9 月在香港联合交易所上市,历经十余年发展,公司研发及生产中心遍布全球,拥有 4 000 余项专利以及 7 000 多名全球雇员。

上海微创心脉医疗科技股份有限公司(以下简称"心脉医疗")作为微创医疗旗下主动脉及外周血管介入产品业务的实施载体,其主要产品为胸主动脉和腹主动脉覆膜支架。在主动脉介入领域,公司现有 5 款胸主动脉和腹主动脉覆膜支架产品获批上市,在全球范围内具备较强的竞争实力。自 2012 年成立以来,历经七年的技术研发及产品推广,公司营业收入保持高速增长,贡献集团近 5% 的营业收入及 50% 的利润。

在注册制改革和科创板推出的背景下,微创医疗结合集团战略和发展需要,决定将心脉医疗分拆。2019 年 7 月 22 日,作为首批科创板企业,心脉医疗在上海证券交易所成功上市。上市前微创医疗与心脉医疗的股权关系如图 12-2 所示;上市后微创医疗持股心脉医疗 45.71%,依然保持控制权(见表 12-1)。

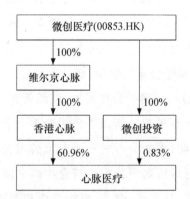

图 12-2 微创医疗与心脉医疗的股权关系

资料来源:心脉医疗招股说明书。

表 12-1　分拆上市前后心脉医疗股东结构

	分拆上市前前十大股东	持股数量（万股）	持股比例	分拆上市后前十大股东	持股数量（万股）	持股比例
1	MicroPort Endovascular CHINA Corp. Limited	3 290.29	60.96%	MicroPort Endovascular CHINA Corp. Limited	3 290.29	45.71%
2	上海联木企业管理中心	608.82	11.28%	上海联木企业管理中心	608.82	8.46%
3	上海虹皓投资管理中心	529.41	9.81%	上海虹皓投资管理中心	529.41	7.36%
4	上海阜釜企业管理咨询中心	379.19	7.02%	上海阜釜企业管理咨询中心	379.19	5.27%
5	上海久深股权投资基金合伙企业	262.52	4.86%	上海久深股权投资基金合伙企业	262.52	3.65%
6	中金佳泰贰期（天津）股权投资基金合伙企业	150.22	2.78%	国泰君安君享心脉1号集合资产管理计划	154.21	2.14%
7	上海张江科技创业投资有限公司	132.35	2.45%	中金佳泰贰期（天津）股权投资基金合伙企业	150.22	2.09%
8	微创（上海）医疗科学投资有限公司	45.00	0.83%	上海张江科技创业投资有限公司	132.35	1.84%
9	—	—	—	华菁证券投资有限公司	86.52	1.20%
10	—	—	—	国泰君安证裕投资有限公司	86.52	1.20%
合计		5 397.80	100.00%		5 680.05	78.92%

资料来源：心脉医疗招股说明书。

（二）心脉医疗分拆科创板上市历程梳理

作为微创医疗旗下优质资产，公司管理层决定将心脉医疗分拆上市并非一时心血来潮。早在2016年10月，微创医疗就曾向香港联合交易所申请分拆子公司心脉医疗在深圳证券交易所上市，并获得了香港联合交易所的许可和批准。然而，由于心脉医疗改制进度缓慢且在此期间引入投资者，因此并未向创业板申报材料。若将时间轴再往前推移，则分拆历程最早可追溯至2012年8月心脉医疗的成立。在此之前，微创医疗旗下主动脉及外周血管介入医疗器械的研发、生产和销售在其全资子公司微创医疗器械（上海）有限公司（以下简称"上海微创"）内部作为独立业务条线进行管理与运营。心脉医疗在成立后近十年时间里，历经资产重组、投资者引入、企业改制等，最终实现了在科创板的分拆上市。

1. 2012年，微创心脉医疗科技（上海）有限公司成立

2012年8月，心脉医疗的前身微创心脉医疗科技（上海）有限公司（以下简称"心

脉有限")成立,股东为 MicroPort Endovascular CHINA Corp. Limited(以下简称"香港心脉")和上海微创。设立之初,心脉有限的定位为集团下属从事主动脉及外周血管介入医疗器械业务的实施主体,未来将独立开展介入医疗器械的技术研发、产品生产和市场销售等各环节业务。

2. 2014—2016 年,心脉有限受让上海微创内部主动脉及外周血管介入医疗器械业务条线

微创医疗为了进一步理顺集团内部各业务板块的业务独立性,2014—2016 年心脉有限相继收购了其股东上海微创持有的主动脉及外周血管介入医疗器械生产线、核心技术并承接相关人员。受让以后,心脉有限实现了其主营业务与股东微创医疗、上海微创间的相互独立,完成了公司最初的设立定位。

3. 2016—2017 年,心脉有限引入多位投资者,缓解公司资金压力

2016 年,心脉有限完成收购主动脉及外周血管介入医疗器械业务后,仍处于发展初期。公司发展严重依赖股东上海微创和香港心脉 4 500 万元的初始投资,面临营业收入、净利润规模较小,资金缺口巨大的问题。由此,微创医疗向股东和公司员工融资,并成立虹皓投资持股平台,对心脉有限增资 794.12 万元。此外,公司原股东采取股权转让方式对外募集资金。2016—2017 年,心脉有限共获得私募股权投资/风险投资近 4.8 亿元,极大地缓解了公司在发展初期的资金压力。

4. 2017—2018 年,心脉有限整体变更为心脉医疗

完成增资扩股后,2017 年心脉有限开始选聘 IPO 中介机构、开展尽职调查工作,并协助中介机构完善公司治理机制。2018 年 6 月,心脉有限董事会审议通过了公司整体改制的决议,以 2.7299∶1 的比例折合 5 397.814 7 万股股份,完成了公司股份制改革,为分拆上市扫清了最后的障碍。

5. 2019 年,心脉医疗作为首批科创板企业在上海证券交易所成功上市

2019 年 4 月 3 日,微创医疗发布公告,决议分拆子公司心脉医疗在科创板上市,并递交申报材料。历经三轮审核问询后,心脉医疗于 2019 年 7 月 22 日在上海证券交易所正式挂牌上市。

三 案例分析

微创医疗分拆心脉医疗在科创板上市,是我国注册制改革下第一例分拆上市成功案例,具有较强的代表性。此次分拆上市是微创医疗结合自身发展战略和财务现

状做出的必然选择,科创板的推出促成了这一选择的落地。分拆后心脉医疗价值被市场重新认可,随着募集资金的逐步投入,公司研发水平及经营绩效稳步提升。通过对分拆上市的动机及绩效进行分析,我们能够更好地理解分拆上市这一资本运作方式为企业发展提供的助力。

(一) 分拆上市动机

1. 拓宽融资渠道,获取融资资金

对于医疗器械行业而言,持续的产品研发投入是企业维持自身核心竞争力的基础。然而,器械研发高投入、高风险、长周期的特点,也使得专注于产品研发的科创企业在发展初期难以通过传统商业银行贷款等渠道获得融资,心脉医疗也同样面临融资受限而导致的扩展缓慢的问题。自2016—2017年引入多家财务投资者以来,公司从未获得银行贷款支持,主动脉及外周血管介入产品的产研销完全依赖于业务循环的内生增长。对于心脉医疗而言,拓宽融资渠道,获取融资资金成为其最直接的分拆上市动机。

心脉医疗资金短缺的状况可以从财务指标中窥见一斑,较高的研发投入率及研发支出/货币资金占比均体现了公司资金的"高负荷"运转。从医疗企业常用指标研发支出入手,2016—2018年公司研发支出占当期营业收入比例分别为32.85%、27.27%、20.71%,远超行业12%的平均水平;占年末货币资金比例分别为148.58%、141.47%、95.90%(见表12-2),每年研发支出规模等同于掏空公司全部资金。

表12-2 心脉医疗研发支出情况

项目	2016年	2017年	2018年
费用化金额(万元)	2 007.59	2 013.59	2 902.86
资本化金额(万元)	2 109.93	2 490.24	1 882.65
研发支出合计(万元)	4 117.52	4 503.83	4 785.52
当期营业收入(万元)	12 532.67	16 513.48	23 112.75
研发支出/营业收入(%)	32.85	27.27	20.71
期末货币资金(万元)	2 771.34	3 183.56	4 990.08
研发支出/货币资金(%)	148.58	141.47	95.90

资料来源:心脉医疗招股说明书。

采用销售百分比法得出的测算结果(见表12-3)将会更加直观地体现心脉医疗存在的资金缺口。如果心脉医疗依旧保持内生增长的经营战略不变,假设其未来三年的营业收入增长率保持2017—2018年的平均水平,且经营性流动资产及经营性流动负债占比不发生变化。测算结果显示,未来三年公司在维持现有经营效率的基础上,需新增流动资金至少1.1亿元以满足公司运转需要。若考虑其未来长期资本投入需求,参考其此次募集资金所投向的研发及产业化项目、营销网络建设项目的

规模,则项目资金缺口高达 5.5 亿元,这一庞大的资金需求难以通过业务内生增长得到满足。

表 12-3 心脉医疗营运资金销售百分比法测算

项目	2016 年	2017 年	2018 年	近三年占营业收入平均比例	预测		
					2019 年	2020 年	2021 年
营业收入增长率(%)	—	31.76	39.96	—	35.86	35.86	35.86
营业收入(万元)	12 533	16 513	23 113	—	31 401	42 661	57 960
经营性流动资产(万元)	4 702	5 622	6 562	32.38%	10 166	13 812	18 764
经营性流动负债(万元)	571	655	808	3.90%	1 225	1 664	2 261
流动资金(万元)	4 130	4 967	5 755	28.47%	8 941	12 148	16 504
增加的流动资金(万元)					3 187	3 206	4 356
未来三年预计增加的流动资金总额(流动资金缺口)(万元)							10 749

资料来源:心脉医疗招股说明书。

心脉医疗分拆上市将会极大地缓解公司发展所面临的资金瓶颈,拓宽融资渠道,也为公司后续在资本市场上再融资及并购重组提供机遇。正如微创医疗在对外分拆公告中所披露的:科创板上市将令心脉医疗直接进入中国内地资本市场进行融资,为心脉医疗现有营运及日后扩张提供资金,而毋须依赖微创医疗,继而加速扩张并改善其营运及财务表现,从而为心脉医疗的股东及微创医疗的股东提供更佳回报。①

2. 集团化发展战略,推动公司分拆上市

若从集团的角度审视心脉医疗分拆上市的原因,则与母公司微创医疗的集团化发展战略密不可分。自 2012 年提出"1+10+5"集团化运营模式以来,微创医疗通过设立子公司、合资共建、境外并购等多种方式,不断拓展业务边界,加强已有产业在境内外的竞争力和影响力,并希望规模化运营后形成集团十大业务板块。在微创医疗股东大会上,董事长常兆华表示:"微创医疗有一个独特的模式,微创医疗一方面就像全世界所有的公司一样,是一个生产产品的公司;同时,也是一个生产公司的公司,而且是生产上市公司的公司。"在心脉医疗分拆上市之前,早在 2017 年 8 月,微创医疗旗下的上海微创电生理医疗科技股份有限公司就已完成在新三板市场的挂牌。

回顾微创医疗在 2010 年前后"激进"的产业扩张节奏,我们能更加深刻地理解资本运作对集团的重要性:2009 年成立苏州微创骨科学(集团)有限公司(以下简称"微创骨科");2010 年成立上海微创电生理医疗科技股份有限公司(以下简称"微创电生理"),研发介入瓣膜;2011—2012 年成立微创神通医疗科技(上海)有限公司、心脉有限,收购上海微创龙脉医疗器材有限公司及东莞科威医疗器材有限公司,业

---

① 资料来源:微创医疗 2019 年 4 月 3 日发布的公告《建议分拆上海微创心脉医疗科技股份有限公司并于上海证券交易所科创板独立上市》。

务布局拓展至神经介入、动脉介入、介入附件和体外循环领域；2013年境外收购Wright Medical Group N.V.关节业务；2014年与意大利Sorin合资成立创领心率管理医疗器材(上海)有限公司；2015年进军医疗机器人、在线医疗科技领域，成立上海微创心通医疗科技有限公司(以下简称"微创心通")，布局介入心脏瓣膜业务；2017年成立微创优通医疗科技(上海)有限公司，进入泌尿及妇女健康领域。平均下来，微创医疗保持着每年一个全新细分领域的扩张速度，而微创传统业务冠脉支架每年几亿元的利润在这些领域的巨额研发投入面前显得杯水车薪。依赖外部融资及市场运作的方式缓解资金压力、维持研发持续投入和经营运转显得十分必要。

为了快速拓宽业务边界，实现我国高端医疗器械各细分领域的全覆盖，微创医疗在内源性发展的同时，也采用孵化器模式与外部基金建立紧密合作。微创医疗自成立以来的二十多年，先后在神经调控、机器人、运动医学、医美、辅助生殖、眼科、可穿戴器械和康复等多个领域孵化项目三十余个，并与中信、华兴、中金、华泰证券等集团旗下的国内医疗产业基金，以及高瓴、清池、GIC(新加坡政府投资公司)等境外基金展开紧密合作(见表12-4)。分拆上市作为战略投资者的最佳退出途径，符合公司与投资者双方的共同利益。

表12-4 微创医疗旗下业务融资概况

序号	旗下子公司	融资时间	融资对象	业务范围
1	心脉有限	2016年2月	上海联木、上海阜釜、久深投资、张江创投共投入3.4亿元人民币	主动脉及外周血管介入产品
		2017年9月	中金资本投入1.8亿元人民币	
2	微创心通	2017年8月	华兴资本、中金资本、华泰资本以总对价4.3亿元人民币认购25%的股权	介入心脏瓣膜业务
		2019年10月	Qianyi Investment I L.P.认购4 500万美元	
3	MicroPort CardioFlow	2020年4月	Happy Soul、Gortune Artemis、Gamnat Pte等六家投资者投资1.3亿美元	
4	微创骨科	2020年5月	国寿大健康基金、易方达资产、粤民投资管、千毅资本等投资5.8亿元人民币	骨科业务
5	微创电生理	2020年8月	天津镕信、天津远翼、粤民投、张江火炬创业注资3亿元人民币	电生理手术一体化解决方案

资料来源：微创医疗官网、公开信息搜集。

事实上，分拆心脉医疗上市是综合考虑集团各项业务后管理层做出的最优选择。心脉医疗在重组之后业务保持30%的高增长，2018年营业收入已达到公司总营业收入的5.2%，在集团十大业务板块中仅次于骨科医疗器械、心血管介入产品、心率管理三大核心业务，位列第四（见图12-3）。微创医疗将集团中尚处于高速增长期的优质资产推向市场，融取市场资金以培养业务的持续性增长，是集团化运营模式驱动下所做出的决策。这一点也在微创医疗的公告中得到论证："心脉医疗科创板上市，将使集团能够就心脉医疗项下主动脉及外周血管介入产品业务拥有独立的融资平台及经扩大的股东基础，从而提高融资能力及降低主动脉及外周血管介入产品业务的负债整体上对集团的直接影响。"①

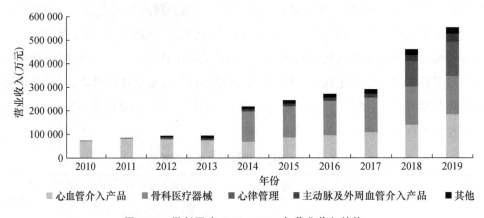

图 12-3　微创医疗 2010—2019 年营业收入结构
资料来源：微创医疗年报。

3. 科创板政策利好，选定分拆上市场所

2016年10月，微创医疗曾向香港联合交易所申请分拆心脉医疗，并在深圳证券交易所创业板上市，后因心脉医疗改制进行缓慢且在此期间引入投资者等，并未向创业板提交材料。科创板推出后，心脉医疗放弃了在创业板上市的打算，转而在科创板上市，其中缘由与科创板的顶层设计及制度创新密不可分。

相较于创业板定位于高新技术企业、成长型创新创业企业，科创板的战略定位则更为突出和具有前瞻性，自设立之初就定位于服务符合国家战略、突破关键核心技术、市场认可度高的科技创新企业。尽管心脉医疗深耕医用高值耗材领域十年之久，但公司所专注的主动脉及外周血管介入国内细分市场份额仍被以戈尔（W. L. Gore & Associates）、美敦力（Medtronic）、库克医疗（Cook Medical）等为代表的境

---

① 引自微创医疗2019年4月3日发布的公告《建议分拆上海微创心脉医疗科技股份有限公司并于上海证券交易所科创板独立上市》。

外成熟医疗器械企业占据。作为掌握核心技术的国产品牌,心脉医疗有望实现市场份额提升及进口产品替代,与科创板的战略定位相吻合。在万众瞩目的科创板设立初期,心脉医疗紧跟市场改革的政策利好,作为首批申报上市的公司能够收获市场的高度关注,获得显著的市场效应。

在具体制度创新方面,相较于传统的核准制,注册制下证券监管部门仅对发行人申报材料的完整性、可理解性、准确性等进行审查,并不对公司业务的发展空间、盈利预期等进行问询,公司的内在价值交由市场和投资者判断。注册制对科技创新企业体现出的包容性,对于具有研发高度不确定性的医用高值耗材企业而言无疑降低了上市的门槛和要求,使得公司在聚焦长周期产品研发的同时,不为维持上市资格而追求短期利益。

在上市流程上,科创板审核流程公开透明,各环节时间预期可控。科创板上市审核规则明确规定,上海证券交易所需要在受理申报文件的3个月内做出同意与否的审核决定,相较于主板、创业板企业上市周期长达1年时间,科创板无疑对心脉医疗更有吸引力,有利于公司生产经营及研发投入计划按期进行。

(二) 分拆上市绩效

1. 市场反应积极,微创医疗收获超额回报

对于微创医疗分拆心脉医疗在科创板上市,股票市场反应积极。我们可以采用事件研究法分析微创医疗对外公告分拆上市关键时点的股票市场反应。我们采用事件日前1天至事件日后1天[-1,1]、事件日前3天至事件日后3天[-3,3]两个事件窗口来分析分拆上市对微创医疗股价的影响。通过计算可以发现,无论是微创医疗对外公告分拆上市初步提议(2019年4月3日[-1,1]时间窗口的超额回报为1.89%),还是微创医疗对外公告分拆上市材料获得受理(2019年7月3日[-1,1]和[-3,3]时间窗口的超额汇报均大于4%),股票市场均给予了积极的反应(见表12-5),这充分说明了市场对微创医疗分拆心脉医疗持有正面态度,其分拆过程对现有股东价值具有积极意义。

表 12-5 微创医疗分拆事件的超额回报 单位:%

时间	事件	股票市场超额回报	
		[-1,1]	[-3,3]
2019年4月3日	微创医疗对外公告分拆上市初步提议	1.89	-2.11
2019年7月3日	微创医疗对外公告分拆上市材料获得受理	6.71	4.70

资料来源:编者根据相关资料自行整理。
注:个股超额回报率=个股回报-大盘回报。

2. 分拆上市获得市场认可,市场估值领先行业

心脉医疗上市后获得了投资者的认可,在认购规模及估值水平等方面表现突出。在股票发行阶段,市场认购热情高涨,心脉医疗共募集资金 8.32 亿元,比原计划募集资金 6.51 亿元多出近 30%,而上一次 A 股市场超募发行距今已有 5 年之久;发行价格 46.23 元/股,市盈率达 36.71 倍(见图 12-4)。上市后首日,心脉医疗股价收盘于 157.95 元/股,高于发行价格的 3 倍。随后近一年时间,公司股价震荡上升,估值远超行业均值,分拆上市后,投资者将从公司独立对外披露的公告中了解公司业务,弥补了之前投资者与公司管理层之间的信息不对称。对于心脉医疗而言,分拆上市在价值发现和估值重塑上发挥了重要作用。

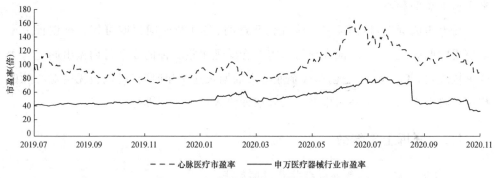

图 12-4　心脉医疗及行业市盈率走势

资料来源:Wind。

3. 经营绩效改善,增值收益提升显著

获得上市地位后的心脉医疗经营绩效稳步提升,考虑资本成本后的资本利润实现稳定增长。传统财务报表中的净利润仅考虑了公司经营收益,却忽视了资本的投入具有成本。根据现有文献的通行做法,我们不妨采用经济增加值(EVA)指标对比分拆上市前后心脉医疗为股东带来的增值收益。通过计算可以发现,分拆上市后,心脉医疗资本投入总额(TC)大幅增加,带动税后净营业利润(NOPAT)提升,分拆上市后第一年(2020 年)预期的 EVA 水平是其分拆上市前一年(2018 年)的 2 倍(见表 12-6),2020 年 EVA 增速达 56.89%,较分拆上市前 2016—2019 年 EVA 平均增速(40.63%)高出约 15 个百分点,这充分表明心脉医疗在分拆上市后经营绩效得到改善。

表 12-6　心脉医疗分拆上市前后 EVA 测算

项目	2016 年	2017 年	2018 年	2019 年	2020 年预期
调整后 NOPAT	5 718.42	7 787.15	11 006.24	17 305.26	25 529.11
调整后 TC	14 027.69	22 202.32	27 096.27	115 884.01	123 755.46
WACC(%)	6.34	4.93	5.37	4.50	5.30

(续表)

项目	2016年	2017年	2018年	2019年	2020年预期
TC×WACC	888.85	1 095.61	1 455.01	5 215.87	6 561.60
EVA	4 829.57	6 691.54	9 551.23	12 089.39	18 967.51

资料来源:编者根据相关资料自行整理。

注:① WACC计算中,2016—2018年由于心脉医疗尚未上市,β通过申万医疗器械行业β调整后得到;2019年7月22日心脉医疗上市,2019年β通过依据沪深300指数计算的β及经调整的申万医疗器械行业β按时间加权计算得到;2020年β为依据沪深300指数计算得到。② 2020年预期EVA计算中,调整后NOPAT基于2020年半年报调整后的NOPAT乘以2得到。

4. 组织架构梳理,向集团化方向转型

完成分拆上市后,心脉医疗进一步完善组织架构的梳理,并朝"1+10+5"长期发展战略下的业务集团化方向转型。2020年7月,心脉医疗对外发布公告变更公司名称,由上海微创心脉医疗科技股份有限公司变更为上海微创心脉医疗科技(集团)股份有限公司。医用高值耗材需要与其他配套介入产品搭配使用才能实现效用最大化,公司名称变更或表明公司未来将采取多元化的发展模式,拓宽产品范围和服务边界。公司董事长苗铮华在接受采访时表示:"在外周血管介入领域,需要药物球囊、导丝、取栓、减容等一系列产品包配套使用才能达到比较良好的疗效,且不同产品间技术差别比较大,所以在聚焦主动脉及外周血管介入医疗器械的基础上,未来不排除通过投资、并购等形式去培育、孵化一些公司,以期进一步完善公司产品线。"集团化发展的公司定位为心脉医疗今后的产业并购及培育孵化方式奠定了良好的基础。

此外,现有子公司的梳理整合也使得心脉医疗业务体系更加明确。2019年8月,心脉医疗发布公告,同意将增加全资子公司上海蓝脉医疗科技有限公司(以下简称"上海蓝脉")作为募投项目的实施主体,开展募投项目中相关静脉血管介入医疗器械的研发;2019年8月,公司发布公告,决定拟使用部分募集资金(6 000万元)对上海蓝脉进行增资,并计入注册资本。在产品矩阵布局层面,公司制定了主动脉、外周动脉和外周静脉产品的三大主线业务战略布局。心脉医疗先后将上海蓝脉纳入研发项目实施主体并对其增资,一方面明确了公司内部业务分工,上海蓝脉将专门从事静脉血管介入产品的研发、生产和销售,实现持续完善外周血管介入领域的产品布局并与公司业务形成互补;另一方面上海蓝脉的资金规模和经营能力将得到进一步提高,有助于其长远发展。

同时,营销网络及信息化建设提升至公司层面,注销销售子公司,子公司业务聚焦产品研发生产。随着公司销售收入的快速增长及公司产能的逐步释放,提高营销能力、建设信息化管理平台成为满足市场需求和公司发展的重要保障。心脉医疗在IPO募投项目中募集4 483.59万元用于重点区域市场的销售网点扩建及一体化信息系统的建立,在提升开拓市场、维护销售渠道、提升客户服务管理能力的同时,加强对经销商的统筹管理。销售渠道的搭建、维护职责提升至公司层面,取代了原有销售子公司的业务范围。2020年3月,心脉医疗发布公告,公司基于整体发展规划和经营方针的考虑,决定注销江西心脉医疗器械销售有限公司(以下简称"江西心脉")。销售子公司江西心脉的注销进一步提高了公司管理效率,优化了组织结构,降低了经营管理成本,使得心脉医疗子公司的业务布局更为聚焦产品研发生产。

5. 研发产品稳步推进,业绩增长强劲

分拆上市后,心脉医疗加强研发投入和团队建设,公司两大主业主动脉与外周血管介入齐头并进。在人员构成方面,公司通过自主培养与市场引进相结合的方式不断扩充人才队伍,自上市以来公司研发人员培养及招聘力度进一步加大。心脉医疗2020年半年报披露,公司研发人员净增加21人,研发人员总数占公司总人数的比例达到26.30%。此外,公司公告,聘任富有研发管理经验的美籍华人郭澜涛先生为公司副总经理,负责外周动脉相关业务发展,公司研发实力得到全方位的提升。在研发费用方面,分拆上市后,公司研发投入不断增加,研发费用持续增长,2020年1—6月,公司研发费用达2 219.06万元,同比增长17.41%(见表12-7)。

表12-7 心脉医疗研发费用情况

项目	2018年年末	2019年年末	2020年6月末
研发人员数量(人)	74	95	116
研发人员占比(%)	26.06	24.55	26.30
研发费用(万元)	2 902.86	4 963.80	2 219.06
研发费用同比增长(%)	44.16	67.28	17.41

资料来源:Wind。

持续的研发投入也带动了公司产品研发进度的稳步推进。2020年4月,公司自主研发的Reewarm®PTX药物球囊扩张导管获批NMPA(国家药品监督管理局)医疗器械注册证,并已完成包括陕西省、山东省在内的7个省级平台的招标挂网工作,Hercules直管型覆膜支架及输送系统也于同年3月获得CE认证(欧盟认证)证书。此外,在研产品方面,Fontus分支型术中支架系统已递交注册申请,Talos™直管型胸主动脉覆膜支架系统已完成12个月临床随访报告,静脉支架系统、腔静脉滤器和静脉取栓系统处于设计验证及型式送检阶段。在售产品方面,2017年获批上市的Castor®分支型主动脉管膜支架及输送系统保持快速增长,已覆盖累计超过400家终端医院;2019年获批上市的Minos®腹主动脉覆膜支架及输送系统已在超过60家三甲医院完成临床植入。随着产品矩阵的丰富和销售渠道的下沉,公司营业收入在上市后首次超过了国内市场深耕主动脉覆膜支架的竞争对手先健医疗(深圳)有限公司(以下简称"先健医疗")(见图12-5),成为主动脉领域第一大国有品牌。

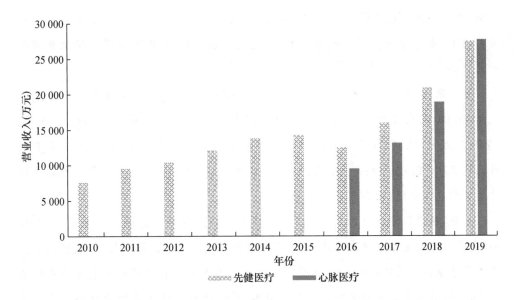

图 12-5 2010—2019 年心脉医疗及先健医疗主动脉支架营业收入走势
资料来源：Wind。

 ## 讨论题

1. 上市公司分拆上市的动机有哪些？
2. 可以从哪些角度分析分拆上市后的绩效表现？
3. 在本案例中，分拆上市可能引起哪些潜在的问题？

 ## 小案例

美的集团分拆美智光电创业板上市

2020 年 9 月 25 日，美的集团发布公告称，拟将子公司美智光电科技股份有限公司（以下简称"美智光电"）分拆至创业板上市。本次分拆上市有利于提升美智光电的市场竞争力与影响力，实现其业务的可持续发展。美智光电核心竞争力的提升将有助于强化其行业地位与盈利能力，增强其在照明及智能前装电气产品领域的战略业务布局，同时进一步提升公司资产质量和抗风险能力。

此次分拆的美智光电主营业务主要为照明及智能前装电气产品。照明业务方面，美智光电产品主要应用于户外及工业照明、家居照明、教育照明、商业照明四大

领域,主要产品包括吸顶灯、厨卫灯、台灯、射灯等多种类型的灯具。智能前装电气业务方面,美智光电产品主要包括智能门锁、智能面板、智能网关等前装家居智能产品。

近年来,美智光电经营状况良好。2017—2019年美智光电营业收入分别为4.27亿元、5.04亿元、7.01亿元,归属于母公司股东的净利润分别为1 038.39万元、1 705.9万元、1 937.26万元。而作为白色家电行业的巨头,美的集团2019年营业收入超2 700亿元,净利润也达250亿元,美智光电占美的集团极低体量。相较于美的集团的经营业绩,美智光电业绩占比十分有限。

此外,照明行业竞争加剧,进入红海时代。中国照明电器协会数据显示,2019年,中国照明行业市场增速持续下滑,市场空间约为6 000亿元。其中,规模以上企业实现营业收入约4 650亿元,并呈现增长乏力的态势。在照明行业前景不明的情况下,作为后入者的美智光电选择此时分拆上市,很难在资本市场上获得一个比较高的估值。

事实上,美的集团此次分拆美智光电上市,其目的或主要为员工股权激励,激励对象包括美智光电核心经营管理及技术团队,以及部分美的集团高管,具体如表12-8所示。早在2020年7月,美的集团发布公告称,拟在美智光电实施多元化员工持股计划,从而充分调动公司及美智光电经营管理层与核心员工的积极性,稳定和吸引人才,进而推动美智光电业务的快速发展。通过设立合伙企业作为持股平台的方式,被激励对象间接持有美智光电股份,从而实现股权激励的效果。

表12-8 美智光电股东及被激励对象情况

序号	股东名称	被激励对象	股份数(万股)	股权比例
1	美的集团股份有限公司	—	5 000.00	50.00%
2	宁波美顺投资合伙企业(有限合伙)	美智光电管理层及核心员工共计42人	1 420.00	14.20%
3	宁波美翌升创业投资合伙企业(有限合伙)	美的集团董事及高管共计10人	1 284.00	12.84%
4	宁波美皓投资合伙企业(有限合伙)	美智光电管理层及核心员工共计38人	910.00	9.10%
5	宁波泓太立美创业投资合伙企业(有限合伙)	美的集团董事及高管、经营管理层共计39人	716.00	7.16%
6	美的创新投资有限公司	—	670.00	6.70%
	合计		10 000.00	100.00%

美智光电核心经营管理及技术团队，以及部分美的集团高管直接或间接持有美智光电股份，若美智光电成功实现在创业板分拆上市，则大批经理人将受益于所持股票增值。

资料来源：编者根据网上公开资料整理。

讨论题：如何评价美智光电的分拆上市行为？

21世纪经济与管理规划教材
财务管理系列

案例十三

兵工集团边界管控

教学目的与要求

【学习目标】

通过本章的学习,你应该掌握:

1. 边界管控理念的意义;
2. 边界管控体系的核心框架与思路;
3. 边界管控体系的指标构建;
4. 边界管控体系对企业的影响。

【素养目标】

通过本章的学习,领会企业应明确自身的业务边界和管理边界,明确有所为有所不为。企业长期可持续发展的支撑来自企业核心竞争力的不断提升。

一、背景知识

财务资源优化配置是财务决策的基本问题。资源配置的关键是在企业快速扩张的趋势下,保持资产、负债、权益等财务资源之间的平衡关系。企业进行财务资源配置应遵循以下基本原则:① 以投资高回报和价值增值为主要目标及评价原则;② 服从企业的整体战略;③ 恪守量入为出、财务稳健的原则;④ 实施动态整合,平滑资源供应与效果。在坚持以上原则的基础上,企业根据产业筛选与评价结果确定整体战略,同时将相应的发展战略及投资战略细化为资源配置目标,并通过战略年度的预算指标体系来指导具体财务资源配置的实施。

评价财务资源配置绩效的基础作用不在于确定个别企业的价值到底是多少,而在于关注各企业是否具有创造价值的能力,并通过这种能力的预警关注企业未来的价值成长。评价财务资源配置绩效可以从增长(即收入)、盈利(即利润)、现金流三方面着手,识别企业价值驱动因素,判断各项业务或投资对企业资源的整体利用效率。具体而言,评价企业财务资源配置绩效的指标有很多,比如净利润、利润总额、营业利润、经济增加值和扣除非经常性损益后的各种利润等绝对数指标,以及净资产收益率、资产报酬率、财务资本回报率、成本费用利润率等相对数指标,或者以相对数指标建立的财务分析体系,如杜邦分析体系。

在追求财务资源配置绩效的同时,企业也必须充分考虑财务资源配置风险问题。从防范风险的角度,企业需要根据外部环境的变化不断调整和优化财务资源结构,努力使其负债保持在一个合理的水平上,控制在自身可承受的范围之内,确定恰当的长短期负债比例,达到优化资本结构和负债结构的目的。预测企业财务资源配置风险与危机的方法也有很多,例如净利润/股东权益、营运资本/资产总额、留存收益/资产总额、息税前利润/资产总额、股东权益/负债总额、销售收入/资产总额等指标,或者建立 Z 评分模型;此外,还有 ZETA 评分模型、多元逻辑回归方法等。

因此,如何保持企业扩张、绩效提升与财务风险管控之间的动态平衡,是每个企业都要面临与解决的经营管理问题。

二 案例资料

中国兵器工业集团有限公司(以下简称"兵工集团")的前身是于1931年创立的人民工兵,后经多次改制与企业变更,目前兵工集团是一家国有独资企业。兵工集团是中央直接管理的特大型国有重要骨干企业,是负责三军装备发展、推进军民融合深度发展等国家安全方面的重要中央企业之一。兵工集团的业务主要包括海外战略资源、光电信息、重型机械与装备制造以及石油化工与特种化工四大板块。集团下设50余家子集团和直管单位,并在全球70余个国家或地区设立了100余家境外分子公司和代表处。2019年年末,兵工集团总资产规模约4 284亿元,2019年全年实现利润143亿元。

截至2019年,虽然兵工集团已连续15个年度和5个任期获得国务院国资委业绩考核A级,居世界500强企业第140位,但也曾在经营管理过程中面临平衡财务资源配置绩效与风险的挑战。2007年国家治理宏观经济"过热"现象,2008年全球金融危机爆发,2009年我国采取一系列大规模经济刺激措施,面对宏观经济"冰火两重天"的境况,兵工集团运营风险不断聚集并逐步显性化。而当时,兵工集团刚刚结束国有企业三年改革脱困工作不久,一方面需要满足大规模能力建设与扩张的需求,另一方面需要考虑企业的偿债能力与财务风险。在面临宏观经济背景与集团经营状况的双重压力下,2007年兵工集团着手思考如何在扩张集团经营规模的同时,防控财务风险等问题,并探索性地提出"边界管控"体系。随后,2009年兵工集团在集团总部和管理基础较好的下属成员子公司试点实施边界管控,2013年前后在集团内部全面铺开实施,并取得初步成效。边界管控体系构建的核心要点包括:

(一) 边界管控体系的核心框架与思路

边界管控的核心框架与思路是:以企业财务资源要素管控为主线,以保军品供应能力和创造经济价值为目标,以全面预算管理为平台,采用"负面清单"的管理思路,将突破财务结构边界、超越既定主业范围明确为禁止行为,厘清集团与下属单位的管控责任边界,确保企业始终在战略方向上、在财务结构安全边界内释放经营活力。

在具体操作层面,边界管控体系对资产负债类、主营业务收入类指标实施安全边界管控，对损益类指标及部分结构类指标实施标准管理。同时，兵工集团创新性地提出了财务增加值指标，它是指企业将各种要素投入生产经营活动后所形成的新增价值，等于企业当期实现的营业收入扣除原材料等原始生产投入、各项必须发生的费用支出（包括各项税收）等之后的余额，是企业可以自主决策分配的财富。

（二）边界管控体系的指标构建

边界管控体系的指标包括边界类和标准类两类。边界类指标的测算目的在于界定底线，标准类指标的测算目的则在于确定合理值。边界类指标包含有息负债总量、"两金"占用总量、资本性支出总额、担保总量、资产负债率等结构类指标，以及主营业务收入、经营活动现金净流量等发展类指标。标准类指标包含损益类指标，现金流动负债比率、"两金"占用等结构类指标，以及主营业务成本费用率等发展类指标。构建思路具体如下：

1. 边界类指标构建

有息负债总量边界值主要是确定企业能够承受的最大有息负债总量。在该限度范围内，企业负债相对安全，一旦超出边界，就需要给予预警。企业有息负债总量边界值等于短期有息负债和中长期有息负债边界值之和。

"两金"（应收账款与存货）是企业生产经营性财务资源占用的关键因素，直接影响企业收益与风险状况。"两金"占用总量边界值等于集团各所属工业企业一定时期内筹集的可快速变现的财务资源总量（M_0）与短期有息负债边界值之和。

资本性支出总额和担保总量这两个结构类指标的边界值按照兵工集团目前出台的相关制度与专项管理要求确定。

资产负债率边界值等于测算的无息负债总量与有息负债总量之和除以测算的资产总额。

主营业务收入的最低界限是企业维持最低经营活动所需的成本费用。在最低界限确定的情况下，可相应地根据企业回款比例确定主营业务收入边界值。主营业务收入增长率边界值依据主营业务收入边界值的测算结果，以上年主营业务收入的实际值为基数进行确定。

经营活动现金净流量边界值是企业维持最低经营活动所需的现金流，与企业维持最低生产经营活动所必须支出的成本费用相对应。

2. 标准类指标构建

损益类指标标准值的测算借助置信区间估计原理，利用 t 分布先统计均值或中位数，再据此确定标准值。具体而言，兵工集团根据各工业类子集团的不同性质将其大致分为特化类、石化类、光电信息类、车辆总装类、弹箭总装类和一般机械类共六类进行测算,再以各工业类子集团的三级工业企业的年度研发费用、人工成本、销售费用和管理费用占财务增加值的比重为样本进行标准值测算,最终得出各类企业的标准值。分类确定标准值既考虑了共性,又兼顾了集团各所属工业企业的个性特征。

与损益类指标标准值测算类似,在制定现金流动负债比率指导性控制范围时,兵工集团首先使同类企业的指标分布逐渐趋于 t 分布,再以指标均值或中位数为基础测算标准值,并与行业水平对标比较,进行改进和优化。其中,行业水平根据国务院国资委财务监督与考核评价局制定的《企业绩效评价标准值》确定。

"两金"占用中,应收账款占用资金标准值,即维持赊销业务所需资金,为应收账款平均余额与销售成本率的乘积。兵工集团针对自身情况测算出标准值后,再与行业水平对标比较,合理调整应收账款占用资金。存货占用资金标准值以非速动资产为衡量的出发点,并结合短期负债予以确定。

此外,企业发展类指标标准值,如主营业务成本费用率标准值,则在沿用损益类指标中有关各工业类子集团分类的基础上,参照行业标准值制定。

(三)边界管控体系的实施与效果

兵工集团注重从总体上管好资产负债表,结构上建立风险隔离机制。边界管控体系指标模型测算出的指标边界值和标准值并非一成不变的,而是在操作中视外部环境对边界值进行浮动管控,保持一定弹性。当外部环境宽松时,突出追求财务增加值;反之,则更强调风险管控,但无论松紧都不能突破预定的结构边界。同时,兵工集团要求下属单位安排好业务之间的债务关联(垫款、担保等),不做"保姆型股东",把防范集团内部的风险传递作为构建风险隔离机制的重要内容。

边界管控制度的实施主要通过盘活存量资源、控制投资规模、控制业务规模、开放资本结构及退出低效业务这五个途径展开,同时通过不断优化财务增加值的分配,确保持续提升集团绩效。

以西北工业为例,该子集团根据集团要求,在边界管控共性模型的基础上,对边界值和标准值的测算与使用进行个性化调整及优化,使之与西北工业的实际情况更加接近,更具有可操作性。2015年,西北工业应收账款和存货占用模型测算的边界值分别为71 984 万元、75 481 万元,标准值分别为54 624 万元、62 744 万元。从实际运营结果来看,应收账款和存货占用实际值分别为59 679 万元、64 578 万元,很好地控制在边界值范围内,并向标准值逐渐靠拢,有效地贯彻了边界管控体系的核心理念。

子集团光电股份财务总监表示,2011—2015 年,光电股份通过实施边界管控体系,资金集中管理效率得到大幅提升,5 年累计创造价值约 5 000 万元。公司偿债能力、抗风险能力与运营绩效均提升显著。

从集团整体运行情况来看,截至 2016 年 12 月,兵工集团已清理近 170 户法人单位,退出比例近 25%。同时,兵工集团也积极重塑管理架构和流程,提升集团管控能力和管理效能。在集团层面上,兵工集团通过及时清理运行风险高、运营绩效低的子集团,释放人力、物力与财力资源,并通过集团内部资金集中调配,优化集团整体资金布局和运行质量,相关财务指标的表现如表 13-1 与图 13-1 所示。

表 13-1 兵工集团 2009—2015 年财务指标表现

单位:%

项目	2009 年	2010 年	2011 年	2012 年	2013 年	2014 年	2015 年
资产负债率	64.88	64.02	64.61	63.49	60.91	59.96	61.09
应收账款周转率	10.6	15.1	16.1	16.5	15.6	15.2	13.6
存货周转率	4.9	6.1	7.1	8.3	8.5	8.9	8.2

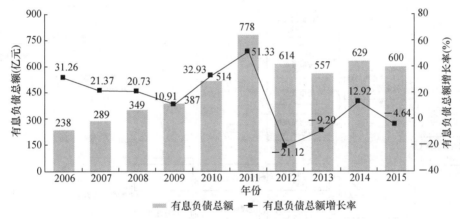

图 13-1 兵工集团 2006—2015 年有息负债总额及其增长率趋势

三 案例分析

(一) 边界管控体系中财务资源与能力的识别模型

边界管控体系的主体对象是企业财务资源。在识别企业财务资源的过程中,兵工集团首先确定企业能够调动的可快速变现的财务资源总量 M_0,包括可抛售的交易性金融资产、可供出售的金融资产、货币资金和部分可贴现的应收票据。在可快速变现的财务资源总量 M_0 的基础上,增加企业部分可处理存货、部分可供出售应收账款、留存净收益以及其他资产项目,估计企业能够调动的财务资源总量 M。以企业财务资源总量为基础,核算短期有息负债与中长期有息负债之和,构成企业有息负债总额。

图 13-2 中的模型表明了兵工集团财务资源主要集中于资产类财务资源,如存货、应收账款等营运资金,同时说明了兵工集团各类资产变现的能力也是财务资源识别与管理的对象,表现为企业主营业务收入、付现成本节约、经营性现金流等相关指标的大小。对企业财务报表的综合考察,包括对企业商业运作、经营绩效、资本性支出、资产盘活、融资潜力、资本运作等财务活动的全面关注,是识别企业财务资源的基本方式。这种对财务资源的识别模式,是企业进行战略规划、财务决策、经营分析与风险控制的逻辑起点。

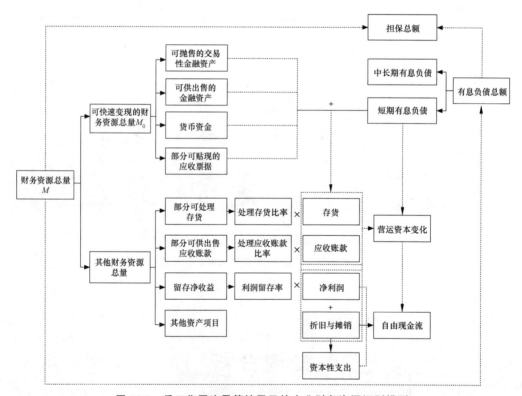

图 13-2 兵工集团边界管控展示的企业财务资源识别模型

(二) 边界管控体系对企业财务资源配置绩效与风险的测量

在边界管控体系中,兵工集团不仅选取了传统财务报表利润指标、EVA 指标,还选取了兵工集团自创的财务增加值指标。财务增加值指标的特点如下：一是更加直观简捷，便于沟通理解；二是完全基于会计核算，数据容易获得并且更具准确性；三是以价值分配的视角分析要素成本，有利于平衡要素分配关系，优化内部管控。

长期以来，中国企业主要围绕业务与投资规模扩张配置财务资源，这往往避免不了企业资金短缺问题，而且容易放大财务风险。兵工集团边界管控体系以财务资源总量为基础，按照短期、中长期有息负债占比，分别确定企业短期有息负债、中长期有息负债，以及有息负债总额的边界。以企业可调动财务资源总量为基础的有息负债边界，可以保证企业偿债能力与偿债规模实现适度匹配，在帮助企业规避债务违约风险的同时，也控制了资本成本。

在风险识别与测量中，兵工集团以业财融合为设计原则，特别关注"两金"占用，以解决企业短期财务资源占用的绩效与风险问题。企业"两金"占用的增加可能从以下两条路径引发财务风险：①"两金"占用增加可能使企业出现周转资金缺口现象，从而增加企业负债总额。一方面，财务费用增加将导致利润降低；另一方面，企业债务负担加重很可能引发应收账款坏账或存货贬值问题，导致现金流断裂。②"两金"占用增加引起的周转资金缺口还可能引发企业恶意拖欠供应商货款，导致产品供应体系出现三角债问题，使产品受损进而失去市场，诱发企业信用风险。

除长短期有息负债和资产类财务资源外，边界管控体系还考虑了其他负债性质的财务资源。企业预收账款与应付账款等无息负债更多地依靠企业间的商业信用，相对而言更难直接观察与控制。此外，企业担保也可能带来一些隐性或有负债，影响企业财务安全。兵工集团一方面在集团内部强调执行业内信用政策的重要性，要求集团公司和子公司不得恶意拖欠，维护好本企业商业信用；另一方面从净资产和有息负债两个途径对担保总额边界进行限制，提高企业运行稳健程度。

（三）边界管控体系中关键财务资源的边界值测算

边界管控体系发挥制度效果的重要环节是对影响财务结构的重要性指标设置标准值与边界值，并保证在企业运营过程中，在不超越边界值的前提下逐渐向标准值靠拢。这些重要的财务指标包括有息负债总量、"两金"占用总量、资本性支出总额、担保总量、资产负债率等结构类指标，以及主营业务收入、经营活动现金净流量等发展类指标。

"两金"占用边界值等于可快速变现的财务资源总量 M_0 与短期有息负债边界值之和。企业短期有息负债边界值按照"短期有息负债边界值＝财务资源总量 $M\times$ 短期有息负债占比$\times(1+$短期有息负债利率)"参考模型进行测算，并按照"短期有息负债边界值＝流动资产÷资产总额×有息负债边界值"测算值进行调整。应收账款和存货各自的占用边界值，则依据应收账款和存货在"两金"中所占的比重，分别分解出应收账款和存货各自的占用边界值。例如，应收账款占用边界值＝"两金"占用边界值×应收账款在"两金"中所占的比重。兵工集团现行担保管理办法要求担保总额不得超过上年净资产的60%。但从稳健角度考虑，担保总量边界值还需按照有息负债边界值与已占用的有息负债及应付票据的差额进行调整。资产负债率边界值的测算主要依据负债总额边界值和资产总额边界值两个数值。前期模型测算是在假设企业资产总额保持不变的前提下进行的，这可能出现企业实际有息负债总量与有息负债边界值差异较大、资产负债率边界值过高（或过低）的问题。此时需要对资产负债率按照倒推法进行修正。例如，工业企业可按照最高65%作为边界，倒算出负债总额及有息负债边界值，从而对前期测算的有息负债边界值及"两金"占用边界值进行修正，修正后资产负债率更接近企业实际值。

在边界管控体系中，兵工集团以可快速变现的财务资源总量 M_0 与短期有息负债边界值之和为"两金"占用边界值，一方面可以避免出现高成本的长期资金运用到盈利能力较低的流动资产上，降低企业整体的盈利水平；另一方面可以限制根据营业规模增加而增加的"两金"占用。

在长期资产资金占用方面，资本性支出总额和资本金比例是核心指标。资本性支出如固定资产、无形资产等，可以在相对较长的会计期间影响企业资金流动。资本金比例即股东自有资产投资占总投资的比例，衡量了投资中不承担债务与利息的资金比例。资本性支出边界值是企业净利润与折旧、摊销等非付现费用之和。以净利润与折旧、摊销之和为限，本质上是在明确企业发展能力的前提下，限制企业投资项目，避免企业盲目扩张可能引发的财务风险。

（四）边界管控体系的闭环管理与权变实施

管理者必须使管控制度构成一个封闭式的环状结构，包括战略计划、预算、执行与绩效衡量等活动。边界管控体系以平衡绩效与风险为集团战略发展目标，通过全面预算管理平台，对财务结构指标和利润指标进行监测预警与调整反馈，并将指标执行情况与经营年度和任期薪酬考核直接挂钩，形成完整的闭环管理系统。

边界管控体系是兵工集团对集团化管控方式的积极探索。作为母公司的兵工集团应主要管控子公司的战略发展方向和财务结构边界，其他都应尽量交由子公司自行决策和管理，保证子公司在方向明确、边界明晰的条件下，努力地追求效率与企业发展，从而避免陷入传统的放管矛盾循环怪圈。例如，母公司对风险控制较好、运行绩效和效益处于优秀水平的子公司,围绕主业可以配置更多的资源;而对风险较高的子公司,要严格地控制担保、投资、资产处置等事项,将控制风险作为管控的主线。

兵工集团在调整各财务要素和财务指标的过程中,需要在不同项目间、不同子公司间分配实现目标值所需要的资源,实现有效配置资源的战略目标。由于各子公司的具体战略、经营能力、运行绩效等特征不同,边界管控体系中的关键财务要素和财务指标需要据此进行细化与个性化完善,针对不同子公司展开差异化的资源配置方针,实施个性化管控。同时,兵工集团通过实时监督各财务要素和财务指标调整情况,评估战略目标执行度,也为集团公司和各子公司实施业绩评价提供依据。

讨论题

1. 你认为企业财务资源应包含哪些内容?
2. 通过本案例,你认为平衡企业财务资源配置绩效与风险的要点是什么?
3. 如果其他企业打算复制兵工集团的边界管控体系,你认为应注意哪些问题?

中国石油集团:坚守净利润为正和自由现金流为正两条底线

2020年3月26日,中国石油天然气集团有限公司(以下简称"中国石油集团")制定并下发《中国石油天然气集团有限公司2020年提质增效专项行动方案》(以下简称《行动方案》)。自年初以来,新冠肺炎疫情冲击公司产业链,3月国际原油价格断崖式下跌,公司生存与发展面临前所未有的困难和挑战。公司将6年来持续开展的开源节流降本增效工程与国资委提质增效专项行动有机衔接、融合推进,制定了《行动方案》。该方案的总体原则是:坚守净利润为正和自由现金流为正的两条底线,统筹国有企业使命担当与公司高质量发展,兼顾2020年度业绩目标实现与公司可持续发展,传导业绩压力与激发创效动能并重。

其实,中国石油集团早在2019年就推出了《持续推进开源节流降本增效工程行动纲要》(以下简称《行动纲要》)。《行动纲要》中对四个"三年行动计划"做了具体部署:一是实施净利润提升三年行动计划,突出净利润在业绩考核中的主导作用,以净利润大幅缩小或赶上与同行业企业的差距为目标,强化预算指标引领,细化制定持续提升各业务净利润的工作计划和措施。二是实施降本控费三年行动计划,坚持低成本发展不动摇,细化制定各业务分阶段的成本管控目标,持续提升油气产业链核心竞争力。三是实施亏损治理三年行动计划,巩固亏损企业治理成果,已亏损企业要走出循环治亏"怪圈",实现本质扭亏。四是实施全员劳动生产率提升三年行动计划,将全员劳动生产率指标纳入业绩考核体系,强化员工总量管控,实现全员劳动生产总值增长与效益增长相匹配。

《行动纲要》提出,总的目标是公司盈利能力和高质量发展指标稳步提升,产业链竞争力指标和财务状况持续向好,公司规模实力和行业排名保持稳定。具体来讲,就是利润、净利润、净资产收益率等指标持续提升,原油和天然气单位完全成本、吨油加工成本、吨油营销成本与行业先进水平差距持续缩小,资产负债率、资本负债率控制在合理范围内,自由现金流始终为正并逐年改善,资产总额得到有效控制,营业收入稳定增长,世界500强排名和油气行业排名稳居前列,确保国务院国资委考核达到A级。

《行动纲要》提出,要认真贯彻国资委要求,确保降杠杆减负债工作方案落实到位。加强有息债务和无息债务管控力度,利用债务上限、差异化负债资金利率等手段,引导企业落实主体责任,确保资产负债率、资本负债率控制在年度管控目标以内。严格落实"两金"压降主体责任,确保"两金"压降目标全面完成,压减存量应收账款余额,严控应收账款增量,健全存货管控长效机制,2019年存货净额力争实现零增长。

《行动纲要》强调,要完善四项经营机制,确保保障工程取得扎实成效:一是完善投资与自由现金流和油价联动机制,按照"自由现金流为正"的底线要求,根据油价走势和自由现金流状况,统筹安排投资计划。二是完善生产经营"一本账"协调机制,坚持以市场为导向、以公司整体效益最大化为原则,实现产、炼、运、销、储、贸各环节协调优化运行。三是完善内部市场化价格传导机制,发挥市场在资源配置中的决定性作用,构建内部市场化运行体系。四是完善考核激励机制,以业绩考核、薪酬分配的正向激励为手段,调动各层级开源节流、降本增效的积极性。

资料来源:编者根据网上公开资料整理。

讨论题:你认为"坚守净利润为正和自由现金流为正两条底线"的《行动纲要》隐含着财务管理学中的哪些理论逻辑?其他企业如何复制这套《行动纲要》的制度要领?

参考文献

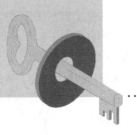

[1] BAKER M, WURGLER J. Appearing and disappearing dividends: the link to catering incentives[J]. Journal of financial economics, 2004, 73: 271-288.

[2] DEANGELO H, DEANGELO L. The irrelevance of the MM dividend irrelevance thorem[J]. Journal of financial economics, 2006, 79(2): 293-315.

[3] FARRAR D E, SELWYN L L. Taxes, corporate financial policy and return to investors[J]. National tax journal, 1967, 20(4): 444-454.

[4] GORDON M. Optimal investment and financing policy[J]. The journal of finance, 1963, 18(2): 264-272.

[5] MODIGLIANI F, MILLER M H. The cost of capital, corporation finance, and the theory of investment[J]. American economic review, 1958, 48(3): 261-297.

[6] 陈颖. 论企业生存——项目投资决策中的风险管理[J]. 财会学习, 2020(36): 160-161.

[7] 刁成伟. 科创板制度创新背景下企业分拆上市动机与绩效研究[D]. 对外经济贸易大学, 2021.

[8] 丁花思雨. 新一轮国有企业混合所有制改革路径与机制研究——以中国联通混改为例[D]. 兰州大学, 2019.

[9] 丁娜. 科创板双层股权结构制度探究——基于首例"同股不同权"案例[J]. 甘肃金融, 2020(1): 22-28.

[10] 国泰君安. 互联网公司估值体系专题研究[EB/OL]. (2015-06-29)[2021-03-15]. https://bbs.pinggu.org/thread-3777989-1-1.html.

[11] 海通证券. 小米集团~W-1810.HK-公司半年报:2Q收入增3%调整后净利降7%, 海外市场逆袭增长表现优异[EB/OL]. (2020-09-01)[2021-03-15]. http://www.hibor.com.cn/repinfodetail_108605.html.

[12] 韩云, 吴战勇. 股利平稳性、差异化分红监管政策与代理效率[J]. 管理科学, 2020(5): 141-152.

[13] 汇川技术.发行股份及支付现金购买资产并募集配套资金之募集配套资金部分发行情况报告书[EB/OL].(2019-11-26)[2021-03-15]. http://data.eastmoney.com/notices/detail/300124/AN201912041371574579,JWU2JWIxJTg3JWU1JWI3JTlk JWU2JThhJTgwJWU2JTljJWFm.html.

[14] 鞠澍伦.小米公司的商业模式与投融资行为研究[D].对外经济贸易大学,2016.

[15] 李喜荣.基于项目投资决策方法应用问题研究[J].财会学习,2020(32):159-160.

[16] 李行健,李广子.中概股退市的动机及其溢价来源研究[J].经济科学,2017(4):47-62.

[17] 李有华,马忠,张冰石.国有集团企业混合所有制改革的模式创新——以中国联通为例[J].财会通讯,2019(11):63-66.

[18] 李有星.中国证券非公开发行融资制度研究[D].浙江大学,2007.

[19] 刘杨.中石油集团:坚守净利润为正和自由现金流为正两条底线[EB/OL].(2020-03-27)[2021-03-15]. http://www.cs.com.cn/ssgs/gsxw/202003/t20200327_6039821.html.

[20] 刘永泽,唐大鹏,于焜,贾兴飞.境内上市公司创业板分拆上市的价值创造机制[J].南京审计学院学报,2012(1):4-11.

[21] 鲁桂华.从科创板看中国资本市场改革的路径选择[J].财会月刊,2019(4):3-8.

[22] 吕丹琳.企业项目投资的决策与可行性分析[J].经济研究导刊,2020(2):18-19.

[23] 罗琦,吴哲栋.控股股东代理问题与公司现金股利[J].管理科学,2016(3):112-122.

[24] 罗琦,伍敬侗.控股股东代理与股利生命周期特征[J].经济管理,2017(9):167-179.

[25] 罗小丫.负面新闻不断,"三道红线"压顶,绿地集团解困任重道远[EB/OL].(2020-11-17)[2021-03-15]. https://baijiahao.baidu.com/s?id=16835428295273540 88&wfr=spider&for=pc.

[26] 马洪坤,杨振宇.基于交叉持股理论的国有企业混合所有制改革研究[J].经济体制改革,2020(6):96-103.

[27] 马建威,高云青,杨眉,刘静.渠道视角下淮海集团营运资金管理优化[J].财务与会计,2019(22):75-76.

[28] 青岛海尔公开发行A股可转换公司债券公告[EB/OL].(2018-12-14)[2021-03-15].http://data.eastmoney.com/notices/detail/600690/AN201812131268184042,JUU5JTlEJTkyJUU1JUIyJTlCJUU2JUI1JUI3JUU1JUIwJTk0.html.

[29] 商务部电子商务和信息化司.2019年中国电子商务报告[M].北京:中国商务出版社,2020.

[30] 上海证券交易所.乐鑫信息科技(上海)股份有限公司2019年限制性股票激励计划(草案)[EB/OL].(2010-09)[2021-03-15]. http://www.sse.com.cn/disclosure/listedinfo/bulletin/star/c/688018_20190924_9.pdf.

[31] 孙莹,王苑琢,杜媛,王贞洁,王竹泉.中国上市公司资本效率与财务风险调查:2019[J].会计研究,2020(10):127-135.

[32] 汤谷良.投资银行学[M].北京:经济科学出版社,2020.

[33] 汤谷良,王珮.高级财务管理[M].北京:清华大学出版社,2017.

[34] 汤谷良,王谊.宏观经济下行压力下财务管理体系转型研究[J].财务研究,2019(4):

3-9.

[35] 汤谷良,张守文.平衡财务资源配置绩效与风险的管控模型——基于兵工集团边界管控的探索性案例研究[J].会计研究,2017(10):44-50.

[36] 王骥跃.详解定向可转债首单方案 既稳健又有创新之处[EB/OL].(2018-11-08)[2021-03-15].http://finance.sina.com.cn/stock/jhzx/2018-11-08/doc-ihnprhzw4964030.shtml.

[37] 王建和,孔令卯.创业板上市公司股权激励选择偏好影响因素的对比性研究[J].经营与管理,2020(8):35-39.

[38] 王竹泉.重新认识营业活动和营运资金[J].财务与会计(理财版),2013(4):1.

[39] 魏江,王丁,刘洋.来源国劣势与合法化战略——新兴经济企业跨国并购的案例研究[J].管理世界,2020(3):116-135.

[40] 吴先明,苏志文.将跨国并购作为技术追赶的杠杆:动态能力视角[J].管理世界,2014(4):146-164.

[41] 熊锦秋.科创板创新股权激励,别忘了兼顾股东利益[EB/OL].(2020-10-16)[2021-03-15].http://stock.stcn.com/2020/1016/16315293.shtml.

[42] 许伊莲.定向可转债在上市公司并购交易中的运用研究——基于赛腾股份的案例分析[D].北京交通大学,2020.

[43] 杨柳,汤谷良.中国房地产企业的财务战略转型——以万科集团和绿地香港"轻资产"模式为例[J].财会月刊,2017(2):76-80.

[44] 盈峰环境科技集团股份有限公司发行股份购买资产暨关联交易报告书(草案)(修订稿)[EB/OL].(2018-10-18)[2021-03-15].http://data.eastmoney.com/notices/detail/000967/AN201810171215369577,JWU3JTliJTg4JWU1JWIzJWIwJWU3JThlJWFmJWU1JWEyJTgz.html.

[45] 于震,张行."效率契约"还是"管理权力"?——公司治理对CEO股权激励的影响研究[J].管理评论,2020(10):261-277.

[46] 张帏,黄冠琛,赵南迪.双层股权结构的公司制度安排——科创板首家案例企业分析[J].清华管理评论,2020(7-8):42-49.

[47] 张小锋,边晓黎.企业财务边界管控体系设计与应用研究[J].金融经济,2016(16):187-188.

[48] 中国信息通信研究院.云计算发展白皮书(2018年)[EB/OL].(2018-08)[2021-03-15].http://www.caict.ac.cn/kxyj/qwfb/bps/201808/t20180813_181718.htm.

[49] 周丽俭,刘璇.收益法在企业价值评估中的应用研究文献综述[J].经济研究导刊,2021(5):129-131.

[50] 周煊,申星.中国企业海外退市思考:进退之间的徘徊[J],国际经济评论,2012(4):135-146.

[51] 祝继高,端杨,李鑫.中概股公司私有化研究:动机与经济后果[J].财经研究,2015(4):110-121.

[52] 祝继高,隋津,汤谷良.上市公司为什么要退市——基于盛大互动和阿里巴巴的案例研究[J].中国工业经济,2014(1):127-139.

教辅申请说明

北京大学出版社本着"教材优先、学术为本"的出版宗旨，竭诚为广大高等院校师生服务。为更有针对性地提供服务，请您按照以下步骤通过**微信**提交教辅申请，我们会在 1~2 个工作日内将配套教辅资料发送到您的邮箱。

◎扫描下方二维码，或直接微信搜索公众号"北京大学经管书苑"，进行关注；

◎点击菜单栏"在线申请"—"教辅申请"，出现如右下界面：

◎将表格上的信息填写准确、完整后，点击提交；

◎信息核对无误后，教辅资源会及时发送给您；如果填写有问题，工作人员会同您联系。

温馨提示：如果您不使用微信，则可以通过以下联系方式（任选其一），将您的姓名、院校、邮箱及教材使用信息反馈给我们，工作人员会同您进一步联系。

联系方式：

北京大学出版社经济与管理图书事业部
通信地址：北京市海淀区成府路 205 号，100871
电子邮箱：em@pup.cn
电　　话：010-62767312 /62757146
微　　信：北京大学经管书苑（pupembook）
网　　址：www.pup.cn